SALÓN DE BELLEZA PARA EL CRISTIANO

Sesiones de Estética y Terapia Espiritual

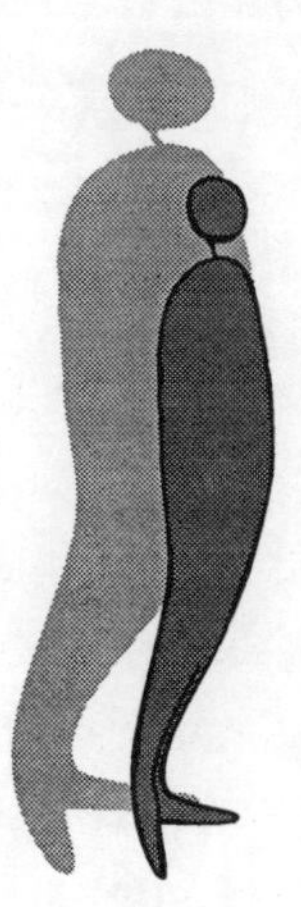

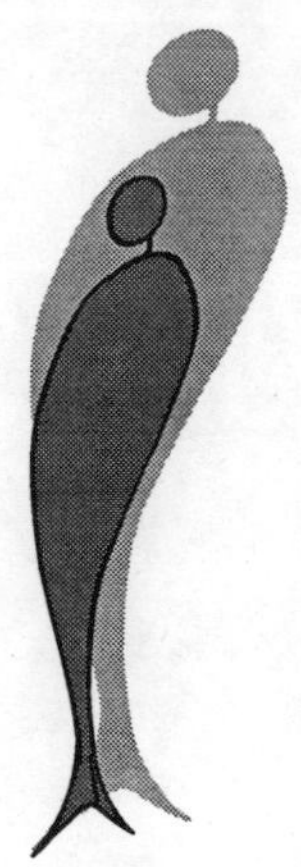

LEROY KOOPMAN

SALÓN DE BELLEZA PARA EL CRISTIANO

Sesiones de Estética y Terapia Espiritual

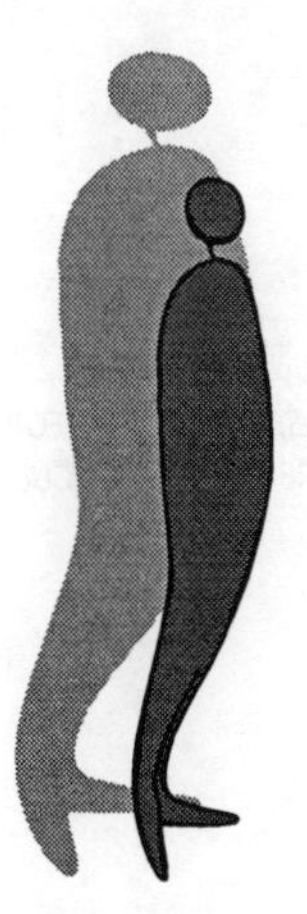

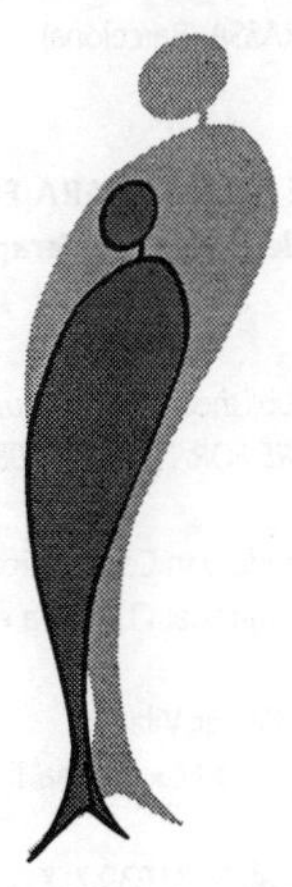

Editorial CLIE
Galvani, 113
08224 TERRASSA (Barcelona)

-

SALÓN DE BELLEZA PARA EL CRISTIANO
Sesiones de Estética y Terapia Espiritual

Originally published in te USA under the titles BEAUTY CARE FOR THE HANDS, BEAUTY CARE FOR THE FEET, BEAUTY CARE FOR THE EYES, BEAUTY CARE FOR THE EARS and BEAUTY CARE FOR THE TONGUE

Traducción: Xavier Vila
Adaptación: Ana Magdalena Troncoso

Depósito legal: B. 21.639-2.000
ISBN: 84-8267-141-3

Impreso en los Talleres Gráficos de la M.C.E. Horeb,
E.R. nº 2.910 SE – Polígono Industrial Can Trias,
c/Ramon Llull, 5-7 – 08232 VILADECAVALLS (Barcelona)

Printed in Spain

Clasifíquese: 2290 VIDA CRISTIANA: El carácter cristiano
C.T.C. 05-33-2290-23
Referencia: 22.42.88

ÍNDICE

Tercera Parte: Unidades Didácticas

Bibliografía

PRÓLOGO

Sin duda, SALÓN DE BELLEZA PARA EL CRISTIANO es funcionalmente bipolar: se aplica tanto a una lectura individual y personalizada, como a una lectura colectiva para grupos celulares.

No obstante, y en ambos casos, su bipolaridad va más allá... Ofrece al lector la oportunidad de reflexionar en su lectura, meditando en los aspectos espirituales destacados; pero además, poder llevar lo aprendido a la vida práctica, con ejercicios tangibles, palpables y de fácil realización.

Para ello, el libro ha sido dividido en tres partes bien diferenciadas.

Así, la primera parte comprende el aspecto teórico del mismo. Son las reflexiones del escritor, Leroy Koopman, sobre cómo embellecer espiritualmente nuestra lengua, nuestras orejas, nuestros ojos, nuestras manos y nuestros pies; presentados y comentados en cinco capítulos independientes.

A su vez, cada capítulo aparece segmentado en ocho sesiones. De ahí, el título que hemos concedido a esta primera parte: *Sesiones de Estética*.

Esto hace un total de cuarenta sesiones... La idea es que el lector estudie una sesión por semana. De esta manera, en un plazo de diez meses (es decir, un año, si descontamos el período de vacaciones), habrá realizado una lectura pausada y completa del libro; reflexionando en todas sus sesiones, las cuales van destacando características concretas de belleza espiritual. Por ejemplo, en algunas de estas sesiones se habla de **la hermosura de una lengua sencilla, de la hermosura de unas orejas que saben escuchar, de unos ojos que no sufren miopía, de unas manos trabajadoras, de unos pies que siguen las pisadas de Jesús...**

Es posible que una sesión por semana parezca muy poco a simple vista, pero hay que tener en cuenta que este libro ha sido concebido para compaginar la lectura conceptual de la primera parte con las actividades prácticas de la segunda. Por ello, lo aconsejable es ir intercalando la lectura de las sesiones de la primera parte con las recetas memorizables de la segunda. Del mismo modo, una vez finalizado un capítulo de la primera parte, remitirse a los ejercicios prácticos de la segunda parte y a las unidades didácticas de la tercera parte que le correspondan.

Por supuesto, esto es sólo un consejo, y el lector puede realizar una lectura a su antojo. Sin embargo, creemos que, siguiendo las referencias presentadas en este prólogo, el lector podrá sacar el máximo jugo posible al libro que tiene en sus manos.

No obstante, si personal es la opción que quiera escoger el lector individual, no podemos decir lo mismo a los que utilicen este libro como un manual para grupos celulares. Para éstos, la lectura sugerida del libro se convierte en un imperativo; un imperativo beneficioso para la productividad del estudio que quieren realizar.

Hablaremos ahora de la estructura de la segunda parte del libro. Ésta comprende dos capítulos, en los cuales ofrecemos distintas sugerencias de carácter funcional y terapéutico. Es por ello que la hemos querido catalogar de «terapia». En ella, hay una serie de recetas, ejercicios, unidades didácticas y bibliografías complementarias para embellecer la lengua, las orejas, los ojos, las manos y los pies. Obviamente, se trata de embellecerlos desde un punto de vista espiritual; de ahí el nombre de *Terapia Espiritual.*

El capítulo primero, titulado CUARENTA RECETAS MEMORIZABLES, aporta una receta semanal durante cuarenta semanas, relacionadas con las cuarenta sesiones de la primera parte del libro. Estas recetas aparecen encabezadas con títulos como los siguientes: *enjuague bucal, tapones para los oídos, colirio para la retina, crema hidratante, plantillas para el calzado...*

Cada receta se compone de una serie de cinco versículos: uno por día laborable; es decir, lunes, martes, miércoles, jueves y viernes. La idea

es ir memorizando una receta por sesión. Así, en el plazo de un año (descontando el período de vacaciones), el lector habrá memorizado unos doscientos versículos bíblicos. ¡No está nada mal!

Reconocemos que la Escritura aprendida solamente de memoria no es lo más eficaz para embellecer y corregir nuestro cuerpo; pero también sabemos lo que el salmista dijo:

«He puesto tu palabra sobre mi corazón para no pecar contra ti» (Sal. 119:11).

Los CIENTO CINCUENTA EJERCICIOS PRÁCTICOS han sido creados para aplicarlos sobre los cinco capítulos de la primera parte del libro. Así, hay varios ejercicios para el capítulo I, dedicados a embellecer la lengua; otros cuantos ejercicios, para el capítulo II...

Son ejercicios cortos que, como el nombre indica, tienen la virtud de ser muy prácticos. ¿Que qué quiere decir esto? Pues que se refieren a la vida cotidiana: las relaciones personales, los hábitos y las actitudes. Precisamente por ese pragmatismo, sus resultados son evidentes y tangibles.

En la tercera parte del libro aparecen CINCO UNIDADES DIDÁCTICAS, pensadas igualmente para aplicarlas sobre la primera parte del libro. Son cinco ejercicios extensos, que necesitarán un mayor análisis y profundidad de estudio. Promete ser una actividad original y pedagógica.

Y por último, ofrecemos DIEZ TÍTULOS DE BIBLIOGRAFÍA COMPLEMENTARIA (dos por capítulo de la primera parte), selectamente escogidos para ahondar en algunos de los aspectos más destacados en este libro.

Nuestro deseo es que SALÓN DE BELLEZA PARA EL CRISTIANO cumpla las expectativas que tenemos; a saber: hacer consciente al lector –o los componentes del grupo celular– de la importancia que tiene cultivar su belleza espiritual. Asimismo, fomentar en su corazón la inquietud de alcanzar este tipo de belleza, con la ayuda de Dios; y, por último, proporcionar métodos concretos para ir avanzando, paso a paso, en este empeño santo.

INTRODUCCIÓN

¿Te has preguntado alguna vez si tu lengua es hermosa? Seguramente no lo habrás hecho nunca, porque la lengua no es una parte del cuerpo que necesite ser descrita en términos de belleza. No es algo que suelas contemplar cuando te miras en el espejo, ni que debas adornar para ser más guapo. Nadie acude a un dermatólogo para que le hagan un tratamiento de belleza a su lengua y, mucho menos, usa cosméticos para aplicarlos sobre ella. La lengua no aparece tampoco en las revistas de moda, donde hay tantas caras bonitas; aunque dentro de sus bocas se encuentre escondido dicho órgano. Definitivamente, la lengua no es motivo de piropos, ni sirve como inspiración al poeta para componer una Oda a la beldad.

Sin embargo, el rey Salomón, que tantos halagos hizo acerca de la belleza en su libro de poemas el **Cantar de los Cantares**, escribió algo singular acerca de la lengua:

«Tus labios son como hilos de grana, y tu habla hermosa» (Cnt. 4:3).

Y es que la lengua, más que un rostro hermoso o una silueta perfecta, es lo que determina la belleza de una persona.

Sí, la lengua puede hacer de alguien ordinario una gran persona, que proporcionará nuevos deleites a los que la rodean; curando heridas, suavizando temperamentos agitados y alentando corazones desanimados. Pero, sobre todo, señalando a los demás el camino hacia Dios.

Es por esta razón que el apóstol Santiago establece una analogía entre la lengua y un timón, el cual, aunque pequeño, controla totalmente la dirección de un barco (Stg. 3:4).

Por otro lado, el mismo apóstol reconoce que la lengua, al igual que una diminuta chispa, puede provocar un terrible incendio (Stg. 3:5).

Sí, la lengua tiene el poder de hacer cosas buenas, pero también de destruirlas. Puede salvar un matrimonio, o romperlo; ganar o perder amigos. Defender una buena causa, o estorbarla. Y lo mejor, salvar una iglesia, o lo peor, asesinarla; atrayendo almas hacia Cristo, o alejándolas de Él, a causa de un mal testimonio pronunciado.

Hay una fábula del legendario Esopo –fabulista griego del siglo VI a. C.– que ilustra muy bien lo que acabamos de decir; cuenta Esopo que un amo ordenó a su esclavo que preparara dos banquetes. En el primero de dichos banquetes, y por mandato de su amo, el esclavo debía servir lo mejor del mundo, y en el segundo, lo peor del mundo. Pero el esclavo sirvió en ambos el mismo alimento, el cual resultó ser lengua. Entonces, el amo preguntó muy enfadado a su esclavo:

–¡Dime, esclavo! ¿Por qué no has hecho como te ordené, sino que has servido en los dos banquetes la misma comida?

El esclavo le respondió serenamente:

–Señor, hice como vos me ordenasteis; en el primer banquete serví lo mejor que hay en el mundo y en el segundo, escogí lo peor del mundo para serviros... Porque la lengua es lo mejor, pero también lo peor que existe sobre la faz de la Tierra.

Ésta fue la sabia respuesta del esclavo de la fábula; pero hay otra respuesta o sentencia de otro sabio y, sobre todo, real personaje, que, sin duda, condensa perfectamente la misma gran verdad... Así, esto fue lo que dijo el autor del libro de los Proverbios:

«La muerte y la vida están en poder de la lengua» (Pr. 18:21).

¿Qué significa esta verdad para nosotros? Es decir, ¿cómo se aplica lo dicho a nuestras vidas? De una manera tajante; a saber, nuestra reputación quedará establecida por el uso que hagamos de la lengua. Ésta dejará una impresión permanente en los que nos rodean y marcará nuestra personalidad con una etiqueta.

Esto es lo que le pasó a Pedro cuando, durante el proceso de Jesús, los criados de Anás le dijeron «tu acento te descubre». No sabían aquellos lo mucho que tal declaración significaba...

La Biblia señala que no es fácil cultivar una lengua bella, porque *toda la naturaleza de bestias y de aves, y de serpientes y de seres del mar, se doman y han sido domados por la naturaleza humana; pero ningún hombre puede domar su lengua, que es un mal que no puede ser refrenado, y está lleno de veneno mortal* (Stg. 3:7 y 8).

La lengua es como una yegua salvaje: cuando crees que la tienes bajo control, rompe otra vez en brincos y hace morder el polvo al jinete.

Entonces... ¿cómo podemos controlar nuestra lengua y convertirla en algo útil y hermoso? Tan sólo hay una respuesta: el poder de la lengua únicamente podrá ser domado por otro poder aún más fuerte, el del Espíritu Santo. Jesús prometió:

«Recibiréis poder cuando el Espíritu Santo venga sobre vosotros» (Hch. 1:8).

Y así sucedió en Pentecostés; el Espíritu Santo se manifestó en forma de lenguas, que se posaron sobre los discípulos y transformaron sus lenguas. A su vez, los discípulos empezaron a hablar en lenguas, a fin de ser entendidos por los extranjeros que visitaban Jerusalén durante las fiestas judías. Fue entonces cuando el apóstol Pedro, el mismo que días antes había maldecido delante de los criados de Anás y jurado que no conocía a Jesús, se levantó y pronunció un extraordinario sermón. Sin duda, el Espíritu Santo utilizó beneficiosamente la lengua de Pedro y, en aquel instante, tres mil personas respondieron a su llamado, aceptando a Cristo como su Salvador.

Es cierto que nuestra lengua no puede ser transformada con nuestros esfuerzos, pero sí mediante la influencia poderosa del Espíritu Santo. Su educación requiere una fuerza sobrehumana, pero garantizada por el propio Dios. Y lo único que tú y yo podemos hacer es asumir la responsabilidad que el Padre nos ha dado sobre nuestro cuerpo; eligiendo libremente, y con plena conciencia, ser utilizados por medio de su Espíritu:

«Por tanto, os hago saber que nadie que hable por el Espíritu Santo llama *anatema* a Jesús; y nadie puede llamar a Jesús *Señor*, si no es por medio del Espíritu Santo» (1 Co. 12:3).

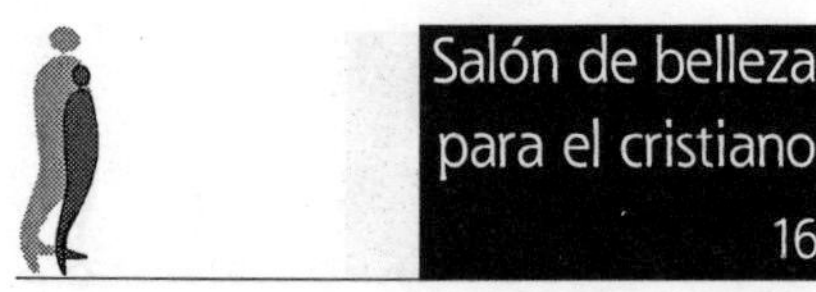

¿Y qué podemos decir acerca de las orejas? Básicamente, lo mismo que hemos dicho sobre la lengua; a saber, que no es una parte del cuerpo que admiremos precisamente por su belleza. En general, no consideramos que las orejas sean hermosas. No las vemos en fotografías a doble página de ciertas revistas de moda, ni las alaban los poetas... En todo caso, con frecuencia se dicen comentarios despectivos acerca de ellas. Alguna vez habremos escuchado expresiones del tipo *tiene las orejas de Dumbo, sus orejas son de asno*, o *si moviera sus orejas, se formaría una corriente de aire*.

Pero además, con ellas se cometen toda clase de tropelías. Se les hacen agujeros, las asaltan los taladros neumáticos, los relojes despertadores, los anuncios comerciales de la televisión, el motor de los aviones, el tubo de escape de las motos aceleradas, las sierras mecánicas, los petardos, las flautas y trompetas de los estudiantes, la música de rock, los gritos y chillidos de los niños, el teléfono móvil...

Sin embargo, a pesar de todo ello, les prestamos más atención de lo que nos damos cuenta. Por ejemplo, las protegemos contra el frío para que no adquieran un color violáceo, las limpiamos con algodones, las tapamos con tapones de silicona para aislarlas del ruido y les ponemos gotas de medicamento cuando se nos infectan. Por supuesto, son aduladas por los políticos y los músicos les dedican melodías; los joyeros las miman y los amantes se las mordisquean amorosamente.

Basta decir también que el aparato auditivo es un sistema muy complejo y maravilloso. En el interior del oído hay cartílagos, canales, glándulas, membranas, huesos, cavidades, tubos, laberintos, fluidos, pelos, substancias químicas y nervios. Con sus 30.000 receptores para el sonido, el nivel de sensibilidad del oído es prácticamente perfecto. Si fuera menos sensible, no podríamos escuchar los dulces murmullos que nos son susurrados, y si fuera hipersensible, la vida rutinaria nos parecería una caja loca llena de sonidos trepidantes y estridentes.

Sí, las orejas son verdaderamente hermosas porque fueron creadas con gran perfección. Pero, sobre todo, porque son una parte integral del plan de Dios para nuestras vidas.

Las orejas son bellas porque nos transmiten mensajes de peligro, porque nos introducen en la belleza que nos rodea, porque nos permiten compartir la sabiduría de las edades y el conocimiento de nuestro mundo, porque son los cauces de transmisión del amor humano; especialmente, porque a través de ellas percibimos palabras de vida, el influjo suave del Espíritu Santo y las promesas de las Escrituras.

Este sentido es uno de los dones más hermosos que Dios nos ha dado:

«Oídos que oyen y ojos que ven; el Señor ha hecho a los dos» (Pr. 20:12).

En los días del Antiguo Testamento, las orejas tenían un papel en las ceremonias de la purificación. Así, Éxodo 20:20 y Levítico 8:23 explican cómo en el rito de la consagración de Aarón y de sus hijos, se mató a un carnero y se aplicó sangre del mismo en el lóbulo de la oreja derecha de éstos.

Del mismo modo, la ceremonia de purificación de leprosos incluía la aplicación de aceite y sangre sacrificial en el lóbulo de la oreja derecha del purificado (Lv. 14:14-17).

También, para indicar la posesión de un esclavo, el amo horadaba la oreja de aquel con una lezna, junto a una puerta o un poste.

Pero las orejas, naturalmente, no fueron creadas para ser horadadas, o salpicadas, sino para escuchar. Una y otra vez, podemos oír en la Biblia las voces de los profetas, que amonestan al pueblo a abrir sus oídos y escuchar las palabras de Dios:

«Harás congregar al pueblo, varones y mujeres y niños, y a tus extranjeros que estén en tus ciudades, para que oigan y aprendan, y teman a Jehová vuestro Dios, y cuiden de cumplir todas las palabras de esta ley (...) Inclina tu oído y oye las palabras de los sabios, y aplica tu corazón a mi sabiduría; porque es cosa deliciosa, si las guardas dentro de ti; y las tienes a punto sobre tus labios (...) Cuando vayas a la casa de Dios, vigila tus pasos; y acércate más para oír que para ofrecer el sacrificio de los necios; porque no saben que hacen mal (...) Inclinad vuestro

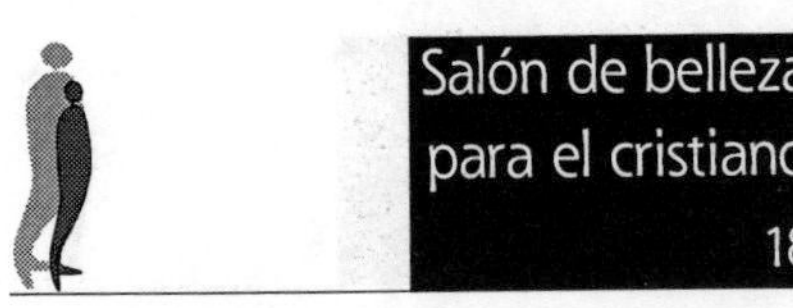

oído, y venid a mí; y vivirá vuestra alma» (Dt. 31:32; Pr. 22:17 y 18; Ec. 5:1; Is. 55:3).

Y cuando miramos el Nuevo Testamento, comprobamos que gran parte del ministerio de Jesús fue dirigido al oído. Sabemos que sanó a muchos sordomudos (Mr. 7:31–35; 9:25; Mt. 11:5), y también que restableció la oreja del siervo del sumo sacerdote, que había sido cortada por la espada de Pedro (Lc. 22:50 y 51).

Pero el epítome del ministerio de Jesús fue su predicación y su ministerio de la enseñanza; es decir, su mensaje de redención, que fue transmitido principalmente por la puerta del oído. La Biblia dice que la gente era capaz de caminar muchos kilómetros para escuchar las enseñanzas del Maestro. Así, en el famoso *sermón del monte* leemos que *la gente estaba atenta a la doctrina de Jesús, porque Éste les enseñaba con autoridad y no como los escribas* (Mt. 7:28 y 29).

Jesús llamaba a los que le rodeaban y les decía:

«El que tiene oídos para oír oiga» (Mt. 11:15; 13:9-43; Mr. 4:9-23; 7:16; Lc. 8:8).

«Mirad, pues, cómo oís, porque a todo el que tiene, se le dará; y a todo el que no tiene, aun lo que piensa tener se le quitará» (Lc. 8:18).

Y a sus discípulos les habló diciendo:

«Bienaventurados vuestros ojos, porque ven; y vuestros oídos, porque oyen. Porque, de cierto os digo, que muchos profetas y justos desearon ver lo que veis, y no lo vieron; y oír lo que oís, y no lo oyeron» (Mt. 13:16-17).

En otra ocasión, pronunció entristecido:

«Teniendo ojos, ¿no veis? Y teniendo oídos, ¿no oís?» (Mr. 8:18).

Y en otra declaración llegó a afirmar, refiriéndose al pueblo hebreo:

«Porque el corazón de este pueblo se ha engrosado y con los oídos han oído pesadamente y han cerrado sus ojos, para no ver nada con sus ojos y no oír con sus oídos; y no entender con su corazón, y convertirse, y que yo los sane» (Mt. 13:15).

Este énfasis por la palabra hablada permaneció en los primeros años de la iglesia primitiva. Vemos, por ejemplo, cómo Pedro, después de la curación del mendigo cojo, expresó estas duras palabras a los judíos del pórtico del Templo de Salomón:

«Porque Moisés dijo a los padres: *El Señor vuestro Dios os levantará un profeta de entre vuestros hermanos, como a mí, y a él oiréis en todas las cosas que os hable; y toda alma que no oiga a aquel profeta será totalmente exterminada del pueblo»* (Hch. 3:22 y 23).

Igualmente, Esteban, un poco antes de ser apedreado y muerto, acusó a sus verdugos de haber cerrado sus oídos al mensaje del Espíritu Santo:

«¡Duros de cerviz, e incircuncisos de corazón y de oídos! Vosotros siempre resistís al Espíritu Santo; como vuestros padres, así también vosotros» (Hch. 7:51).

Éstos, en realidad, dieron pruebas de la acusación certera de Esteban, ya que dice el texto que cubrieron sus oídos y gritaron a pleno pulmón, mientras arremetían contra Esteban y le arrastraban fuera de la ciudad (Hch. 7:57 y 58).

Sin duda, la Biblia, en su totalidad, se refiere el sentido auditivo y lo destaca como un medio de Dios para acercarse a los hombres. Por ello, lo exalta y nos invita a cultivar el arte de saber escuchar, a fin de adquirir unas orejas espiritualmente hermosas.

No obstante, hay otro sentido, de entre los cinco que posee el ser humano, que las Escrituras remarcan constantemente: el sentido de la vista. De él habla el salmista:

«Abre mis ojos, y miraré las maravillas de tu ley» (Sal. 119:18).

Si tuviéramos que elegir entre uno de nuestros cinco sentidos como el más imprescindible de todos, seguramente escogeríamos el sentido de la vista. Y es que la vista es la más apreciada de las sensibilidades humanas, pues a través de ella todo el mundo entra a nuestra vida interior: los seres queridos, las montañas, los libros, la televisión, los caminos, los arroyos, las estrellas y todas las demás cosas, tanto hermosas como feas, que enriquecen nuestra existencia.

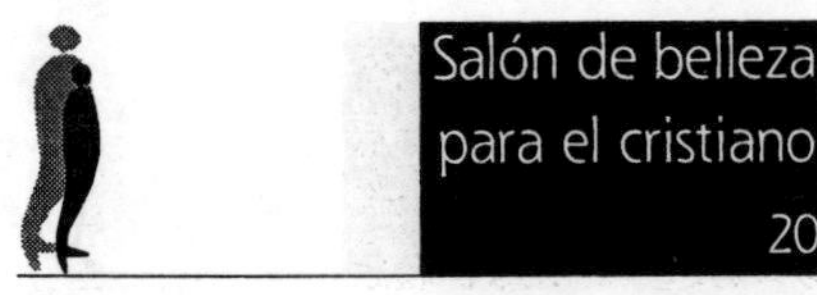

Y, a diferencia de la lengua y de las orejas, sí que podemos hablar de la belleza física de los ojos. A todos nos encanta contemplar unos hermosos ojos de color azul intenso, unos enigmáticos y grandes ojos negros, unos brillantes ojos verdes...

A las mujeres les agrada moldear sus pestañas y resaltarlas con rímel, y cuidan detalladamente el contorno de sus cejas, depilándolas si es preciso. También, ensombrecen sus párpados con colores pastel y marcan la línea ocular con lápiz, a fin de agrandarlos.

Sí, los ojos son considerados una de las partes más bellas del cuerpo. Con ellos se puede enamorar a otra persona. Existen muchos poemas, relatos y pinturas que lo demuestran.

Pero también los ojos, como aparato o sistema ocular, son motivo de comentario. Sin duda, son una de las más complejas y asombrosas creaciones de Dios. Gracias a ellos, podemos ver un minúsculo mosquito a quince centímetros y, al instante, enfocar nuestra vista en una estrella a billones de kilómetros. La capacidad tridimensional que poseen a la hora de mirar las cosas nos permite determinar factores como la distancia y la velocidad, sin usar instrumentos científicos. Igualmente, podemos adaptarnos a la luminosidad solar, y cambiar abruptamente, situándolos en una habitación oscura.

Además de ver, se pueden hacer otras muchas cosas con nuestros ojos: chisporrear en la seducción, saltar en la exasperación, guiñar en el humor, parpadear en la alegría, brillar en el reconocimiento, refulgir en el amor, cerrarse en el sueño...

Se dice que el contralmirante Jeremiah A. Denton recibió nada menos que la Medalla de la Armada, la segunda en importancia de la marina norteamericana, por parpadear cuando estuvo como prisionero en Vietnam del Norte, en 1966. Allí fue torturado y obligado a someterse a una entrevista de propaganda con un periodista japonés. Mientras fue entrevistado ante la cámara de televisión, parpadeó un mensaje de sufrimiento en *código morse;* mensaje que fue entendido por los oficiales de inteligencia de la marina de su país.

Siendo que nuestros ojos juegan un papel tan importante en nuestras vidas, no es de extrañar que Dios, en su Palabra, los utilice como un símbolo para hablarnos de cosas espirituales. Así, Dios aconseja a la iglesia de Laodicea que *unja sus ojos con colirio, para ver* (Ap. 3:18).

Ver es usado en este pasaje como un signo de fe genuina. Pero no siempre *ver es creer*... Fue James Thurber quien dijo que *ver también puede ser engañar.*

Un ejemplo de ello podría ser el caso de las mujeres de Birmania. Durante siglos, estas mujeres han caminado detrás de sus esposos, modesta y respetuosamente. Pero, inmediatamente después de la Segunda Guerra Mundial, ocurrió un cambio radical: las bellezas birmanas comenzaron a caminar delante de sus hombres, los cuales no sólo lo permitían gentilmente, sino que insistían en que fuera así.

–¡Eso ha sido gracias a la influencia de la cultura occidental! –podríamos pensar– Nosotros, los occidentales, hemos enseñado a esos «machistas» a respetar a sus esposas.

Pero la verdad es que este cambio no es más que una medida de seguridad que emplean los hombre birmanos para protegerse de las minas terrestres que, tras la guerra, han permanecido escondidas sin explosionar... En efecto, las apariencias engañan. Nuestros ojos nos hacen trampa y nos pueden llevar a conclusiones erradas.

Y es que no sólo vemos con nuestros ojos, sino también con nuestra mente. Es el cerebro quien recoge e interpreta la información que recibimos por los nervios oculares. Los impulsos captados por los ojos son enviados por medio del nervio óptico al cerebro, donde son seleccionados e interpretados. Entonces, la imagen invertida es proyectada por el cristalino sobre la retina del ojo, y el cerebro la vuelve a poner correctamente.

Definitivamente, sin la mente, no podríamos ver...

Hagamos una prueba: imaginemos que vemos una foto en la cual aparece un barco con un «gigante» sentado en la proa, ¿qué interpretaríamos? Seguramente, que lo que estamos viendo es a un hombre sen-

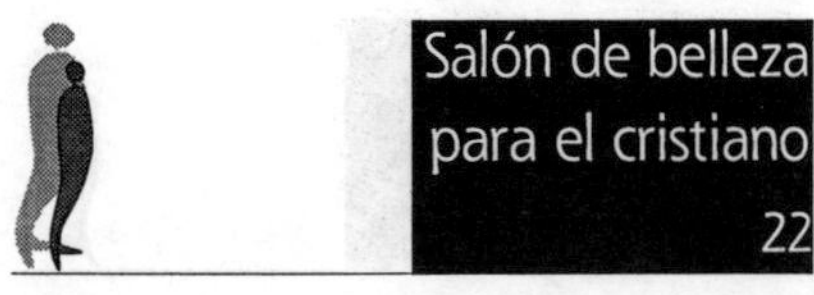

tado en un barco de juguete. Nuestra mente, acaba de rechazar, pues, la posibilidad de que lo que vemos sea realmente un gigante sentado en un buque.

Esta sencilla prueba muestra otra gran verdad; a saber, nos revelamos por lo que vemos. Lo que cada persona ve, o mejor dicho, interpreta de lo que ve, dice mucho acerca de ella. Hay una fascinante película titulada *El ojo del observador* que defiende esta tesis. Dicha película nos introduce en algunas horas de la vida de un solterón llamado Michael Gerard. En el transcurso del largometraje, el protagonista mantiene una breve conversación con su madre, se sube en un taxi, se reúne en un restaurante con una amiga, la lleva a su apartamento, discuten, luchan y, finalmente, ella cae al suelo...

La trama de la historia se nos muestra dos veces sobre la pantalla; la primera vez, tal como la ven los ojos de las diversas personas que estuvieron aquel día en contacto con Michael Gerard, y la segunda vez, según la versión del propio Michael Gerard.

Así, los ojos de la madre de Gerard lo ven como un hijo rudo y desagradecido. El mozo del restaurante lo considera un *playboy*. El taxista opina que es un vago. El portero del apartamento piensa que es un lunático y la mujer de la limpieza cree que es una «bestia» lujuriosa.

Pero cuando vuelve a verse la historia, la trama toma otra perspectiva. Las escenas son las mismas; los personajes y las situaciones, también... Sin embargo, hay cambios sutiles: las frases son presentadas de forma diferente y las expresiones faciales adquieren otro significado totalmente distinto. Al final, el espectador no sabe qué interpretación de los hechos escoger, la de los distintos personajes, o la del protagonista.

La película pretende que el espectador llegue a la conclusión de que la objetividad no es más que un ángulo de perspectiva determinado y, por tanto, variable según la persona que interpreta los acontecimientos. De hecho, suele ocurrir que, cuantos más testigos de un mismo incidente hay, más versiones dispares escuchamos. Definitivamente, nuestra percepción visual está determinada por nuestra interpretación mental, inevitablemente subjetiva.

Lo mismo ocurre en el plano espiritual; esto es, la perceptividad de nuestros ojos está condicionada por la perceptividad espiritual de nuestras almas. Jesús pronunció la siguiente declaración:

«La lámpara del cuerpo es el ojo. Si tu ojo es bueno, todo tu cuerpo estará lleno de luz; pero si tu ojo es maligno, todo tu cuerpo estará en tinieblas. Así que, si la luz que en ti hay es tinieblas, ¿cuántas no serán las mismas tinieblas?» (Mt. 6:22 y 23).

Es ésta una amonestación a mirar las cosas con ojos espiritualmente sanos. No obstante, sabemos muy bien que en el jardín del Edén ocurrió algo desastroso para nuestros corazones y nuestras almas; a saber, el pecado, el cual ha enturbiado nuestra visión, tanto de las cosas terrenales, como de las espirituales.

Lo constatamos en el Génesis... Antes de que entrara el pecado, el hombre y la mujer paseaban desnudos, sin sentirse molestos o avergonzados. Pero después de pecar, se miraron de manera diferente y corrieron a buscar hojas de higuera. Lo que antes habían visto como normal y hermoso, ahora lo veían anormal y sucio.

Desde entonces, el ser humano no puede ver el mundo sin esa sombra de pecado nublándole la vista, cual nubarrón negro y terrible, presagio de tormenta...

Definitivamente, necesitamos un oftalmólogo divino que sane nuestros ojos espirituales. Y este oftalmólogo sólo puede ser Jesús.

Los evangelios nos relatan muchos milagros de sanación visual que Jesús realizó sobre personas físicamente ciegas. Pero lo que Él puede hacer por nuestros ojos espirituales es mucho más importante que lo que puede hacer por nuestros ojos físicos. Nos estamos refiriendo al proceso de la conversión; un proceso de toda la vida:

«De manera que nosotros, de aquí en adelante, a nadie conocemos según la carne; y aun si a Cristo conocimos según la carne, ya no le conocemos así. De modo que si alguno está en Cristo, nueva criatura es; las cosas viejas pasaron; he aquí, todas son hechas nuevas» (2 Co. 5:16 y 17).

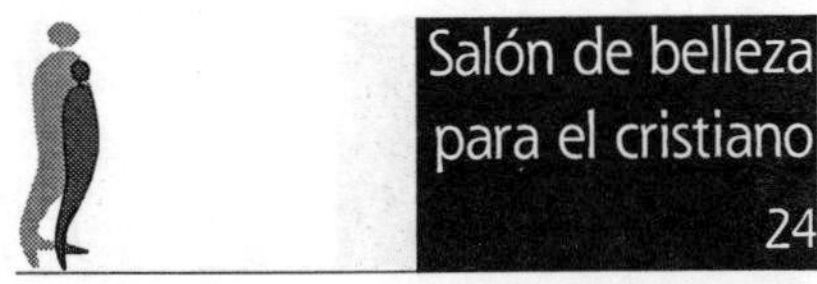

De acuerdo a este magnífico versículo, Cristo ha cambiado nuestro punto de vista. Ya no miramos las cosas de la misma manera que las mirábamos antes, pues se ha producido en nosotros el milagro de una nueva «creación». A partir de ahora, nuestros ojos tendrán belleza; pero no una material y pasajera, sino la espiritual y eterna.

Hablemos ahora de las manos. Como pasa con los ojos, las manos son, tradicionalmente, un objeto de belleza estética. El ensayista Beaconfiel dijo:

«Las mujeres se llevan bellas manos a la tumba, cuando la bonita cara ya hace tiempo que desapareció».

Pero, sobre todo, y principalmente, son muy prácticas y útiles. Sin ellas, no podríamos coger objetos, escribir, comer, rascarnos, peinarnos, trabajar, gesticular, cocinar...

Y nuestra manera de utilizar las manos determinará en un grado considerable cuánto bien, o cuánto mal, realizaremos en esta vida. No es de extrañar, pues, que Jesús dijera lo siguiente:

«Si tu mano o tu pie te es ocasión de caer, córtalo y échalo de ti; mejor te es entrar en la vida cojo o manco que, teniendo dos manos o dos pies, ser echado en el fuego eterno» (Mt. 18:8).

Las manos, también, transmiten sentimientos; pueden consolar, expresar gratitud, dulzura, rabia, odio, desprecio, nerviosismo, tranquilidad, y mil sentimientos dispares...

De hecho, alguien llegó a decir que las manos pueden ser tan expresivas como el rostro de una persona y revelar el carácter y personalidad de su dueño. Es por ello que, en muchas ocasiones, los artistas se han inspirado en las manos humanas; no sólo por su belleza, sino porque reconocen en ellas una enorme capacidad de expresión humana. Éstas pueden mostrarnos el interior de una persona. En efecto, podemos decir que las manos son un símbolo del hombre.

Existen más referencias a las manos de Jesús que a cualquiera otra de sus características físicas. Sus manos son mencionadas cuarenta y cinco veces en los cuatro evangelios.

Tal vez, esto se deba a la gran atracción que las manos de Jesús poseen por su pureza. Y es que las manos del Maestro son puras y limpias. ¡Qué distintas a las manos de Judas, manchadas por unas monedas de plata! La vileza de aquel parecía penetrar su propia carne y quemar sus manos.

Pero, ¿qué podemos decir acerca de nuestras manos? ¿Acaso son mejores que las de Judas? ¿O se parecen a las manos shakespearianas de lady Macbeth? Ésta había pecado y cometido asesinato. Como resultado, se restregaba constantemente las manos, mientras clamaba:

–¡Fuera, manchas! ¡Fuera, les digo! Aquí todavía se percibe olor a sangre; todos los perfumes de Arabia no suavizarán estas manos.

A lo mejor, son parecidas a las impetuosas manos de Pedro, que cortó con su espada la oreja de Malco. O son manos resbaladizas, como las de Pilato, el cual escurrió la responsabilidad de salvar a un inocente, lavándoselas delante de todos los presentes.

Ninguna de estas manos pueden considerarse hermosas desde un punto de vista espiritual. Todo lo contrario... Sólo las manos de Jesús son sumamente bellas.

Pero Dios reclama de nosotros que poseamos unas manos espiritualmente hermosas:

«¿Quién subirá al monte de Jehová? ¿Y quién estará en su lugar santo? El limpio de manos y puro de corazón; el que no ha elevado su alma a cosas vanas, ni jurado con engaño» (Sal. 24:3 y 4).

Sin embargo, su reclamación no nos viene dada sin una solución. Y ésta es el propio Jesucristo; el único que puede hacernos la manicura, lavar nuestras manos y embellecerlas para su causa. Sólo así, podremos levantarlas en alabanza y gratitud, siguiendo el consejo de Pablo a Timoteo:

«Levantando manos limpias, sin ira ni contienda» (1 Ti. 2:8).

Finalmente, nos referiremos a los pies... Si éstos pudieran tener complejos, nos gastaríamos una fortuna en tratamiento psiquiátrico para ellos; ya que los pies no son lo que podría llamarse una de las partes más «honorables» del cuerpo humano.

Es difícil encontrar a alguien que afirme sentirse orgulloso de la belleza de sus pies. Sí, uno puede pintar las uñas de sus pies, si tiene tiempo; pero no es mucho lo que se puede hacer para darles encanto, excepto cubrirlos. El mismo Salomón llegó a decir una vez:

«¡Cuán hermosos son tus pies...!» (Cnt. 7:1).

Y añadió rápidamente:

«[...] en las sandalias» (ídem).

Y es que los pies no suelen parecernos agradables a la vista (por no decir, al olfato, en algunos casos).

Son también una de las partes del cuerpo que más sufren por el frío, y las víctimas escogidas para probar si el agua de la bañera está demasiado caliente, antes de meternos en ella.

Sin embargo, sí que podemos decir que los pies son anatómicamente extraordinarios y dignos de consideración. Junto con las manos, poseen el grupo de huesos más altamente especializado del cuerpo humano. Tienen tres grupos de huesos: siete, son del tarso, o sea del tobillo; hay cinco metatarsales, o huesos del empeine, y catorce falanges, o huesos de los dedos del pie. Esto hace un total de veintiséis huesos. Además, el tobillo tiene dos articulaciones, que permiten mover el pie de arriba abajo, y de un lado al otro. Los arcos son igualmente notables; cada pie tiene tres arcos: dos, longitudinales, y uno, a través del empeine. Así, cuando se levanta el talón, todo el peso va a través de los arcos a los metatarsales, y de allí a los dedos. Y los tendones y ligamentos ayudan a sostener el peso... Si no fuera por los arcos, el paso siguiente sería una serie de sacudidas tremendas en la columna vertebral y, al menor salto, ésta se haría polvo. Indudablemente, los pies son los poderosos amortiguadores de todo el cuerpo.

Sí, la estructura del pie es un testimonio permanente de que *Dios ha colocado cada uno de los miembros de nuestro cuerpo, como quiso* (1 Co. 12:18).

Los pies son, pues, importantísimos para el ser humano. Sin ellos, no podríamos sostenernos, desplazarnos, correr...

Y, por supuesto, han jugado también un papel significativo en la historia bíblica. Por ejemplo, se vieron privados de calzado (Éx. 3:5), cruzaron el mar Rojo (Éx. 14:22), marcharon durante seis días alrededor de Jericó (Jos. 6:14), fueron objeto de la atención de una enamorada (Rt. 3:14), aparecieron en el famoso sueño de la gran estatua de Daniel (Dn. 2:33), se sacudieron el polvo después de una visita (Mt. 10:14), fueron ungidos con perfume por una mujer arrepentida (Lc. 7:38), lavados por el mismo Hijo de Dios (Jn. 13:5) y taladrados en una cruz (Lc. 23:33).

Se hace evidente, además, la importancia que desde un punto de vista espiritual alcanzan los pies en la vida de un cristiano. Así, los pies, dice la Biblia, pueden andar en novedad de vida (Ro. 6:4). La palabra de Dios puede ser una lámpara para ellos (Sal. 119:105); pueden pisar reverentemente un lugar sagrado (Éx. 3:5), andar en fraternal amistad con otros (Sal. 55:14). Pueden, incluso, seguir los pasos de Jesús (1 P. 2:2) y ser guiados por el Espíritu Santo (Gá. 5:25), o por el camino de la fe (Ro. 4:12). Al final, los pies de los creyentes andarán por las calles de oro del Cielo (Ap. 3: 4).

Pero el pasaje más gratificante que encontramos en la Biblia acerca de los pies es el siguiente:

«¡Cuán hermosos son los pies de los que anuncian la paz, de los que anuncian buenas nuevas!» (Ro. 10:15).

Sí, amigo lector, incluso nuestros pies pueden ser hermosos para Dios...

Una hermosa canción infantil, que la mayoría seguro cantamos de niños y que se sigue cantando aún en muchas clases de Escuela Dominical, comienza de este modo: *Cuida tus ojos, cuida tus ojos, lo que ven...* Y sigue recordándonos en varias estrofas la importancia capital de prestar atención a las actitudes espirituales de cada uno de nuestros sentidos, hasta que termina diciendo:

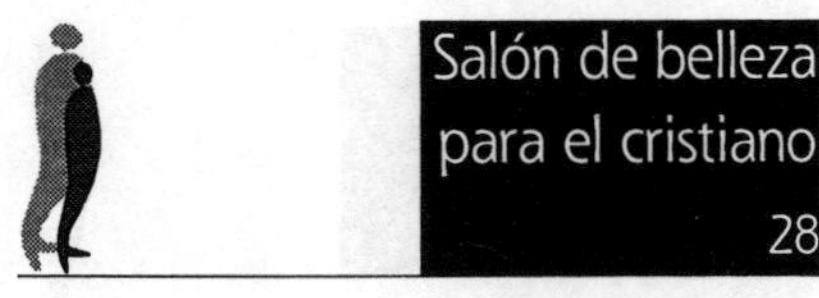

«Cuida tus ojos, boca, oídos, manos, pies.

Cuida tus ojos, boca, oídos, manos, pies;

pues tu Padre Celestial te vigila con afán.

Cuida tus ojos, boca, oídos, manos, pies».

Este libro tratará, pues, de ayudarnos a descubrir cómo... Por ello, te invito a introducirte en su lectura y a tonificarte con sus *sesiones de estética* y sus ejercicios de *terapia espiritual*, presentados para embellecer tu lengua, tus orejas, tus ojos, tus manos y tus pies. ¡Que así sea! Amén.

PRIMERA PARTE

Sesiones de estética

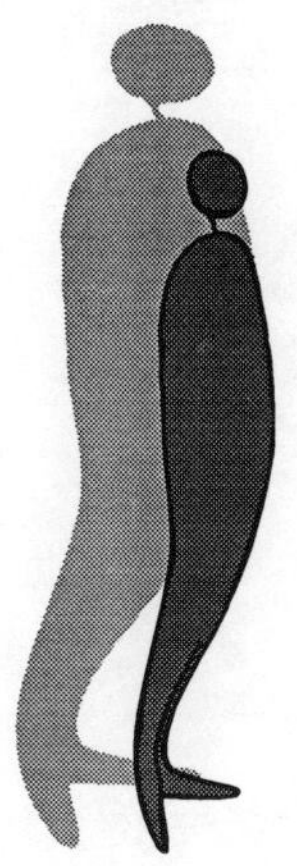

Capítulo 1: Ocho sesiones para embellecer la lengua

1.ª SESIÓN

Para que la Lengua sea Silenciosa

Se cuenta que hubo una vez un lingüista muy reconocido por su capacidad de callar y guardar silencio en siete idiomas...

Sin embargo, no podemos decir que la Biblia guarde silencio acerca del «arte» de callar. Al contrario, en el capítulo 10 y versículo 9 de Proverbios leemos:

«En las muchas palabras no falta pecado, mas el que refrena sus labios es prudente».

Vemos, pues, cómo la Biblia habla acerca del silencio, y ¿qué es lo que dice? A saber, que *hay un tiempo para callar, y un tiempo para hablar* (Ec. 3:7). Es decir, que es conveniente saber administrar nuestros momentos de charla y silencio; cosa que, por cierto, solemos confundir: hablamos cuando debiéramos callar y callamos cuando sería bueno que expresáramos nuestros pensamientos... Sí, resulta difícil equilibrar ambas acciones, pero es menester que aprendamos a hacerlo, tal y como nos aconseja el libro de los Salmos:

«Temblad y no pequéis; meditad en vuestro corazón, estando en vuestra cama, y callad» (Sal. 4:4).

Al educar de esta manera nuestra lengua, lograremos superar muchos de los errores más frecuentes que afectan y perjudican nuestra capacidad de relación.

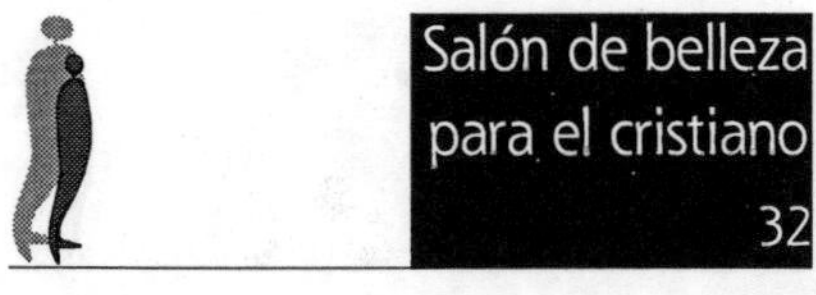

Así, por ejemplo, el apóstol Santiago, en uno de sus tantos consejos, nos señala también algunas de las debilidades que más suelen caracterizarnos:

«Por esto, mis hermanos, todo hombre sea pronto para oír, tardo para hablar y tardo para airarse» (Stg. 1:19).

Este consejo tiene varias repercusiones, que vamos a ir desgajando...

Diremos, en primer lugar, que este consejo se refiere propiamente a la estructura de toda comunicación verbal, la cual se compone de un hablante o emisor, un mensaje y un receptor, pudiendo, tanto el hablante como el receptor, intercambiar sus papeles. Este esquema, aparentemente sencillo, resulta imposible en muchas ocasiones; bien porque el mensaje no alcanza al receptor, bien porque no hay intercambio de papeles. Pero ambas alternativas derivan de un mismo problema; a saber: no sabemos escuchar...

¿Acaso no es cierto que muchas veces no escuchamos lo que nos está diciendo nuestro interlocutor, porque estamos más pendientes de lo que vamos a responderle que del mensaje que él nos está transmitiendo? Si resulta además que dicho interlocutor adopta la misma actitud que nosotros, lo que nos queda es una conversación banal, protagonizada por dos monologantes simultáneos. Esta situación puede parecernos ridícula, pero es más frecuente de lo que imaginamos y está muy bien descrita en el libro de Proverbios:

«No toma placer el necio en la inteligencia, sino tan sólo en expresar su opinión» (Pr. 18:2).

Deberíamos preguntarnos qué podemos hacer para no cometer este error, o lo que es lo mismo, cómo podemos desarrollar una lengua silenciosa y hermosa...

Para empezar, podríamos practicar un *programa de silencio constructivo*. ¿Que en qué consiste un *programa de silencio constructivo?*

Muy sencillo: consiste en permanecer callados durante unos minutos. Esto puede parecer muy fácil, ya que no requiere esfuerzo físico; pero es más difícil de lo que aparenta. Cuesta más mantener la lengua en silencio que tenerla activa, pues lo primero necesita más dominio propio que lo segundo. Pero también deriva en mayores bendiciones...

Por ejemplo, el silencio constructivo elimina la murmuración. ¿Por qué? Porque mucho de lo que estamos tentados a decir carece de utilidad. Suele ser una mezcla de verdad y mentira que no ayuda a nadie y, lo que es peor, puede dañar a otros.

Por esta razón, el mismo apóstol Santiago nos amonesta a ser *lentos para hablar,* incluso aunque lo que digamos o censuremos sea verdadero. Así, antes de abrir nuestra boca, estaría bien que nos hiciésemos la siguiente pregunta:

–Lo que voy a decir, ¿vale la pena que sea difundido?

Las palabras que se difunden se repiten, pero las que callamos no pueden ser repetidas por nadie. Si escogemos hacer esto último, evitaremos muchos problemas con otras personas y, sobre todo, demostraremos poseer una lengua hermosa. Igualmente, cada vez que nuestra lengua calla ante una murmuración pronunciada por otra persona, evidenciamos la hermosura de nuestra lengua e interrumpimos ese feo y vicioso círculo llamado vulgarmente *cotilleo.*

Otra de las bendiciones que se derivan de nuestro silencio, y que ya se ha mencionado ligeramente, es que promueve la armonía entre las personas; a saber, cuando Santiago nos amonesta a ser *tardíos para hablar*, también nos aconseja que seamos *tardíos para airarnos*. Y es que el hecho de enfadarnos y hablar impulsivamente están intrínsecamente relacionados. Los temperamentos y las voces se levantan juntos y hablamos sin pensar... Lo peor es que después

de la discusión, la huella que queda no es la diferencia de pareceres, sino las palabras que se dijeron precipitadamente.

Así también, nuestro silencio puede ser un ministerio para los que nos rodean. De hecho, ¿no es cierto que nos solemos encontrar más a gusto junto a personas que saben escuchar, que al lado de habladores imparables, que monopolizan la conversación y apenas nos permiten participar en ella? Éstos difícilmente podrán mantener a sus amigos, mientras que los buenos escuchadores resultarán siempre más populares y simpáticos.

Aprendamos, pues, a ser grandes escuchadores y descubramos cómo dicha virtud tiene la capacidad de ayudar a personas débiles y solitarias que simplemente desean ser escuchadas. Estas personas no necesitan elocuentes palabras, ni sabios consejos de nuestra parte, sino sólo nuestra disponibilidad de escucharles y nuestra atención. Si todos practicásemos esta virtud, cuántas personas dejarían de acudir a psiquiatras y psicólogos privados; y cuántos matrimonios se salvarían, si las parejas estuvieran dispuestas a escucharse mutuamente.

Sí, un remedio tan sencillo como es cerrar nuestras bocas y abrir nuestros oídos podría solucionar muchos problemas de relación entre las personas.

Pero no sólo entre las personas, sino también con nuestro Dios... Si practicamos el remedio del silencio constructivo, seguramente reconstruiremos nuestra relación con el Padre. Esto es lo que aprendió el profeta Elías cuando Dios se le reveló en un silbido apacible. Sin duda, si el profeta no hubiera guardado silencio, no habría podido escuchar el mensaje divino destinado a Israel.

Son muchas las veces que Dios nos pide que callemos:

«Estad quedos, dice el Señor, y sabed que yo soy Dios (...) Calle toda carne delante del Señor» (Sal. 46:10; Zac. 2:13).

Pero cuán poco en nuestras oraciones hacemos caso a tal petición del Señor. Somos nosotros los que hablamos, sin percatarnos de lo necesario que es el silencio para Dios, pues es a través de él que puede transmitirnos algo. No olvidemos que la oración es un diálogo con el Padre y que se practica no sólo con la lengua, sino también con los oídos.

Os invito, pues, a que consideremos este aspecto de la oración y demos a nuestro Padre Celestial la oportunidad de expresarse con voz suave y sin prisas. Ésta es, indudablemente, la mejor bendición que nos puede proporcionar una lengua silenciosa...

•••••••

Las palabras que se difunden se repiten, pero las que callamos no pueden ser repetidas por nadie. Si escogemos hacer esto último, evitaremos muchos problemas con otras personas y, sobre todo, demostraremos poseer una lengua hermosa.

•••••••

2.ª SESIÓN

Para que la Lengua sea Sencilla

Sencillo se define así en el diccionario: *sin ostentación, ni pretensión, natural, no adornado.*

Así, una lengua sencilla es aquella que no busca impresionar al oyente, ni adular, embellecer o exagerar su mensaje. No se esfuerza por demostrar su riqueza, sabiduría o santidad. En definitiva, no pretende resultar superior a lo que realmente es.

Jesús es, sin duda, el mejor ejemplo de sencillez que podemos encontrar. Nunca se vistió arrogantemente para llamar la atención, ni se esforzó por ganar prestigio social, codeándose con las personas más influyentes del momento. Aun su manera de expresarse reflejaba esta cualidad; no trató de impresionar a nadie con palabras eruditas, rebuscadas y oscuras de contenido, sino que utilizó palabras comunes, parábolas y analogías de cosas cotidianas para enseñar a las gentes el mensaje de Dios: habló de granos de mostaza, de rebaños de ovejas, de redes de pescadores...

Y fue precisamente esa sencillez y claridad de ideas lo que atrajo tanto al pueblo. Porque Jesús no necesitaba frases extraordinarias, ni tonos graves para causar expectación; su propia persona, su presencia y su vida bastaban para impresionar y alcanzar los corazones de los que se le acercaban.

Esto lo entendió muy bien el apóstol Pablo cuando fue convertido, y por eso decidió predicar el Evangelio con la misma sencillez que su Maestro:

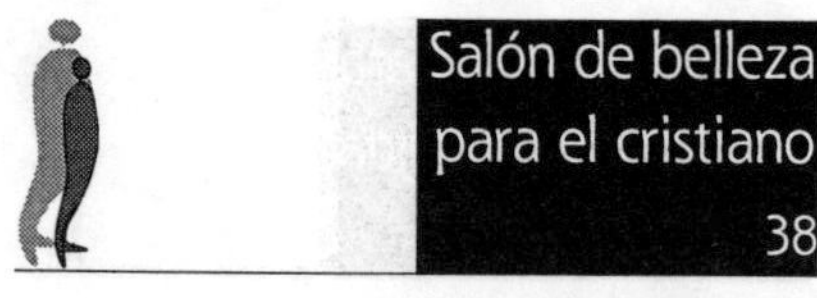

«No con sabiduría de palabras, para que se haga vana la cruz de Cristo» (1 Co. 1:17).

Él mismo había comprobado ya que la verdad sin artificios es mucho más efectiva que la retórica, a la hora de salvar almas:

«Antes, lo necio del mundo escogió Dios para avergonzar a los sabios y lo flaco del mundo, para avergonzar lo fuerte, y lo vil del mundo y lo menospreciado y lo que no es, para deshacer lo que es; a fin de que ninguna carne se jacte en su presencia» (1 Co. 1:27-29).

Sería bueno, no obstante, que no nos conformásemos con la definición que nos da el diccionario, ya que los significados del adjetivo *sencillo* al calificar al sustantivo *lengua* son más profundos de lo que parecen; abarcan muchos aspectos que podemos ir desgajando en esta sesión...

Para empezar, podemos decir que una lengua sencilla es aquella que no necesita jurar para reafirmar sus enunciaciones. Jesús dijo:

«No juréis por el Cielo, ni por la tierra, ni por Jerusalén, ni por vuestra cabeza, sino que vuestro hablar sea simplemente *sí* o *no;* pues lo que es más que esto, de mal procede» (Mt. 5:34-37).

Entendemos, no obstante, que *jurar* en este pasaje no significa exclusivamente *blasfemar*. De hecho, lo que Jesús pretendía aquí no era atacar algo tan evidentemente incorrecto como es la blasfemia, sino revalorizar la fuerza de las palabras en su sencillez y rotundidad. Es decir, enseñar que nuestras palabras deben ser aceptadas como verdaderas, sin la necesidad de acompañarlas con aseveraciones exageradas o juramentos como:

–Te juro por Dios, te juro sobre esta Biblia, por mi madre. Dios me haga caer muerto aquí mismo si no te digo la verdad.

Y es que las palabras que pronunciamos están acreditadas por nuestro propio carácter. Es éste, pues, el que debe ser veraz, de tal

manera que cualquiera que nos oiga pueda aceptar con confianza nuestro mensaje.

Diremos, también, que una lengua simple evita la adulación. Es cierto que un poco de alabanza satisface y halaga a las personas, pero cuando las muestras de aprecio son exageradas, pierden su toque de sinceridad y credibilidad, y pueden incluso interpretarse irónicamente. Es por ello que uno de los proverbios más sabios de la Biblia dice así:

«Comer mucha miel no es bueno, ni buscar la mucha gloria es gloria» (Pr. 25:27).

Sí, nos puede gustar comer miel, pero sólo un poco, porque si la comiésemos a menudo y en exceso, nos enfermaríamos. Igualmente, nos gusta oír alabanzas de vez en cuando, pero no con demasiada frecuencia o profusión, pues tanta adulación nos provocaría desconfianza...

Así, es mejor ser honestos, aun en nuestras expresiones de cordialidad o en nuestros cumplimientos convencionales. No busquemos impresionar, sino simplemente expresemos nuestras convicciones y nuestro aprecio de un modo sencillo y sincero. Si hacemos esto, tendremos mayor aceptación y nos sentiremos bien con nosotros mismos, porque habremos sabido escapar de una posible mentira «piadosa», tan fácil de escaparse cuando practicamos la adulación.

Del mismo modo, la exageración es también un hábito peligroso, que inevitablemente conlleva dosis de mentira. Por esta razón, en Tito 2:7 se nos aconseja que seamos íntegros en nuestras expresiones, hablando con seguridad y sencillez; por ejemplo, si el relato que estás contando a tus amigos es divertido, no trates de hacerlo aún más divertido, exagerando los detalles. Tampoco digas que pescaste un pez de treinta centímetros de largo, si en realidad medía veinte.

Igualmente, no es necesario que describas morbosamente la operación que sufriste el año pasado. Y por supuesto, no vayas publicando por ahí todos los premios, gracias y agudezas que posees. No lo necesitas... Si te sientes bien, no hace falta exagerar tu situación, pues tal actitud no reportaría nada bueno, ni a ti mismo ni a los que te escuchan. Muy al contrario, podría perjudicar a cualquiera que, escuchándote, dejase despertar dentro de sí sentimientos negativos, como la envidia.

Una lengua sencilla es también una lengua que evita la murmuración. De hecho, ya hemos mencionado este aspecto cuando tratamos acerca de las virtudes de una lengua silenciosa (1.ª Sesión). Sin embargo, debido a la magnitud del problema de la murmuración, he considerado la posibilidad de ampliar este tema en esta sesión dedicada a la lengua sencilla. Son muchas las razones por las que murmuramos, pero la principal de todas es, sin duda, porque carecemos de una lengua sencilla, o lo que es lo mismo, de una lengua hermosa en su sencillez.

Se dice que es mucho más fácil soltar un gato que atraparlo porque, una vez que se ha soltado, es casi imposible retenerlo. Lo mismo ocurre con un rumor: una vez pronunciado, podremos sentir haberlo dicho; pero aunque nos arrepintamos y seamos perdonados por Dios, no podremos prever ni deshacer sus consecuencias. Tal es su repercusión, que resulta casi imposible deshacerla...

Por tanto, procuremos que lo que hablemos acerca de otras personas sea pronunciado con conocimiento. El libro de Eclesiastés expresa esto de un modo pintoresco:

«Ni aun en tu pensamiento digas mal del rey, ni en lo secreto de tu cámara digas mal del rico; porque las aves del cielo llevarán la voz, y las que tienen alas harán saber la palabra» (Ec. 10:20).

Esta bella imagen nos enseña, sin embargo, algo tan duro y fatal como es el hecho de que nuestras palabras, tarde o temprano, llegarán a oídos del difamado. Y los medios pueden ser tan misteriosos que, incluso, nos veremos inclinados a acusar a las «aves» que transmitieron el mensaje.

Lo peor es que, como dijo Salomón, el difamado puede ser nuestro amigo:

«El que cubre la falta busca amistad; mas el que la divulga, aparta al amigo» (Pr. 17:9).

En teoría, nadie puede murmurar a una persona y amarla al mismo tiempo. Pero esta contradicción ocurre más a menudo de lo que debiera; frecuentemente, nos sentimos tentados a criticar a un ser querido.

Pero si realmente no deseamos hacer daño a un amigo y perder su amistad, o padecer el bochorno de ser señalados por nuestras propias y equivocadas palabras, lo mejor que podemos hacer es aplicarnos la siguiente regla:

«Lo que no esté dispuesto a decir a la cara, no lo diré por la espalda».

Debemos tener en cuenta, además, que el segundo gran mandamiento que nos dio el Señor fue el de *amar a nuestro prójimo como a nosotros mismos*. Y ese es el motivo principal que ha de impulsarnos a contener nuestras palabras; aun cuando lo que queramos decir supere con éxito la prueba de veracidad. Recordemos: la prueba de fuego que medirá definitivamente nuestras palabras es el amor. Éste es el punto justo en el que nuestra conversación falla la mayor parte de las veces...

1 Corintios 13 es, sin duda, el *gran capítulo del amor*. De él podemos extraer muchísimas enseñanzas acerca de las relaciones perso-

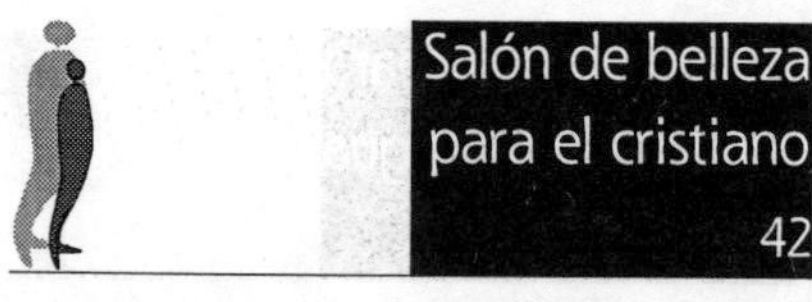

nales. Y, por supuesto, también acerca de los motivos que impulsan nuestras conversaciones. Una de las características del amor que nos describe este capítulo es que *el amor no se alegra del mal, sino que se alegra de lo justo* (versículo 6). Según la versión del Nuevo Testamento *Dios llega al hombre*, este versículo se podría parafrasear de la siguiente manera:

«El amor no se alegra del pecado de otros, sino de la verdad».

Y la *Nueva versión revisada inglesa* lo expresa así:

«El amor no guarda recuerdo de los daños, ni se revuelca en los pecados de otros, sino que se deleita en la verdad».

En esta última versión podemos entender con claridad cuál es el motor que impulsa a la murmuración; a saber, el placer de revolcarnos en los pecados, faltas y modos de ser de otras personas. En definitiva, todo un lujo para nuestro ego, y toda una violación al amor verdadero descrito en Corintios. Cuando hacemos esto, demostramos falta de conversión, porque un cristiano convertido no se alegraría de la caída de su hermano, ni esparciría la noticia por ahí:

«Hermanos, si alguno fuere sorprendido en alguna falta, vosotros, que sois espirituales, restauradle con espíritu de mansedumbre; considerándoos a vosotros mismos, no sea que vosotros también seáis tentados» (Gá. 6:1).

¡Cuánto nos queda todavía por aprender acerca del amor y de la sencillez! ¡Cuán fácil resulta descuidar ambos atributos y dejarnos arrastrar por nuestras inclinaciones! Entregarnos a la palabrería y caer en la murmuración... Ya lo decía el sabio Salomón:

«En las muchas palabras no falta pecado; mas el que refrena sus labios es prudente» (Pr. 10:19).

Murmuramos porque, lejos de ser sencillos y de sentirnos seguros con Dios, carecemos de confianza y de respeto propio y necesitamos proyectar nuestra inseguridad sobre los demás. Si no, observémonos, y comprobaremos cómo, por lo general, es cuando más inseguros y amenazados nos sentimos que murmuramos en contra de otros.

Sí, nos engañamos a nosotros mismos, creyendo que, si ensuciamos el brillo de la corona de otro, haremos brillar de un modo más notorio la nuestra. Es decir, para comprobar que hemos crecido, rebajamos a los demás... Pero Jesús nos enseñó todo lo contrario:

«Amarás a tu prójimo como a ti mismo» (Mt. 22:39).

Notemos que Jesús no dijo *en lugar de ti mismo*, sino *como a ti mismo*. Esto implica que para empezar a sentirnos bien, debemos subir nosotros mismos, en vez de rebajar a otros. Es decir, no podemos aceptar a nuestro prójimo, si primero no nos aceptamos a nosotros mismos.

Por ello, te propongo un *programa de autoestima positiva*: reflexiona acerca de lo valioso y precioso que eres para Dios; de lo contrario, no te hubiera creado a su propia imagen, ni hubiera enviado a su Hijo a morir por ti, ni te hubiera prometido el poder del Espíritu Santo, y, por supuesto, no te estaría preparando un lugar para vivir con Él, para siempre...

Todo esto ha hecho Dios por ti. Sí, Dios te ama y eso debería fortalecer tu autoestima. Pero recuerda: lo que ha hecho por ti, lo ha hecho también por tu prójimo. Así, no intentes despreciar a tu hermano, pronunciando juicios que lo degraden; con tal actitud, ofenderías a Dios –ya que sólo Él conoce el corazón de tu hermano–, y estarías usurpando su lugar, deshonrándote ante sus ojos. Ocúpate, mejor, en cosas más interesantes que no sean criticar a otras personas.

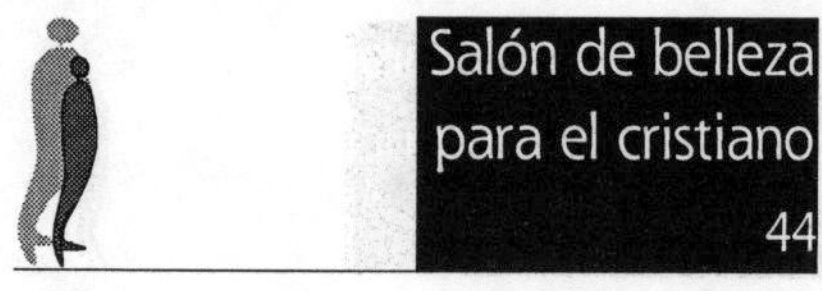

Carlos Allen dice en su libro *La siquiatría de Dios*:

«Las grandes mentes discuten ideas; la gente mediocre discute sucesos, y los que tienen mentalidad pequeña discuten los asuntos de los demás».

Así, una solución positiva para atajar la murmuración podría ser ocupar nuestra mente con cosas mejores y más importantes. Por ejemplo, informándonos acerca de asuntos mundiales, leyendo buenos libros y novelas históricas, sustituyendo los programas televisivos «basura» por programas documentales o debates constructivos; interesándonos por temas actuales de carácter social, como la discriminación racial, la marginación, la pobreza...

Sin duda, si ocupásemos el tiempo positivamente, no nos acordaríamos de criticar a nadie. Y es que murmuramos porque estamos ociosos. Pablo ya señaló esta relación entre ociosidad y murmuración cuando se refirió a las viudas de la iglesia que, como no tenían nada qué hacer, *se volvían ociosas, andando de casa en casa, chismorreando y entrometiéndose en asuntos que no las incumbían* (1 Ti. 5:13).

No hay nada malo en conversar con otra persona, pero a menudo las conversaciones ociosas se entregan a la murmuración; simplemente porque no hay nada más importante de qué hablar. Busquemos, pues, temas interesantes y cultivémonos para saber tratarlos con otras personas.

Ésta es la razón por la que muchos estudiantes que han estado fuera de casa durante algún tiempo se sienten incómodos ante el hábito de murmurar que reina en la casa de sus padres. Seguramente, cuando vivían en la casa paterna esto les parecía «normal», pero ahora que han estado fuera, ven las cosas con una perspectiva nueva y sienten que en sus hogares se respira un espíritu criticón; precisamente porque en sus hogares hay menos asuntos valiosos para tratar que en su vida escolar.

En definitiva, murmuramos por muchas razones, pero la principal es porque carecemos de una lengua sencilla. Muy al contrario, poseemos una lengua retorcida, que se deleita en el feo hábito de murmurar; un hábito tan común, que ni siquiera lo percibimos (si pudiéramos instalar micrófonos escondidos en nuestra casa, descubriríamos hasta qué punto la murmuración se ha apoderado de nosotros).

Sí, la costumbre de murmurar es una de las enfermedades más sutiles y comunes que padece una lengua retorcida, es decir, que no es sencilla. Es, también, una dolencia altamente contagiosa, que ataca a ancianos, jóvenes, hombres, mujeres, casados y solteros. Y lo peor es que nos negamos a tratarla como tal: como una patología espiritual, como un pecado. Solemos pedir perdón a Dios por nuestras mentirijillas, nuestras irresponsabilidades... Pero no nos percatamos de la gravedad del espíritu criticón y no pedimos ayuda a Dios para vencerlo. Sin embargo, hasta que no pidamos al gran Médico que nos sane y sigamos su prescripción, no podremos curarnos de esta horrible enfermedad. La prescripción es la siguiente: usemos un lenguaje sencillo con Dios en nuestras oraciones para que nuestra lengua llegue a ser sencilla.

Tal vez, estamos acostumbrados a escuchar en la iglesia oraciones del tipo «Santo infinito y misericordioso Dios, míranos, a estos humildes siervos tuyos, en tu infinita misericordia, en tu inefable amor...». Puede también que tanta fraseología posea una cierta dignidad y belleza para nuestros oídos; pero estaría bien que nos preguntásemos si acaso la dignidad y la retórica son los objetivos que debemos buscar en una oración.

¿No es la oración una conversación con Dios que no tiene necesidad de impresionar a nadie? Las palabras altisonantes, ¿aumentan la efectividad de la oración? ¿Animan a otras personas a orar en público? ¿A quién tratamos de impresionar, a la gente o a Dios? Antes de contestar a estas preguntas, fijémonos en el ejemplo de nuestro Maestro, Jesucristo, el cual dijo:

«Y orando, no uséis vanas repeticiones como los gentiles, que piensan que por su palabrería serán oídos» (Mt. 6:7).

Jesús defendió la sencillez en la oración. Por eso, enseñó a sus discípulos un modelo de oración admirable por su naturalidad y claridad. No hay en ella rasgos artificiosos, ni exagerados, sino que se trata de una simple expresión de alabanza y de una sincera y directa petición:

«Vosotros, pues, oraréis así: *Padre nuestro, que estás en los cielos, santificado sea tu nombre. Venga tu reino. Hágase tu voluntad, como en el Cielo, así también en la Tierra. El pan nuestro de cada día, dánoslo hoy. Perdónanos nuestras deudas, como también nosotros perdonamos a nuestros deudores. Y no nos dejes caer en tentación, sino líbranos del mal; porque tuyo es el reino, el poder y la gloria, por todos los siglos. Amén»* (Mt. 6:9-13).

Del mismo modo, la oración del publicano, que se compone sólo de siete palabras, obtuvo el agrado de Dios; mientras que la del fariseo, siendo más larga y artificiosa, no fue aceptada:

«Dios, sé propicio a mí, pecador» (Lc. 18:13).

Tenemos, también, el ejemplo del apóstol Pablo, el cual sólo oró tres veces para que le fuese quitada la espina de su carne; no lo hizo diez, treinta o cien veces... (2 Co. 12).

Y es que la mejor manera de orar es hacerlo de un modo natural, normal y sincero; confiando en que nuestra sencilla oración será perfeccionada por el Espíritu Santo y escuchada por Dios.

Os invito, pues, a que oremos al Señor sin pretensiones. Busquemos naturalidad y humildad en nuestras palabras y en nuestra actitud, y pidamos de forma directa a Dios que quite de nuestra lengua todo aquello que entorpezca su belleza; como por ejemplo, el mal hábito de jurar, exagerar, adular o murmurar. Pidámosle, en definitiva, que cultive en nuestra lengua la hermosura de la sencillez.

•••••••

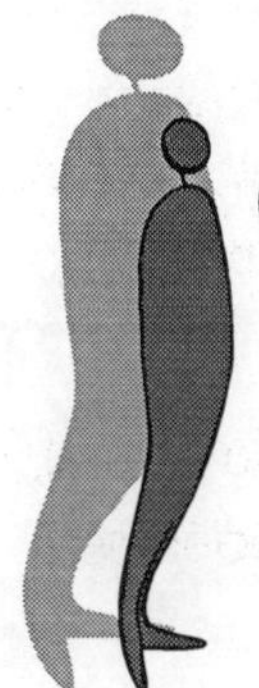

Jesús defendió la sencillez en la oración. Por eso, enseñó a sus discípulos un modelo de oración admirable por su naturalidad y claridad. No hay en ella rasgos artificiosos, ni exagerados, sino que se trata de una simple expresión de alabanza y de una sincera y directa petición.

•••••••

3.ª SESIÓN

Para que la Lengua sea Amable

Uno de los más famosos capítulos de toda la Biblia comienza con las siguientes palabras:

«Si yo hablase lenguas humanas y angélicas, pero no tengo amor, soy como metal que resuena o címbalo que retiñe» (1 Co. 13:1).

Los címbalos tienen su lugar en una orquesta; pero, ¿podéis imaginaros el mal efecto que causarían si se hiciesen sonar constantemente durante toda la sinfonía?

Los timbres y campanas son útiles y tienen su lugar en la vida: para despertarnos, para advertirnos cuando hay fuego, cuándo sale el tren o llega el avión; también para marcar la hora de ir a la escuela o cuando ésta termina... Pero si perdurarán con exceso, su sonido resultaría ensordecedor e irritante.

Así es el sonido de la voz humana sin amabilidad. Puede hablar con elocuencia, perfecta dicción, erudita inteligencia y melosa suavidad; sí, podría incluso hablar en lenguas desconocidas, pero si no habla con genuino amor, emite un conjunto de sonidos desarmónicos y desagradables al oído.

Jesús enseñó que hay una frase que resume toda la ley:

«Amarás al Señor tu Dios [...] amarás a tu prójimo» (Mr. 12:30 y 31).

El amor condensa el contenido y el espíritu de los diez mandamientos. La persona que habla amablemente tiene mucho ganado

para el cumplimiento de la santa ley de Dios, y ayuda a hacer que su casa sea un hogar.

Si leemos Proverbios 31, hallaremos un cuadro remarcable y siempre de actualidad: el de la verdadera esposa y madre. Ésta es fiel, precavida, inteligente y generosa; pero, sobre todo, es amable. Lo cual es también aplicable al hombre, esposo y padre de familia... La belleza de una persona es adornada por la amabilidad de sus palabras:

«Abre su boca con sabiduría y la enseñanza de bondad está en su lengua» (Pr. 31:26).

No es extraño que pocos versículos más adelante leamos:

«Sus hijos se levantaron y la llamaron *bienaventurada;* y su marido también la alabó» (Pr. 31:28).

Con la amabilidad ocurre como con la mayoría de las cosas buenas: empieza en el hogar.

Muchos, si no todos los problemas familiares, pueden ser solucionados, o por lo menos suavizados, con una lengua amable. Un poco de amabilidad puede hacer mucho cuando tu marido viene a casa del trabajo cansado, mohíno e irritable. Un poco de amabilidad puede solucionar muchísimos problemas cuando tu hijo mayor viene disgustado de la universidad. Y es que una lengua amable vence muchos problemas de expresión...

Incluso algunas personas que se sienten incapaces de hablar porque tartamudean o tienen un acento peculiar, quizás demasiado grave o demasiado agudo, o poseen poco vocabulario, o se equivocan fácilmente, produciendo lo que llamamos *lapsus lingüe*, si ejercitaran el don de la amabilidad, encontrarían mejores resultados para su problema que en un curso de oratoria especializado. En efecto, si

hablamos con amor, todas nuestra imperfecciones lingüísticas quedarán minimizadas, hasta apenas ser notadas, por la armonía de la amabilidad.

Una lengua amable debe ser, además, complemento de una lengua veraz. La Biblia dice en Efesios que no es suficiente hablar la verdad; debemos hablar la verdad *con amor* (Ef. 4:15).

Tal vez, la persona que llama a nuestra puerta esté enseñando falsas doctrinas acerca de la Palabra de Dios. Muéstrale la verdad, pero hazlo con amor; sin cerrarle la puerta de golpe y sin pronunciar palabras de desprecio. Es mejor que promuevas la armonía y la paz.

El apóstol Pedro, quien, sea dicho de paso, tuvo que luchar con su desatada e impetuosa lengua, escribió:

«No devolviendo mal por mal, maldición por maldición, sino por el contrario, bendiciendo, sabiendo que fuisteis llamados para que heredaseis bendición. Porque el que quiera amar la vida y ver días buenos, refrene su lengua de mal, y sus labios no hablen engaño» (1 P. 3:9 y 10).

••••••

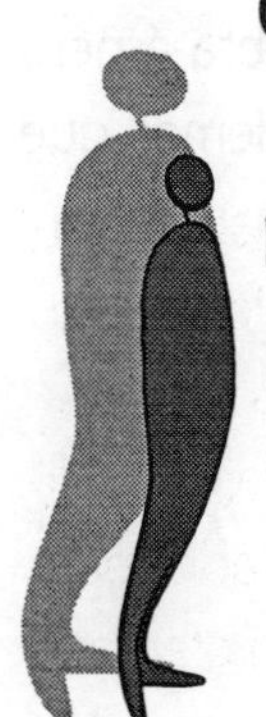

Necesitamos un poco de amor para controlar nuestra lengua, especialmente en momentos de antagonismo personal. Es relativamente fácil ser amables cuando los demás son amables con nosotros. Pero la verdadera prueba viene cuando somos provocados a airarnos.

••••••

Necesitamos un poco de amor para controlar nuestra lengua:, especialmente, en momentos de antagonismo personal. Es relativamente fácil ser amables cuando los demás son amables con nosotros. Pero la verdadera prueba viene cuando somos provocados a airarnos.

Jesús, que tantas veces fue provocado por sus enemigos, los fariseos y los escribas, manifestó, sin embargo, poseer en todo momento una lengua amable. El apóstol Pedro la describe así:

«Quien cuando le maldecían, no retornaba maldición» (1 P. 2:23).

Esto era debido a su amor. Amaba de tal modo, que controlaba los impulsos de su naturaleza humana de hablar airadamente contra las mismas personas que procuraban matarle. Todos conocemos sus palabras de amabilidad en aquel definitivo y trágico momento:

«Padre, perdónalos, porque no saben lo que hacen» (Lc. 23:34).

Por eso, nosotros, como testigos positivos de Cristo, debemos cultivar una lengua amable. La advertencia de Colosenses 4:5 y 6 es muy adecuada:

«Andad sabiamente para con los de fuera; redimiendo el tiempo. Sea vuestra palabra siempre con gracia, sazonada con sal, para que sepáis cómo debéis responder a cada uno».

Es importante que tengamos presente este consejo paulino cada vez que nos sintamos tentados a pronunciar alguna palabra áspera contra nuestro vecino, compañero de trabajo... No olvidemos que somos testigos de Cristo delante del mundo.

4.ª SESIÓN

Para que la Lengua esté Limpia

El envoltorio de algunos tubos de pasta dentífrica dice que el referido producto es muy efectivo, si es usado dentro de un programa consciente de higiene oral.

Ciertamente, lo más necesario para una persona es un amplio programa de higiene oral, pero no en el sentido en que lo dice la propaganda dentífrica –para lo cual ya están los dentistas–, sino aquella limpieza de boca que Cristo puede hacernos cuando aplicamos sus enseñanzas a todo lo que contiene y puede salir de nuestra cavidad bucal.

El lenguaje sucio es, sin duda, uno de los problemas más comunes y que más afean la belleza de las personas; desde el más erudito y refinado, hasta el más ignorante y marginal. De hecho, últimamente, parece estar de moda, inclusive en las más altas esferas de la sociedad y de la cultura, utilizar palabras bajas o denigrantes, acompañadas de expresiones más cultas; como si tal vez, sacadas de su contexto vulgar, parecieran más interesantes...

Pocas personas se muestran preocupadas por la suciedad de sus lenguas. Hay mucha preocupación, y es bueno que así sea, acerca de la polución atmosférica, del agua y de la tierra. Pero nadie se preocupa de la polución de las lenguas. Sin embargo, Jesús señaló lo siguiente al respecto:

«No lo que entra en la boca, contamina al hombre; mas lo que sale de la boca, esto contamina al hombre» (Mt. 15:11).

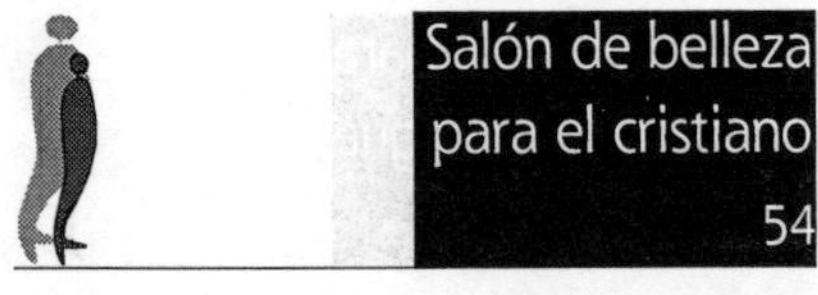

Y Dios mismo ordenó en el Sinaí:

«No tomarás el nombre del Señor tu Dios en vano; pues el Señor no dará por inocente al que tome su nombre en vano» (Éx. 20:7).

¿Por qué da Dios tanta importancia al uso de su nombre? Porque un nombre es más que un sustantivo gramatical: un nombre representa una existencia; ya sea divina, o humana. Por eso, cuando escuchamos que alguien dice que *ha perdido su buen nombre*, lo que esa persona quiere decir no es que alguien haya borrado las letras de su nombre, sino que su reputación ha sido mancillada, insultado su carácter ante otras personas y dañada su personalidad hasta lo más profundo. Es algo más que profanar unas pocas letras del alfabeto: es abusar y mostrar una extremada falta de respeto a la persona; pero, sobre todo, al Dios Santo, atacando su mismo Ser y tratando ligeramente su Carácter.

Una lengua limpia, en cambio, mostrará reverencia hacia todas las cosas santas, personales, privadas e importantes. Es una lengua hermosa porque respira reverencia hacia Dios y todo lo que Él ha creado.

Así, una lengua limpia expresará sensibilidad espiritual. Por ejemplo, rehusará emplear palabras bajas al referirse a temas sexuales, porque tendrá un elevado concepto del verdadero amor. Nunca expresará comentarios obscenos, ni tampoco inventará animalizaciones minimizadoras de personas, del tipo *María se ríe como una hiena*, o *Carlos come como un cerdo*...

Quien esté interesado en cultivar una lengua hermosa estará demostrando que es un buen mayordomo del talento del habla que Dios le ha dado. Y es que la capacidad de comunicarnos con la lengua es uno de los mayores dones concedido al ser humano. El creyente cristiano comprende que el lenguaje, como otros talentos y

habilidades, ha de ser usado y perfeccionado mediante la educación, como una parte de su mayordomía sobre la tierra.

Un loro puede aprender a blasfemar de un modo perfecto, con un vocabulario sucio y limitado, resultado de un cerebro también limitado y falto de capacidad. Mientras que una persona de lengua limpia demostrará una superior cultura, porque hace patente su capacidad de encontrar palabras certeras que expresen ideas de un modo claro y conciso. Cuando habla, trata de comunicar algo; no se contenta con usar las mismas invectivas que se diría a sí mismo en un exceso de ira dentro de una habitación vacía.

••••••

Quien esté interesado en cultivar una lengua hermosa estará demostrando que es un buen mayordomo del talento del habla que Dios le ha dado. Y es que la capacidad de comunicarnos con la lengua es uno de los mayores dones concedido al ser humano. El creyente cristiano comprende que el lenguaje, como otros talentos y habilidades, ha de ser usado y perfeccionado mediante la educación, como una parte de su mayordomía sobre la tierra.

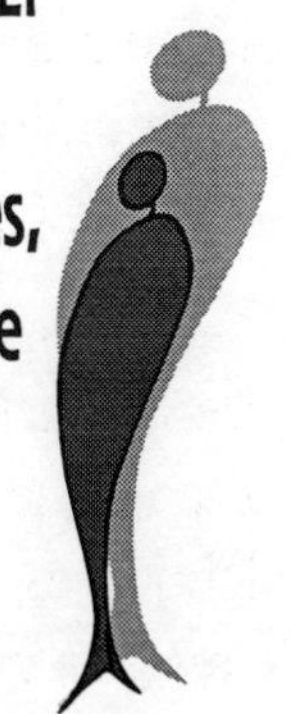

••••••

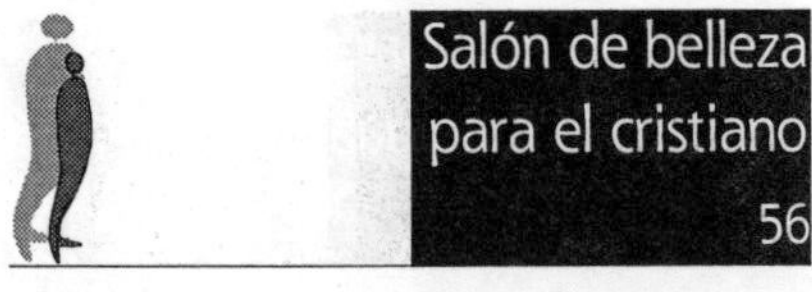

Pero una lengua limpia, por el hecho de diferenciarse de las demás es, sobre todo, una lengua testificante. Así es, el empleo de malas palabras es tan común hoy día que su ausencia distingue a cualquier persona que habla de un modo correcto. Esta realidad entristece... Es de esperar que nuestro testimonio cristiano se extienda a mucho más que esto. Pero la simple ausencia de palabras truculentas es ya en sí misma una marca de la clase de persona que somos.

Quizás, con nuestra presencia, incluso los demás se abstengan de usar un lenguaje sucio delante de nosotros, sospechando que somos cristianos y podemos sentirnos molestos con sus comentarios e impropiedades. Por otro lado, son esas las personas que más concienzudamente levantarían el dedo acusador contra nosotros si escucharan alguna palabra sucia que se hubiera escapado sin querer de nuestras bocas. Por ello, debemos mesurar correctamente lo que decimos, para no ser piedra de tropiezo a aquellos que nos vigilan.

5.ª SESIÓN

Para que la Lengua esté Contenta

¿Por qué los israelitas que escaparon de la esclavitud de los campos de Egipto no pudieron entrar en la tierra prometida? ¿Por qué sus huesos tuvieron que ser enterrados en el desierto? ¿No fue a causa de sus lenguas quejumbrosas?

«Y Jehová habló a Moisés y a Aarón, diciendo: *¿Hasta cuándo oiré esta depravada multitud que murmura contra mí, las querellas de Israel, que de mí se quejan? Diles: Vivo yo, dice Jehová, que según habéis hablado a mis oídos, así haré yo con vosotros. En este desierto caerán vuestros cuerpos; todo el número de los que fueron contados de entre vosotros, de veinte años arriba, los cuales han murmurado contra mí. Vosotros a la verdad, no entraréis en la tierra, por la cual alcé mi mano y juré que os haría habitar en ella; exceptuando a Caleb hijo de Jefone, y a Josué hijo de Nun*» (Nm. 14:26-30).

Y Santiago llega a afirmar:

«¿De dónde vienen las guerras y los pleitos entre vosotros? ¿No es de vuestras pasiones, las cuales combaten en vuestros miembros? Codiciáis, y no tenéis; matáis y ardéis de envidia, y no podéis alcanzar; combatís y lucháis, pero no obtenéis lo que deseáis, porque no pedís» (Stg. 4:1 y 2).

Entre los que recibirán peor condenación en el juicio final, dice Judas que están *los quejosos y los descontentos* (Jud. 16).

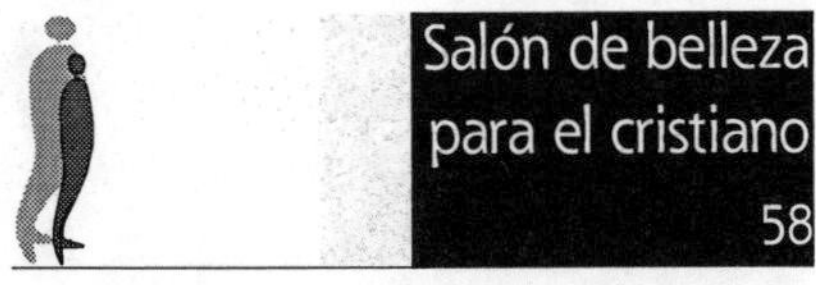

El apóstol Pablo tenía mucho de qué quejarse. Tenía *una espina en su carne;* seguramente, alguna dolencia física que le incordiaba. Una y otra vez fue azotado. Sufrió naufragio, fue acusado ante tribunales y perseguido. Pasó dos largos años languideciendo en una prisión, sin que se le hiciera un juicio formal. Pero, sin embargo, leemos acerca de él:

«He aprendido a contentarme en cualquier estado [...] No lo digo porque tenga escasez, pues he aprendido a contentarme, cualquiera que sea mi situación. Sé vivir humildemente y sé tener abundancia. En todo y por todo estoy enseñado; así para estar saciado como para tener hambre, así para tener abundancia como para padecer necesidad» (Fil. 4:11-13).

Y en la misma carta, escrita desde la celda de una prisión, aparecen las palabras *gozo y regocijo* no menos de tres veces en cinco cortos capítulos.

También, en la carta a Timoteo leemos:

«Gran ganancia es la piedad con contentamiento» (1 Ti. 6:6).

Y en Hebreos se nos aconseja:

«Contentos con lo que tenéis ahora; pues Él ha dicho: *No te dejaré ni te desampararé*» (He. 13:5).

El mismo Juan el Bautista llegó a proferir la siguiente recomendación a unos soldados:

«No hagáis extorsión a nadie ni calumniéis, sino contentaos con vuestras pagas» (Lc. 3:14).

Y es que una lengua que no se queja constantemente, es decir, una lengua que se muestra contenta, es una lengua hermosa. Ésta sobrellevará la enfermedad con buen ánimo y fortaleza.

Seguramente, alguna vez nos habremos encontrado con la típica persona a la que nadie se atreve a preguntar cómo se encuentra, porque si alguien se lo preguntara, sería asaltado con una larga e interminable lista de dolencias y enfermedades...

Por otro lado, y afortunadamente, existen también personas que, a pesar de estar atravesando un mal momento en lo que respecta a su salud, nunca se quejan, sino que son capaces de mantener su espíritu alegre y su fe firme.

La Biblia nos ofrece varios consejos sobre cómo afrontar dignamente la enfermedad. Así, Santiago escribió:

«¿Está alguno de vosotros enfermo? Haga oración. ¿Está alegre? Cante salmos» (Stg. 5:13).

También podemos leer el consejo que Pablo dio a Timoteo:

«Tú sufre trabajos como un buen soldado de Jesucristo» (2 Ti. 2:3).

No es fácil mostrar una lengua hermosa cuando el cuerpo sufre. Se necesita un poder más que humano para apretar los dientes y soportarlo; se necesita el poder del Santo Espíritu de Dios:

«Todo lo puedo en Cristo que me fortalece» (Fil. 4:13).

Pero no sólo ante la enfermedad física resulta difícil abstenerse de las quejas. También una lengua se disciplina a sí misma ante aparentes injusticias de la vida. Y es que la vida no es agradable a veces... Luchamos para ser honrados y vivimos moderadamente, a fin de tener lo suficiente para vivir; mientras que el vecino de enfrente, que tiene un negocio fraudulento, posee una buena piscina, tres coches, un yate y un apartamento en la playa. Nuestra hija, a quien hemos educado cristianamente, se siente desalentada porque sus compañeras, que no tienen principios, reciben más atenciones de los chicos... No es fácil en tales casos mantenerse contento.

Por eso, cuando nos sintamos desalentados a causa del éxito aparente de las personas deshonestas e inmorales que nos rodean, deberíamos leer el Salmo 37, a veces llamado el *salmo del malhumorado*. Este salmo nos asegura que Dios es todavía un Dios de justicia y que no hay agravio que Él no repare:

«No te impacientes a causa de los malignos, ni tengas envidia de los que hacen iniquidad. Porque como hierba serán pronto cortados, y como la hierba verde se secarán (...) Guarda silencio ante Jehová y espera en Él, no te alteres con motivo del que prospera en su camino, por el hombre que hace maldades (...) Deja la ira y desecha el enojo; no te excites en manera alguna a hacer lo malo» (Sal. 37:1 y 2, 7 y 8).

Es importante, también, ir a la iglesia acompañados de una lengua contenta, porque ésta contribuirá a mejorar el ambiente de la congregación. En casi todas las iglesias hay cierto número de miembros que están siempre quejándose de algo. Esto resulta descorazonador para los ministros, e incluso, provoca depresión en ellos mismos y en sus esposas, las cuales no pueden soportar tanta ingratitud por parte de los miembros. Sí, es desalentador comprobar que las mismas personas que siempre tienen una excusa para no ayudar son las que se sientan detrás para criticar a los que se prestan a hacer las cosas.

Pero, sobre todo, es un pésimo ejemplo para los nuevos convertidos, los cuales se unen a la iglesia llenos de celo y dispuestos a trabajar en la obra. Éstos esperan y necesitan ser animados, reconfortados e inspirados por sus hermanos. Pero en vez de esto, encuentran en los miembros más veteranos un manojo de cardos dispuestos a pincharles y a quejarse de ellos.

El problema es que estos mismos criticones son incapaces de reconocer su falta. Cuando leen un artículo o una página de un libro como éste, en seguida extienden su dedo señalando a algún otro,

en vez de pararse a reflexionar y a analizarse individualmente. Sin duda, no siguen la amonestación de Pablo:

«Haced todo sin murmuraciones ni contiendas, para que seáis irreprensibles y sencillos hijos de Dios, sin mancha, en medio de una generación maligna y perversa, en medio de la cual resplandecéis como luminares en el mundo» (Fil. 2:14 y 15).

No obstante, el mayor beneficiado de una lengua contenta es la propia familia y el propio hogar. «Alguien», que conocía bien lo que se decía, declaró:

«Mejor es estar en un rincón del terrado, que con mujer rencillosa en espaciosa casa» (Pr. 25:24).

Muchas mujeres se quejan de que sus maridos no las escuchan, sino que se muestran reservados ante ellas; mientras que son capaces de ser muy amables y amenos con los amigos o los vecinos. A veces, esto se da también entre las mujeres; a saber, esposas que son toscas y mudas para sus maridos, pero que no paran de hablar con los demás. Sin embargo, parece que el caso es más frecuente con hombres. Da igual, lo importante es detectar a qué se debe este cambio de actitud para con el cónyuge, o la cónyuge...

Una lengua que no se queja constantemente, es decir, una lengua que se muestra contenta, es una lengua hermosa. Ésta sobrellevará la enfermedad con buen ánimo y fortaleza.

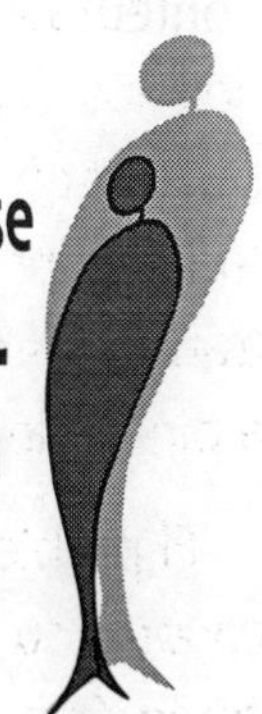

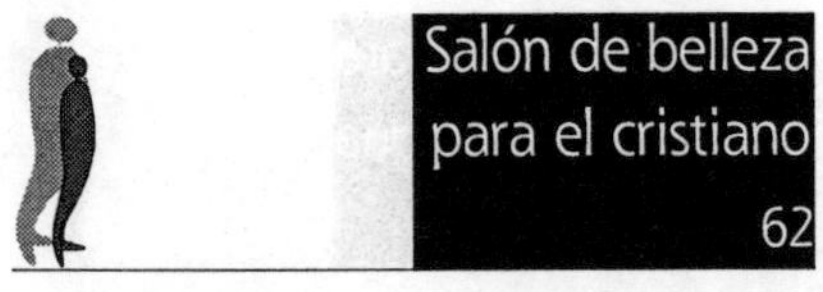

Sin duda, una de las causas principales de este cambio es la lengua quejosa. Esto es, uno de los miembros de la pareja está cansado de escuchar constantemente las quejas de la otra parte. Al principio, las escuchaba pacientemente e intentaba arreglarlas, pero pronto se cansó de digerir comentarios negativos y optó por escuchar cosas más agradables, dichas por boca de otros.

Igualmente, los hijos pueden ser los próximos en recibir los golpes insípidos de la queja por parte de sus padres. Finalmente, deciden distanciarse de aquellos para no tener que soportar una larga lista de inconvenientes y críticas.

Por tanto, el único remedio para unificar esos lazos rotos por el deterioro de las quejas es acostumbrarnos a mirar el lado positivo de las cosas. Por ejemplo, decir al marido lo bien que pintó la cocina hará mucho más en favor de la felicidad conyugal, que quejarnos de sus ronquidos. Elogiar a los niños por sus buenas costumbres o sus hábitos les ayudará a vencer los malos; y procurar que adopten una actitud positiva hacia sus problemas corrientes les estimulará a vencer inmediatamente cada nuevo problema, antes que cruzarse de brazos y autocompadecerse por todo.

No, no permitamos que nuestra familia caiga en el vicio de la queja; sino ayudémosle con nuestro ejemplo a cultivar una lengua contenta, una lengua hermosa.

6.ª SESIÓN

Para que la Lengua esté Agradecida

A todos nos gusta mucho ser apreciados; saber que nuestro trabajo, preocupaciones, tiempo empleado y lágrimas tienen un efecto positivo sobre alguna persona, y ésta responda con una expresión de gratitud.

Entonces, si esto es así, lo correcto es que la gratitud comience en nosotros mismos. Es importante que seamos agradecidos. Tan importante, que en América existe un día especial, en el mes de noviembre, para agradecer todas las bendiciones que hemos recibido durante el año: lo llamamos *el Día de Acción de Gracias*. Sin duda, nuestros antepasados conocían el valor de una lengua agradecida. ¡Que jamás abandonemos este precioso legado!

Está demostrado que son las personas agradecidas las más apreciadas por todos, aunque éste no es el motivo que debiera impulsarnos a ser agradecidos. El verdadero motivo que debiera movernos a ello es la piedad; a saber, la verdadera piedad es un sentimiento sincero de aprecio y gratitud al Todopoderoso, y una de las señales más seguras de nuestra conversión.

De hecho, según Pablo, el gran error de los que se apartaron de Dios fue la ingratitud:

«Aun cuando conocieron a Dios, no le honraron ni le dieron gracias. Habiendo rehusado un reconocimiento humilde al Creador, procedieron a insultarle, creándose imágenes de dioses imaginarios, incluso de animales. Y se degradaron hasta el punto de entregar sus propios cuerpos a la práctica de inmoralidades» (Ro. 1:21-27).

Pero la raíz de todo ese mal fue la ingratitud...

En cambio, los personajes bíblicos más reconocidos y admirados fueron personas agradecidas a Dios y a los hombres. Así, por ejemplo, el rey David dedicó muchísimos salmos como agradecimiento a Dios (Sal. 35:18; 65:1; 92:1; 108:1; 116:17). Pablo empezaba la mayoría de sus cartas con una expresión de gracias, tanto al Señor, como a ciertos hermanos en el ministerio (Ro. 1:8; 16:3 y 4; 1 Co. 1:4; Ef. 1:15 y 16; 2 Ti. 1:16-18).

No obstante, la mayor causa por la cual debemos ser agradecidos se encuentra en el episodio de Lucas 17:11 al 19, el cual nos habla de diez leprosos curados por Jesús... De éstos, sólo uno regresó al Maestro para darle las gracias. Y fue entonces, cuando recibió una bendición adicional; a saber, no únicamente fue sanado de su lepra, sino que recibió la bendición de conocer personalmente a su Médico. No solamente sintió el poder físico en su cuerpo, sino que entró en un contacto personal y espiritual más íntimo con Aquel que fue la fuente de su bendición material. De esta manera, halló una Providencia y un Salvador.

Sin embargo, los nueve restantes, que no fueron agradecidos, perdieron la oportunidad de sanar su alma de pecado.

En esta misma historia de los diez leprosos vemos la diferencia entre los que son genuinamente agradecidos y los que simplemente se sienten «afortunados». Uno puede sentirse afortunado en sí mismo y para sí mismo, sin comunicación ni amor con nadie más. Pero la gratitud implica siempre comunicación y relación de una persona a otra. Establece un lazo de amistad e indica que la relación es altamente apreciada. He aquí por qué la gratitud es tan importante

para Dios: indica que uno tiene una relación personal con su Creador y Protector.

Como consecuencia, una lengua agradecida pondrá otras bendiciones en perspectiva. Dice el apóstol Pablo:

«Por nada estéis afanosos, sino sean conocidas vuestras peticiones delante de Dios en toda oración y ruego, con acción de gracias» (Fil. 4:6).

Así, una oración hermosa será aquella que no se limite únicamente a pedir bendiciones nuevas, sino también, y sobre todo, sepa agradecer las bendiciones que ya ha recibido. Hay un refrán que dice lo siguiente:

«Si pides a Dios un pastel, no te olvides de darle gracias primero por el pan».

Esta perspectiva en nuestras oraciones mejorará substancialmente la perspectiva de todas las demás cosas: influirá en nuestra rela-

La gratitud implica siempre comunicación y relación de una persona a otra. Establece un lazo de amistad e indica que la relación es altamente apreciada. He aquí por qué la gratitud es tan importante para Dios: indica que uno tiene una relación personal con su Creador y Protector.

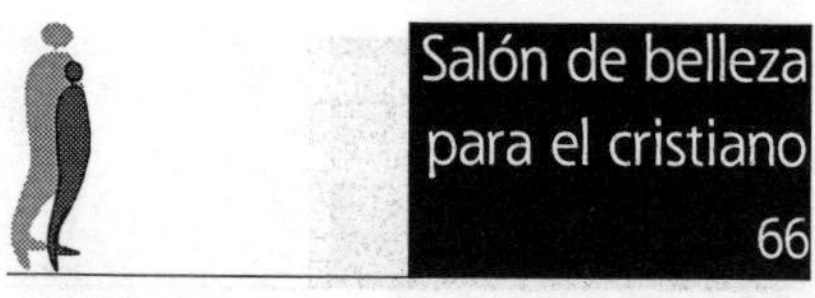

ción con Dios y nos dará también una mejor vida de hogar. Y es que una lengua apreciativa actúa como un lazo de amor en todas las relaciones.

Cuenta una fábula que un buitre y un colibrí volaban ambos sobre el mismo desierto. El primero encontró un cuerpo muerto; y el segundo, una hermosa flor. ¿Sabéis por qué? Porque cada uno encontró aquello que su corazón estaba buscando. Moraleja: tú encontrarás lo que quieras tener (y serás lo que quieras ser). Por ejemplo, la sonrisa de un niño, en vez de su camiseta sucia; el detalle de un novio enamorado, en vez de su impuntualidad; el mensaje edificante de un sermón, en vez de los minutos de más que ha durado...

Y no es que el aprecio o la gratitud eliminen las cosas feas, desagradables e inseguras de la vida; pero nos ayudará a no recibirlas con tanta pesadumbre, y a percibir y gozar de las cosas bellas.

7.ª SESIÓN

Para que la Lengua diga la Verdad

Una lengua bella debe ser una lengua veraz, porque Dios, que inventó la mente humana, nos dio el precioso don del habla para decir la verdad. Por eso, el noveno mandamiento es un llamamiento a la lengua veraz:

«No dirás falso testimonio contra tu prójimo» (Éx. 20:16).

Dios es estricto acerca de este tema porque Él es en sí mismo la Verdad. Por consiguiente, la mentira es la antítesis de Dios y lo que Él aborrece:

«He aquí, tú amas la verdad en lo íntimo (...) Los labios mentirosos son abominación al Señor (...) Dios no es hombre, para que mienta, ni hijo de hombre para que se arrepienta ¿Ha dicho, y no hará? ¿Habló, y no lo ejecutará?» (Sal. 51:6; Pr. 12:22; Nm. 23:19).

Precisamente, su enemigo, Satanás, es llamado *el padre de la mentira* (Jn. 8:44).

Así, mentir es una de las peores formas de fealdad moral. Fue una mentira lo que causó el pecado de nuestros primeros padres en el jardín del Edén. La mentira también trajo la muerte repentina de Ananías y Safira (Hch. 5:1-11).

Y mentiras y acusaciones falsas fueron las que clavaron a Jesús en la cruz.

Se dice que más dinero ha sido robado con la punta de la lengua que a punta de pistola; los rateros pueden robar por millares, pero los mentirosos roban por millones... Sin embargo, la Biblia dice que *los asesinos, los idólatras y los mentirosos, todos se juntarán en un mismo lago de fuego, que será la segunda muerte* (Ap. 21:8). Así pues, la lengua mentirosa tendrá un final terrible.

No obstante, no hay que esperar al juicio final para empezar a percibir, aquí ya, los resultados desastrosos que acarrea la lengua mentirosa. Por ejemplo, no hay nada que rompa más aprisa la confianza mutua en un hogar respetable que el descubrimiento de una mentira. En el famoso capítulo de Proverbios acerca de la *esposa ideal*, leemos que el marido de ésta puede reposar su corazón confiado en ella (Pr. 31:11). Esto mismo es aplicable al revés... Y es que la confianza mutua es el oxígeno silencioso e invisible que alimenta los fuegos del amor.

Probablemente, la mayoría de nosotros nos cuidamos de evitar mentiras directas y evidentes. No obstante, podemos caer en sutiles falsedades que impidan a nuestras lenguas ser lo hermosas que debieran ser.

Hay muchas maneras de soslayar la verdad. Una de ellas es decir una parte de la verdad y callarse la otra parte. O también, combinar esa parte de la verdad con una pequeña mentira. De esta manera, hacemos más plausible la mentira. Sin embargo, es el Diablo también quien inventó la estrategia de la media verdad. ¿Qué es, sino, lo que le dijo a Eva?

«Ciertamente no moriréis; sino que sabe Dios que el día que comáis de él, serán abiertos vuestros ojos, y seréis como Dios, sabiendo el bien y el mal» (Gn. 3:4 y 5).

Lo que estaba diciendo la serpiente no era totalmente falso. Al contrario, era verdad el hecho de que si Eva comía del fruto, conocería el bien y el mal, puesto que el bien ya lo conocía, y el mal lo descubriría en cuanto desobedeciera a Dios. Pero la mentira del asunto se encontraba en la segunda afirmación que lanzó la serpiente; a saber, *que serían como Dios*. He aquí cómo Satanás mezcló una verdad con una mentira, y así hizo más aceptable la falsedad de sus palabras.

Y por supuesto, también se puede mentir con el silencio. Así por ejemplo, Jesucristo fue condenado, no sólo por las mentiras de sus enemigos, sino además por el silencio de sus amigos, que no se atrevieron a rectificar el falso informe que había recibido Pilato.

Imagínate que escuchas un chisme de alguien de la iglesia que dice que «fulanito de tal debe estar enfadado porque hace dos semanas que no asiste a la reunión de oración». Sin embargo, tú sabes que dicha persona no ha podido venir porque ha tenido que ir a visitar a otro hermano enfermo; pero como tú no simpatizas con la persona que está siendo murmurada, decides callarte y no decir lo que sabes. ¿Estarás mintiendo? Indudablemente, sí. Porque una lengua veraz sabe distinguir entre opinión y hecho.

Debemos evitar los puntos de vista personales. Cada día oímos opiniones contadas como hechos. Nadie debe tratar de establecer su opinión como una realidad, ya que otra persona puede interpretarla como una verdad absoluta. De este modo, le estaremos engañando... En la misteriosa farmacia de la murmuración, la opinión es una substancia volátil, que fácilmente cristaliza en un «hecho» cuando se la mezcla con un poco de saliva.

Sería más acertado decir:

–Yo creo esto o aquello.

Pero aun diciéndolo, debemos tener cuidado de que nuestra opinión no se convierta en murmuración o calumnia. Es mejor, pues, procurar no utilizar afirmaciones absolutas en nuestras conversaciones. Sobre todo, en momentos de crisis, cuando tendemos a exagerar las cosas. Nada hay más absurdo y perjudicial que lanzar este tipo de afirmaciones sin cabeza:

–¡Enrique! –grita la esposa enojada– ¡Nunca más me dirijas la palabra!

Ésta sabe que no es cierto lo que dice que desea; su intención al hacer esta declaración ha sido únicamente la de herir a su esposo en su corazón. Pero actuar así es jugar con fuego. La otra persona se puede cansar de oír esos imperativos punzantes y, finalmente, tomarle la palabra al que se los lanzó y cumplir lo que se le ha pedido en un momento de exageración momentánea.

Tampoco generalizar es bueno, y raya en la mentira. Decir palabras del tipo *siempre, nunca, jamás* es llevar una situación concreta a un extremo desorbitado y adulterar la realidad. La persona que usa estas exageraciones y generalizaciones miente a los demás y se miente a sí misma. Y es que, tal vez, mentirse a uno mismo pueda ser tan fácil como mentir a los demás...

¡Cuán fácilmente justificamos nuestros prejuicios, excusamos nuestros errores, defendemos nuestras mentiras y procuramos explicar con excusas, que no nos convencen, ni siquiera, a nosotros mismos, por qué fallamos en tal o cual cosa!

Un adolescente llegó a decir a su madre, después de que ésta terminó de echarle un sermón:

–Madre, ¿por qué crees que hago estas cosas? ¿No será por tendencia hereditaria?

Por último, hablaremos de un tipo de mentira tan sutil, que puede incluso confundirse con la humildad. A esta clase de mentira podemos llamarla «falsa humildad» y consiste en decir que somos incapaces de hacer ciertas cosas, porque no estamos cualificados, o porque nos infravaloramos, cuando en realidad no hacemos ciertas cosas por vagancia, por falta de compromiso y responsabilidad, y hasta por orgullo. Sí, esto es también mentir y Dios nos pedirá cuentas por ello. Él nos ha dado talentos, vitalidad, personalidad, fortaleza... No mintamos, pues, acerca de lo que nos ha sido regalado.

Hasta ahora, y con todo lo dicho, parece evidente que mentir es malo. Pero, ¿qué diremos acerca de las mentiras «piadosas», o men-

•••••••

Debemos evitar los puntos de vista personales. Cada día oímos opiniones contadas como hechos. Nadie debe tratar de establecer su opinión como una realidad, ya que otra persona puede interpretarla como una verdad absoluta. De este modo, le estaremos engañando... En la misteriosa farmacia de la murmuración, la opinión es una substancia volátil, que fácilmente cristaliza en un «hecho» cuando se la mezcla con un poco de saliva.

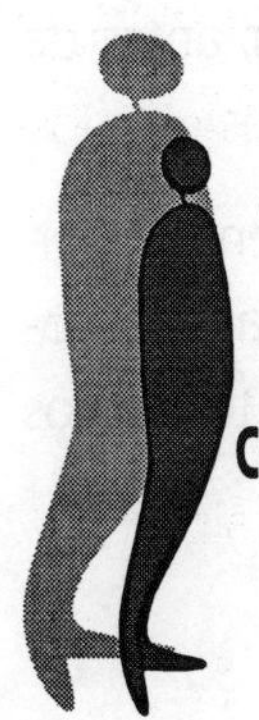

•••••••

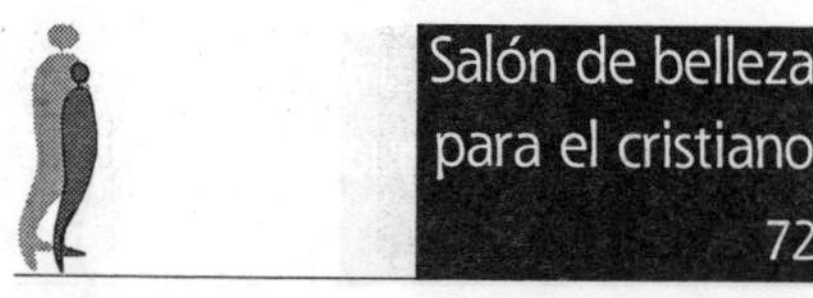

tiras «blancas»? ¿Qué diremos, por ejemplo, del ciudadano holandés que daba refugio a judíos durante la Segunda Guerra Mundial? ¿Estaba aquel obligado a decir la verdad a la Gestapo?

La mayoría de nosotros estaremos de acuerdo en que, en este caso, el mandamiento del amor y la regla de la justicia tienen preferencia a la letra de la Ley.

Encontramos también el caso bíblico de Rahab, la prostituta de Jericó que escondió en su casa a los espías enviados por Josué (Jos. 2).

Vemos, entonces, cómo hay ocasiones en las que una mentira «piadosa» puede hacer más bien que mal. Pero aun así, debemos tener cuidado con el empleo que hacemos de las mentiras «blancas». Sometámoslas en todo momento a Dios en oración y busquemos con sinceridad qué es lo que conviene hacer: no según nuestra propia conveniencia, sino teniendo en cuenta el verdadero principio del amor.

Por ejemplo, el marido que dice a su esposa que una cosa le gusta simplemente para que ella esté contenta, no lo hace por amor a su esposa, sino por evitar escuchar sus lamentaciones desagradables. O la familia de un enfermo de cáncer, que oculta la gravedad de la enfermedad de éste, no por amor a él, sino por pena... No sabe esta familia que, tal vez, ocultando la verdad, esté privando a dicho enfermo de la oportunidad de entregar su alma al Señor, antes de morir.

No olvidemos que Dios desea que cultivemos una lengua hermosa; una lengua veraz. Vigilemos, pues, nuestras mentiras «piadosas», y no abusemos de ellas. Es más, Dios quiera que no tengamos que hacer uso de ellas.

8.ª SESIÓN

Para que la Lengua Testifique

Cuando nos referimos al tema de testificar para Cristo, nos encontramos con dos extremos: están los que no pueden tener ninguna conversación con una persona sin pincharle, más o menos oportunamente, acerca de su Salvación. Generalmente, estos cristianos se encuentran con que todo el mundo les evita como si fueran leprosos. Y, por otro lado, hay cristianos que jamás dicen en sus conversaciones que son creyentes y no tienen la más ligera idea de lo que deben decir si alguien les pregunta acerca de su fe.

La mayoría de nosotros nos hallamos entre estos dos extremos. Sin embargo, son menos los que deberían frenar su celo de Dios, que los que corremos el peligro de deslizarnos hacia la indolencia y la frialdad espiritual. Somos capaces de hablar de nuestra iglesia; pero no hablamos de nuestra fe. Podemos hablar del pastor; pero no hablamos mucho del Salvador. Comentamos las actividades que ofrece nuestra iglesia, pero no mencionamos el don de la Salvación que Dios nos concede por medio de su Hijo. Así, perdemos magníficas oportunidades de testificar, porque tememos lo que dirá la gente y porque no hemos aprendido lo que debemos decir a la hora de explicar el Evangelio.

No obstante, Dios nos pide que nuestra fe privada sea también una fe pública. Y es que creer y confesar son dos hermanos gemelos. Lo que el corazón siente debe decirlo la lengua:

«Si confesares con tu boca al Señor Jesús y creyeres en tu corazón que Dios le levantó de los muertos, serás salvo» (Ro. 10:9).

Sí, Dios requiere defensores públicos, mucho más que discípulos secretos...

La frase *Jesús es el Señor* pertenece al más antiguo credo cristiano y fue usada por los creyentes aun antes de que se formulara el llamado *Credo de los Apóstoles*. Este credo no contiene mucha teología sistemática, pero contiene una afirmación personal de lo que Jesús significa para cada creyente: es *el motivo de mi vida*, es *mi Señor, porque Él es, ante todo, mi Salvador.*

Así es, una lengua testificante estará siempre dispuesta a hablar de Cristo:

«Estad siempre preparados para presentar defensa, con mansedumbre y reverencia, a toda persona que os demande razón de la esperanza que hay en vosotros» (1 P. 3:15).

Nosotros somos testigos de Cristo ante el tribunal del universo, donde cada persona del mundo es un miembro del jurado que debe dar su veredicto; ya sea para aceptar a Jesús como Salvador, tal como Él lo reclama, o para desecharlo como engañador fraudulento. Y ante este jurado, debemos dar un testimonio personal de lo que hemos encontrado en Cristo. Podemos decirles a todos lo que Él ha hecho por nosotros, hablarles de nuestra esperanza de compartir con Él la vida eterna... Ser, en definitiva, un testigo de carácter.

Imagínate que tú fueras acusado de conducta deshonesta. Tu abogado convocará testigos, posiblemente, amigos tuyos, para que testifiquen en tu favor. Pues bien, ¿cómo te sentirías si supieras que uno de tus «amigos» ha rehusado ser testigo, declarando que está demasiado ocupado, que le molesta la publicidad o que teme a las preguntas que pudieran hacerle? Te sentirías traicionado...

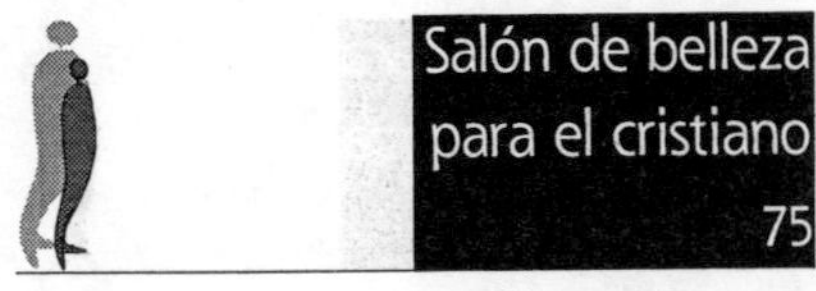

Entonces, ¿cómo crees que Cristo se siente cada vez que nosotros nos avergonzamos de pronunciar su nombre delante del mundo?

Nadie puede ser un testigo eficaz con un encogimiento de hombros. La lengua testificante tiene que reflejar el espíritu compasivo de Cristo, hablar del amor de Dios con unas palabras que transmitan a su vez el reflejo y la amabilidad de ese amor que predica.

Se trata, pues, de invitar más que de amenazar, de consolar, más que de condenar; de hablar, más que de callar...

Y si nos cuesta testificar a los desconocidos, hagámoslo con nuestros amigos. La amistad es un buen puente por donde puede pasar el Evangelio.

Si, por otro lado, somos de los que no tienen ningún reparo en hablar de Dios a los desconocidos, hagámoslo con reverencia. No busquemos una discusión, o procuremos una victoria sobre nuestro «rival», sino prediquemos con el espíritu de promover la verdad de Dios. Si usamos textos de la Escritura, hagámoslo acertadamente y con exactitud, no como el que lanza saetas a su enemigo... Que el tono y espíritu de lo que decimos sea aceptable a Cristo mismo.

Puede que todo esto parezca difícil de realizar; pero no olvidemos que una lengua testificante puede ser enseñada. Muchas personas no están «preparadas», en el sentido de estar dispuestas, porque no se han educado para semejante tarea. Por eso, cada iglesia debería tener un programa activo en el que sus miembros fueran enseñados a testificar para Cristo, de manera teórica y práctica... Para ello, pueden usarse métodos escalonados. Aprender versículos de memoria es, por ejemplo, uno de los buenos medios, pero también, saber usarlos oportunamente y responder a los objetores con acierto. Los cristianos deben saber cómo «echar la red» y mover a las gentes a una decisión por Cristo.

Es necesario, pues, crear un plan definido en las iglesias para atraer y ganar a personas ajenas al Evangelio. Miembros más experimentados en el tema podrían educar a los hermanos que tienen buena voluntad para testificar, pero poca experiencia.

Si existe un programa parecido en tu iglesia, únete a él; y si no existe, trata de organizarlo. Es necesario sentirse competente y capaz a la hora de testificar...

Sin embargo, tampoco caigamos en el error de pensar que esto es el todo. No, es el Espíritu Santo, especialmente, quien da poder a la lengua testificante. Sin Él, todo sería inútil. En efecto, nuestros procedimientos ejecutados del modo más cuidadoso carecerán de vida y se perderán inútilmente, a menos que seamos ayudados por el Espíritu Santo.

Incluso, hay ocasiones en las cuales resulta mejor abandonar nuestras técnicas mejor aprendidas y nuestros más cuidadosos planes, para experimentar el milagro del Espíritu de Dios hablando a través de nosotros, con palabras espontáneas y no aprendidas.

Nadie tuvo más cuidado que Jesús en instruir a sus discípulos. Sin embargo, les indicó el hecho de que podían hallarse en situaciones para las cuales no estuvieran preparados y les dijo que no temieran en tales casos, pues el Espíritu les auxiliaría:

«Mas cuando os entreguen, no os preocupéis por cómo o qué hablaréis; porque en aquella hora os será dado lo que habéis de hablar. Porque no sois vosotros los que habláis, sino el Espíritu de vuestro Padre que habla en vosotros» (Mt. 10:19).

¿No es maravilloso saber que, si procuramos cultivar una lengua testificante, el Espíritu Santo nos acompañará? ¿Existe mayor evidencia de Dios en nuestras vidas que en tales momentos, cuando Dios guía nuestras palabras?

Pidámosle a Dios, en oración, que transforme nuestras lenguas y las haga bellas para testificar de su hijo Jesucristo. Amén.

•••••••

Nosotros somos testigos de Cristo ante el tribunal del universo, donde cada persona del mundo es un miembro del jurado que debe dar su veredicto; ya sea para aceptar a Jesús como Salvador, tal como Él lo reclama, o para desecharlo como engañador fraudulento. Y ante este jurado, debemos dar un testimonio personal de lo que hemos encontrado en Cristo. Podemos decirles a todos lo que Él ha hecho por nosotros, hablarles de nuestra esperanza de compartir con Él la vida eterna... Ser, en definitiva, un testigo de carácter.

•••••••

Capítulo 2: Ocho sesiones para embellecer las orejas

1.ª SESIÓN

Para que puedan oír la Belleza

Cuando se nos estimula a que nos hagamos sensibles a la belleza que nos rodea, en general, pensamos en cosas como puestas de sol, flores y grandes pinturas. Todas estas cosas son hermosas a la vista. Pero es menos probable que pensemos en cosas hermosas al oído. Hay belleza, sin embargo, en la audición igual que en la visión. Y es que los ojos no tienen el monopolio de la hermosura. El sentido del oído puede estar sintonizado a la belleza del mismo modo que el sentido de la visión.

Sí, Dios nos ha bendecido con cinco sentidos y en su benevolencia los ha diseñado para darnos placer al mismo tiempo que percepción.

«Retumbe el mar, y cuanto contiene; el mundo y los que en él habitan. Los ríos batan las manos, los montes, todos, hagan regocijo» (Sal. 98:7 y 8).

¿Has oído alguna vez que las montañas canten?

«Los valles se cubren de mieses; dan voces de júbilo y aun cantan» (Sal. 65:13).

¿Has oído una espiga de trigo cantando de alegría? ¿O un campo de avena canturreando?

Escucha... Con un poco de imaginación puedes oír la naturaleza cantar en un día de brisa sobre un campo de trigo, cuando las espigas rozan unas con otras y parece que susurran. O cuando millares de tallos y mazorcas de maíz se juntan para entonar un canto a la abundancia, regocijándose de la bondad de Dios, celebrando la feracidad del suelo, aplaudiendo la lluvia del verano y cantando alabanzas a Dios.

Sí, alrededor de todos nosotros se oyen los ecos de sonidos que celebran la asombrosa variedad de la obra del Creador y la inventiva de su genio creador: el sonido de la lluvia en la acera, el murmullo de las hojas del chopo junto al camino, el croar de las ranas en la laguna, el ronroneo de las palomas en el parque, el mugido de las vacas en el prado, el caer de las manzanas en el huerto, el chirrido del grillo en el garaje y otros mil sonidos de la naturaleza, hablando, todos elocuentemente, de un Dios que crea belleza asombrosa y variedad exuberante.

Naturalmente, la mayoría de estos sonidos tienen sus objetivos prácticos; han sido designados por Dios como medio de comunicación de las especies. Son parte del armonioso proceso de la vida y expresan la misma naturaleza y propósito de la creación. Sin embargo, algunos de estos sonidos parecen tener más significado, que el inherente. Sirven como terapia para calmar a las criaturas más elevadas, que saben escuchar...

Así, los suave murmullos del agua tranquila, junto con las tranquilizadoras palabras del Buen Pastor, restauran el alma (Salmo 23:2). Y la corriente cristalina de la montaña gorgotea un mensaje de puro gozo en la vida. También, el rugido de la resaca del océano nocturno y oscuro nos abruma como un poder del Dios vivo y palpitante.

La brisa serena del atardecer parece el aliento del Omnipotente que nos acaricia el cuerpo y el alma. Y el rugido del viento, el chasquido del relámpago y el retumbar del trueno nos hablan de la necesidad que tenemos de asombrarnos del poder de un Dios que es capaz de airarse.

Esta misma voz de Dios resuena sobre la faz de la tierra:

«Voz de Jehová sobre las aguas; truena el Dios de gloria. Jehová sobre las muchas aguas» (Sal. 29:3).

Algunas veces, nos calma; otras, nos asusta. Pero siempre está cerca...

Y Dios ha bendecido a nuestro mundo con una gran variedad de sonidos que atesoramos: las palabras «te quiero», el ladrido de un perro, las notas iniciales de una canción, el crujido de la mecedora, el chisporroteo del fuego, el sonido de la campana al terminar la clase, o el de una carta cuando cae en el buzón, el fragor del metro, los chillidos de los niños jugando...

••••••

Escucha... Con un poco de imaginación puedes oír la naturaleza cantar en un día de brisa sobre un campo de trigo, cuando las espigas rozan unas con otras y parece que susurran. O cuando millares de tallos y mazorcas de maíz se juntan para entonar un canto a la abundancia, regocijándose de la bondad de Dios, celebrando la feracidad del suelo, aplaudiendo la lluvia del verano y cantando alabanzas a Dios.

••••••

La belleza de estos sonidos comunes ilustra lo siguiente: la mayoría de los goces que hacen de la vida algo agradable son pequeños placeres, incluso minúsculos.

No obstante, también podemos oír lo bello en algunos de los sonidos que generalmente nos molestan. Y es que la belleza, como se suele decir, se encuentra en el oído del oyente, y en el ojo del que contempla. En definitiva, en aquellos que tiene orejas y ojos hermosos.

Por ejemplo, el llanto de un bebé que reclama nuestra atención, o el sonido de una ambulancia que nos anuncia su proximidad y su auxilio, o el timbre del despertador que nos recuerda que hoy tenemos un nuevo día disponible...

Escuchar belleza de estos ruidos discordes y ásperos es escuchar la belleza de la vida misma. Tal como dice el apóstol:

«Dad gracias en toda ocasión» (1 Ts. 5:18).

Y nosotros añadimos:

«... Aun cuando nos retiñan los oídos».

Los sonidos que llegan a nuestros oídos son recibidos y archivados para información o acción. Así, cuando oímos el ruido de una puerta que se cierra, sabemos que alguien ha marchado o llegado, pero no pensamos propiamente en el ruido.

La belleza o fealdad resulta, pues, no ya del sonido, sino del significado que otorgamos a dicho sonido. Por ejemplo, si el sonido de la puerta que se abre ocurre a mitad de la noche y no esperamos a nadie, nos infundirá pavor. Pero si viene de madrugada, cuando estamos preocupados porque nuestro hijo adolescente aún no ha regresado a casa, se nos antojará entonces reconfortante y aliviador.

Pocos, sin embargo, pueden disfrutar de los sonidos de la vida, cuando son invadidos por ruidos absorbentes de salas de baile, mítines políticos, reyertas callejeras y peleas. Seamos sinceros y reconozcamos que aquellos que oyen las aclamaciones más ruidosas son con frecuencia los que tienen más tumulto interno.

Por ello, si ha de haber alguna satisfacción y serenidad, ha de ser en los sonidos diarios, los sonidos de la rutina de la vida. Lo que oímos y lo que otros nos oyen decir en nuestras relaciones más íntimas es lo que cuenta. Si son palabras de contento, cuidado, consolación o entrega, se mezclarán en una armonía de quietud y belleza. Y si no, derivarán en caos y ruina.

Y es que los sonidos más hermosos de la vida son aquellos comunes y llenos de armonía con otros y con nuestro mundo.

2.ª SESIÓN

Para que puedan oír la Verdad

Ya hemos estudiado que es importante decir la verdad. Pero también lo es oír la verdad. En efecto, las decisiones de nuestros oídos son tan importantes como las decisiones de nuestra lengua. Porque si queremos salvarnos y sobrevivir en una sociedad orientada hacia la mentira, hemos de escuchar con la mayor atención. Se trata, en realidad, de un asunto de supervivencia.

Si no podemos distinguir la verdad de la mentira, seremos absorbidos por una sociedad que opera bajo el principio de la mentira:

«He aquí, os envío como a ovejas en medio de lobos; sed, pues, prudentes como serpientes y sencillos como palomas. Y guardaos de los hombres» (Mt. 10:16 y 17).

Pero para distinguir la verdad se requiere un esfuerzo...

En primer lugar, se requiere cierto escepticismo; pues los oídos que no escuchan con una cierta cantidad de escepticismo pronto serán encarnados por el bochorno. Estos serán presa fácil de los anuncios publicitarios que pretenden vendernos sus productos como únicos e inmejorables; de las falsas promesas de ciertos políticos y predicadores, cuyo verdadero fin es enriquecerse a costa de nuestra ingenuidad.

Así, si es que no queremos ser engañados, tendremos que aprender a discernir entre lo que es verdadero y lo que es falso.

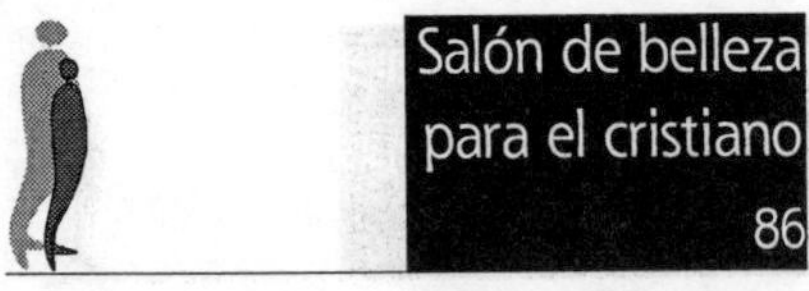

El noveno mandamiento dice:

«No dirás falso testimonio contra tu prójimo» (Éx. 20:16).

Y precisamente, un aspecto necesario para poder cumplir este mandamiento es conocer la verdad. Es en este punto que intervienen nuestras orejas; a saber, escuchando atentamente para distinguir con espíritu crítico e identificar las discrepancias.

No obstante, si bien es relativamente fácil distinguir la falsedad, a veces nuestras orejas se muestran perezosas para hacerlo. Por ejemplo, cuando dejamos circular una historia sin verificar su autenticidad, porque preferimos creer lo que hemos oído, que pararnos a profundizar en los hechos verdaderos.

Al hacer esto, descuidamos un gran principio: que debemos entrenar nuestros oídos para buscar *la verdad, toda la verdad, y nada más que la verdad*. Sólo entonces, nuestras orejas adquirirán belleza y hermosura.

Afinemos y entrenemos, pues, nuestra capacidad de distinguir los hechos de la imaginación. Es nuestra única salvaguardia. No seamos perezosos de oído, porque, advierte Pablo:

«Vendrán tiempos cuando no sufrirán la sana doctrina, sino que, teniendo comezón de oír, acumularán para sí maestros conforme a sus propias concupiscencias» (2 Ti. 4:3).

Hoy, la historia no ha cambiado: nos sabe mal que nuestra congregación crezca tan lentamente, mientras que otras iglesias crecen muy deprisa. Tal vez, nuestra iglesia no satisfaga las necesidades genuinas de la gente; pero también es posible que las otras congregaciones estén acariciando y malcriando las orejas de sus feligreses, diciéndoles aquello que quieren oír; aquello que combina con sus prejuicios y gustos. Estas iglesias tienen sólo un mensaje dulzón, que atrae a las personas como a moscas.

Sí, muchas veces nos paramos a escuchar únicamente lo que nos agrada y adula nuestros oídos, y rechazamos aquello que nos incomoda. Esto puede ser la sabia amonestación de un pastor, la voz de nuestra conciencia, el Espíritu Santo llamando a nuestros corazones...

Estemos, pues, alerta y recordemos que la popularidad no es siempre una buena indicación de la presencia de la verdad. Ésta no se establece por mayoría de votos. En realidad, suele ser poco popular... Como dijo el poeta James Russell Lowell:

«La verdad está siempre en el cadalso y el error está siempre en el trono».

•••••••

La Verdad empieza a liberarnos exponiendo la gran mentira. Pero hace más: indica el camino de la vida, explica el procedimiento para obtener perdón y paz, revela el verdadero significado de nuestra existencia, nos muestra cómo podemos llegar a ser personas nuevas, transformadas por dentro, y cómo podemos poner en orden nuestros ideales. En definitiva, la Verdad indica el camino de la felicidad, la utilidad y la satisfacción.

•••••••

Y es que la verdad no siempre es consoladora o inspiradora. De hecho, puede ser alarmante, pues tiene la mala costumbre de vaporizar algunos de los supuestos sobre los que hemos vivido durante muchos años.

Pero, ¿cuál es la verdad? La Verdad básica; la Verdad en mayúscula. La Verdad acerca del universo, su origen y su destino. La Verdad acerca de Dios, su plan, su propósito, su juicio, su amor... La Verdad acerca de Jesús, su persona, su obra... La Verdad acerca de nosotros mismos, nuestra naturaleza y nuestras necesidades:

«Si vosotros permanecéis en mi palabra, seréis verdaderamente mis discípulos; y conoceréis la Verdad, y la Verdad os hará libres» (Jn. 8:31 y 32).

Y ¿cómo nos hace libres la Verdad? En primer lugar, desprendiendo de nosotros los errores, librándonos de las ataduras de nuestras falsas suposiciones. Por ejemplo, un alcohólico que desee liberarse de su enfermedad, primero tendrá que librarse de la mentira de que no tiene ningún problema con el alcohol; la persona secularista deberá soltarse de sus cadenas materiales, y el fariseo, para ser libre, tendrá que desprenderse de la idea de que ante Dios es un gran personaje.

La Verdad empieza a liberarnos exponiendo la gran mentira. Pero hace más: indica el camino de la vida, explica el procedimiento para obtener perdón y paz, revela el verdadero significado de nuestra existencia, nos muestra cómo podemos llegar a ser personas nuevas, transformadas por dentro, y cómo podemos poner en orden nuestros ideales. En definitiva, la Verdad indica el camino de la felicidad, la utilidad y la satisfacción.

Sí, la Verdad indica el camino: pero hace más aún: la Verdad es el Camino. Jesús dijo:

«Yo soy el Camino, y la Verdad, y la Vida» (Jn. 14:6).

Éste es el gran conocimiento, que Jesús es la Verdad encarnada. Así, creer en la Verdad es hacer más que creer en una serie de datos; es creer en una persona: Jesucristo.

A Él, entonces, debemos escuchar... Y puesto que tenemos esa seguridad y esa promesa que nos hará libres, seamos valientes y atrevámonos a escucharle; no sólo con nuestras orejas, sino también con nuestras acciones.

3.ª SESIÓN

Para que escuchen al Prójimo

La manera como reaccionamos al clamor de los pobres es de vital importancia para Dios:

«El que cierra su oído al clamor del pobre, también él clamará, y no será oído» (Pr. 21:13).

De hecho, será un factor clave en el juicio final:

«Entonces, el Rey dirá a los de su derecha: *Venid, benditos de mi Padre, heredad el Reino preparado para vosotros desde la fundación del mundo. Porque tuve hambre, y me disteis de comer; tuve sed, y me disteis de beber; fui forastero, y me recogisteis; estuve desnudo, y me vestisteis; enfermo, y me visitasteis; en la cárcel, y vinisteis a mí*» (Mt. 25:34-36).

Pero habrá otros en aquel día que no oirán palabras tan favorables:

«Apartaos de mí, malditos, al fuego eterno preparado para el diablo y sus ángeles» (Mt. 25:41).

¿Por qué? Tal vez, ¿porque han robado, matado o defraudado? No, por algo mucho más sencillo, pero igualmente grave; a saber, por no alimentar a los hambrientos y cubrir las necesidades de sus prójimos. En resumen, serán echados fuera por haber cerrado sus orejas al clamor de los necesitados.

El apóstol Juan habló igualmente claro sobre el mismo aspecto:

«Pero el que tiene bienes de este mundo y ve a su hermano tener necesidad, y cierra contra él su corazón, ¿cómo mora el amor de Dios en él? Hijitos míos, no amemos de palabra ni de lengua, sino de hecho y en verdad» (1 Jn. 3:17 y 18).

La razón por la cual Dios es tan inflexible sobre este punto es fácil de comprender: la ética suprema de la vida, según la enseñó Jesús, es el amor. Esto significa que la mera abstención del mal no basta, que cumplir los mandamientos no es suficiente para agradar a Dios. Sí, es cierto, hemos de amar a Dios con todo nuestro corazón, mente y alma. Pero también debemos amar al prójimo (Mt. 22:37-40). Y esto implica acción. Por ello, nuestros oídos deben inclinarse hacia los que nos suplican ayuda, justicia y consuelo.

Sin embargo, a fin de que podamos oír este clamor, nuestros oídos deben vencer primero algunas dificultades.

Por ejemplo, para oír el clamor de los necesitados, hemos de tener en cuenta el factor de la barrera geográfica. La distancia nos aísla de las realidades de la miseria. Las barreras naturales apartan de la vista y el oído las escenas y los sonidos de la necesidad. Y, como dice el refrán, *lo que no se ve, no está en la mente*...

No, no es fácil oír los gritos del África cuando se vive en Europa o en Canadá. No es fácil oír las protestas contra la opresión cuando se vive en un país libre.

No obstante, ¿has notado el cambio que tiene lugar en la actitud de la gente que se aventura a cruzar estas barreras? ¿Te has percatado del cambio que se ha operado en ellos, cuando regresan de alguna misión en un país pobre? Todos ellos vuelven transformados y nunca más verán las cosas materiales que los envuelven de la misma manera que antes. Seguramente, sus prioridades en la vida habrán sido modificadas por la experiencia vivida en otros países de gran miseria.

Estas visitas no han de ser, sin embargo, consideradas un fin en sí mismas, ni los proyectos respectivos de trabajo han de ser tenidos como el mejor enfoque a la resolución de estos problemas. Sólo son una manera de vencer las barreras geográficas que nos aíslan de la necesidad desesperada de otros seres humanos, y de autoconcienciarnos de la pobreza que existe en todo el mundo.

Pero no todas las barreras que nos impiden oír son externas. Nuestros oídos pueden haber perdido sensibilidad para percibir los gritos de los necesitados que se encuentran en nuestro propio ambiente: de camino hacia la oficina, en el centro de la ciudad...

Y es que pasamos por un suburbio de casas ennegrecidas y hoscas, y nos apartamos del carril periférico, para ponernos en el del centro, y evitar verlas. No nos gusta oír el clamor pidiendo ayuda de los barrios destartalados del centro de la ciudad, cuando vivimos en un barrio residencial en las afueras. No nos resulta interesante oír el clamor de los trabajadores inmigrantes, cuando se vive en una hacienda.

Probablemente, hemos sido criados en una atmósfera en la que la pobreza se considera resultado de la pereza. Y en muchos casos, hemos preferido no prestar atención al ruido hasta que ya ha pasado y se aleja...

De esta manera, hacemos como el sacerdote y el levita de la parábola del buen samaritano. En ella, Jesús quiso que el protagonista de la misma fuera un samaritano, el cual, a diferencia de los otros dos viajeros, prestó atención a los gritos del judío herido que yacía en la cuneta del camino hacia Jericó, y fue a socorrerlo. ¡Qué paradoja!

El Señor mismo, en su ministerio, escuchó con simpatía los ruegos de la mujer sirofenicia, la charla de algunos niños a quienes los discípulos intentaban echar, las preguntas de la mujer divorciada junto al pozo, la curiosidad de Zaqueo, el publicano...

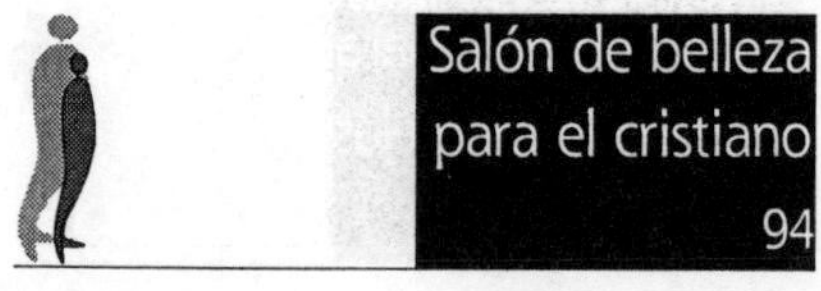

Así, los oídos de Jesús no hacían acepción de personas. Al contrario, los oídos de Jesús existían sólo para oír las voces de los seres necesitados. ¡Qué diferentes eran sus orejas de las nuestras, las cuales están deformadas por nuestros prejuicios!

Las orejas hermosas no prestan atención al acento, al ceceo o a las inflexiones. No hacen distinción de clases, razas o géneros; sino que perciben de manera igualitaria los gritos de una persona con problemas.

Descuidamos esas voces y olvidamos que algunas de ellas podría proceder de nuestro propio hogar. Sí, algunas de esas voces suenan en nuestras propias casas y son, a veces, las que menos escuchamos.

Por ejemplo, es posible que nuestro hijo no nos diga con palabras que necesita nuestra atención; pero lo hará dando una patada al gato, o escribiendo palabras obscenas en la pared, o usando un lenguaje impropio. Y probablemente, no le importará que le castiguemos, con tal de que reconozcamos y nos percatemos de su presencia. Los oídos hermosos sabrán, en tales momentos, distinguir los gritos que piden ayuda, aunque estén disfrazados de ira y rebelión.

Existe otra razón que nos estorba para poder escuchar las voces de nuestros seres queridos; a saber, dichas voces pueden implicar críticas contra nosotros, y eso no nos gusta. Aceptar el clamor es al mismo tiempo aceptar un defecto o deficiencia nuestros; mientras que si lo rechazamos, nos declaramos inocentes delante de nosotros mismos.

Sin embargo, los que se quejan de nosotros pueden tener perfecta razón para hacerlo. Al menos, deberíamos concederles la oportunidad de ser escuchados. Por ello, lo correcto es examinar esas voces y considerar la posibilidad de establecer un cambio en nuestra conducta, si es que acaso, estábamos equivocados en nuestra terca actitud.

Resumiendo, las orejas hermosas son aquellas que oyen a través de las barreras sociales, psíquicas, raciales, religiosas y personales, así como a través de las barreras geográficas. Si queremos oír los gritos de necesidad, hemos de hacer un esfuerzo consciente para amar, ser sensibles, humildes, francos y sinceros.

•••••••

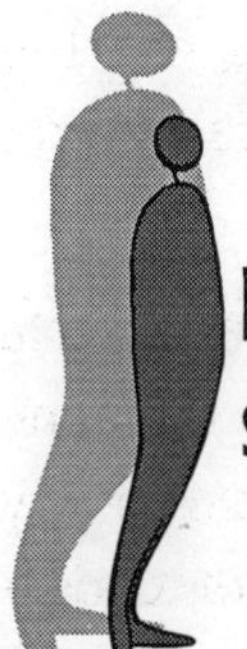

Las orejas hermosas no prestan atención al acento, al ceceo o a las inflexiones. No hacen distinción de clases, razas o géneros; sino que perciben de manera igualitaria los gritos de una persona con problemas.

••••••

4.ª SESIÓN

Para que escuchen a Dios

Nuestro mundo está lleno de letreros que nos indican hacia dónde dirigirnos: *no estacionar, prohibido el paso, peligro de muerte...*

Y es que la mente humana es frágil; por lo que estos letreros nos son, con frecuencia, necesarios.

Igualmente, Dios nos invita a ser dirigidos por sus instrucciones. Nos ruega, más que prohibirnos. Nos promete gracia con una voz más recia que sus declaraciones de acusación. Y si le escuchamos, oiremos palabras de bienvenida.

Así, nuestros primeros padres fueron los primeros en establecer contacto con un Dios que busca a sus criaturas. Adán, después de haber pecado y de haberse escondido, oyó las palabras de su Creador, que le preguntaba por su paradero:

«Mas Jehová Dios llamó al hombre, y le dijo: *¿Dónde estás tú*» (Gn. 3:9).

Desde entonces, las gentes han oído las palabras de Dios, invitándoles a un encuentro con su Persona:

«A todos los sedientos: Venid a las aguas, y los que no tienen dinero, venid, comprad y comed. Sí, venid, comprad sin dinero y sin precio, vino y leche (...) El que tenga sed, venga a mí, y beba (...) Y el Espíritu y la Esposa dicen: *Ven*. Y el que oye, diga: *Ven*. Y el que tiene sed, venga; y el que quiera, tome del agua de la vida de balde» (Is. 55:1; Jn. 7:37; Ap. 22:17).

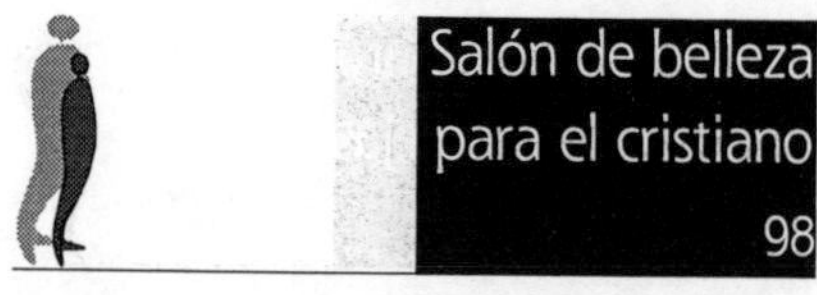

También Jesús, en su vida y enseñanzas, nos revela al Todopoderoso como un Dios que nos invita. Hay tres parábolas referidas por Jesús, registradas en Lucas 15, que nos presentan al Señor como un pastor que busca a una oveja perdida, como una mujer que busca una moneda extraviada, y como un padre que recibe con amor a su hijo pródigo.

Y es que, como dicen Lucas y Pedro:

«El Hijo del hombre vino a buscar y salvar lo que se había perdido (...) El Señor es paciente, no queriendo que nadie perezca, sino que se arrepienta y viva» (Lc. 19:10; 2 P. 3:9).

Pero no todo en la Biblia son invitaciones; Dios también ha expresado en su Palabra una cantidad de prohibiciones formuladas en negativo, del tipo *no hurtarás, no codiciarás*... Estos son, en su mayoría, los diez mandamientos, los cuales, son realzados de esta manera para recordar al creyente la obediencia que debe a su Creador.

Sin embargo, algunos oídos nunca oyen ni las invitaciones, ni los imperativos divinos... Tal vez, porque no han tenido la oportunidad de escuchar el mensaje de las Buenas Nuevas. Pero, sobre todo, están los que sí han tenido muchas oportunidades de oír la invitación de Dios y, no obstante, han hecho caso omiso de ella.

Y es que para poder escuchar la voz de Dios, hemos de hacer una serie de cosas. Primeramente, colocarnos en un lugar en el que podamos captar el mensaje. Por ejemplo, podemos asistir a la iglesia, o también sintonizar la radio o la televisión para escuchar un mensaje evangelístico.

E indudablemente, podemos leer la Biblia.

Lo importante, en todo caso, es colocarnos en un punto en el que recibamos comunicación verbal; porque, aunque es verdad que

el Espíritu de Dios es quien da energía al mensaje externo, también es cierto que el mensaje debe estar presente físicamente para que pueda ser escuchado.

En segundo lugar, nuestros oídos deben escuchar la invitación con simpatía. Hay más de una manera de tirar un folleto o de encender la televisión o la radio cuando dan un programa religioso; a saber, podemos dar la vuelta al mando del aparato o al mando invisible de nuestros oídos.

Procuremos, pues, estar abiertos al mensaje y demos a Dios la oportunidad de hablarnos personalmente, sin prejuicios u opiniones ajenas que intenten persuadirnos y distraernos para no escuchar.

Por consiguiente, la respuesta positiva a la invitación de Dios se llama fe:

«Porque por gracia sois salvos por medio de la fe; y esto no de vosotros, pues es don de Dios» (Ef. 2:8).

Pero, ¿qué es la fe? Sin duda, este concepto irá apareciendo más veces a lo largo de este libro. No obstante, de primera entrada, diremos que la fe es un acto de la voluntad por el cual aceptamos algo como verdadero y empezamos a vivir de modo consecuente. No es una casualidad superficial o una conclusión banal. Es una decisión que afecta profundamente a nuestra existencia.

La fe, por ejemplo, es más que un asentimiento intelectual. Uno puede pensar en su mente que una línea aérea es la más segura para viajar, pero deberá subir al avión como un pasajero más, para que este conocimiento se transforme en fe. De la misma manera, podemos haber tenido conocimiento de Jesucristo, pero este conocimiento debe afectar nuestra voluntad antes de que se pueda llamar fe:

«Vosotros creéis que hay un Dios. Hacéis bien. También los demonios lo creen, y tiemblan» (Stg. 2:19).

Igualmente, la fe es más que un sentimiento o una emoción. Ésta puede acompañar a la fe, pero no es la esencia de la fe. Una persona puede, por ejemplo, responder a una invitación evangelística presentándose ante el altar, temblando y llorando, y al día siguiente, volver a su vida corriente y usual.

El factor clave no es, pues, la cantidad de sentimiento que le venció la noche anterior, sino si el sentimiento va acompañado de un acto de fe consciente.

La fe debe incluir, además, confianza. Esto significa aceptar que el testimonio es verdadero. Es confiar en Dios, en su integridad, en su amor, en su sinceridad, en su análisis de nuestras necesidades. Es, en definitiva, la confianza en Jesucristo, como Hijo de Dios y ejemplo valioso para nosotros, en el pago realizado de nuestros pecados en la cruz, en su promesa de perdón, en su resurrección de los muertos, lo que garantiza nuestra propia resurrección y nuestra vida eterna.

Sí, la fe va más allá de creer en un cierto número de dogmas teológicos. Es una conjunción con una persona, específicamente la persona de Jesucristo:

«Cree en el Señor Jesucristo, y serás salvo tú y tu casa» (Hch. 16:31).

El uso de *recibir* como sinónimo de fe añade todavía una nueva dimensión al concepto: es extender la mano para aceptar un regalo, ir vacío a fin de ser llenado; una visión que Dios nos ofrece, no como un salario, sino como un don.

Y este don no es simplemente el perdón u otro beneficio, sino Jesucristo mismo:

«A todos los que le recibieron, a los que creen en su nombre, les ha dado potestad de ser hechos hijos de Dios» (Jn. 1:12).

Este acto de creer va acompañado de un acto de renovación. La Biblia lo muestra con varios nombres: *nacer de nuevo* (Jn. 3:3), *ser una nueva creación* (2 Co. 5:17) *ser regenerado* (Tit. 3:5) y *ser hecho hijo de Dios* (Jn. 1:12).

Cuando, por medio de la fe, lo humano encuentra lo divino, la persona experimenta la sanidad interna. Se produce entonces un estremecimiento de la vida interior, que no se había sentido antes. Mientras la vida física es recibida en el primer nacimiento, la vida espiritual es recibida en el segundo nacimiento. El primero, es la vida del cuerpo, que continuará durante setenta años; el segundo, es la vida del alma, que continuará para siempre.

•••••••

Cuando, por medio de la fe, lo humano encuentra lo divino, la persona experimenta la sanidad interna. Se produce entonces un estremecimiento de la vida interior, que no se había sentido antes. Mientras la vida física es recibida en el primer nacimiento, la vida espiritual es recibida en el segundo nacimiento. El primero, es la vida del cuerpo, que continuará durante setenta años; el segundo, es la vida del alma, que continuará para siempre.

•••••••

Y esta nueva vida se despliega en una nueva perspectiva, un nuevo estilo de obrar, una nueva actitud hacia la otra gente y un nuevo sentido de valores. Esto es, la transformación interna conduce a una transformación externa. Después que llegamos a ser, podemos empezar a ser; o sea, tan pronto como somos hijos de Dios, empezamos a vivir como hijos de Dios:

«Bienaventurados vuestros ojos, porque ven y vuestros oídos, porque oyen» (Mt. 13:16).

¿No es maravilloso? Los oídos hermosos escuchan la invitación de Dios y, al hacerlo, sirven como puerta a la vida.

5.ª SESIÓN

Para que sean Afectuosas

Por alguna razón, disfrutamos más usando la lengua que los oídos; es decir, somos más aptos para hablar que para escuchar. Encontramos más emocionante comunicar nuestros pensamientos a los otros que recibir los suyos. Sin embargo, Santiago aconseja que hagamos todo lo contrario:

«Por esto, mis amados hermanos, todo hombre sea pronto para oír, tardo para habla y tardo para airarse» (Stg. 1:19).

Y es que el carácter activo al que se orienta nuestra sociedad no nos estimula a que escuchemos. El marido, la esposa y los hijos se ven en la puerta, cuando unos salen, y los otros entran.

Pero todos necesitamos que se nos escuche con atención. Los niños, por ejemplo, necesitan padres que se sienten con ellos sin que nada los distraiga y que escuchen lo que ellos tienen que decirles. Los ancianos anhelan tener a su lado a alguien con quien hablar y recordar sus años mozos. Los maridos y las esposas necesitan comunicarse sus pensamientos más íntimos y profundos. De hecho, si no lo hacen dentro de su matrimonio, buscarán suplir esa carencia con una tercera persona; lo cual puede hacer peligrar la relación conyugal de la pareja.

Finalmente, parece ser que la única persona que está dispuesta a escucharnos es el psiquiatra.

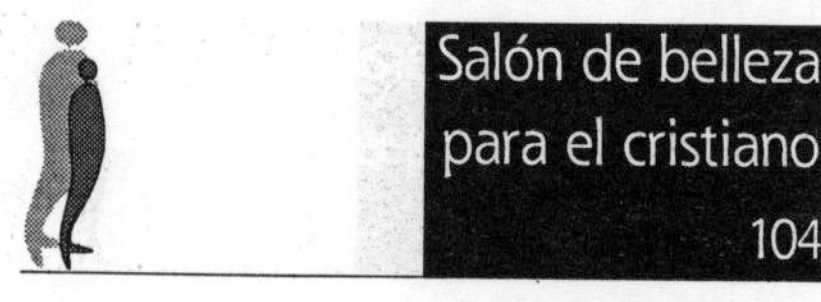

En la Biblia tenemos ejemplos de personas que no sabían escuchar. Así, encontramos a los tres amigos de Job, Elifaz, Bildad y Zofar, que fueron a visitarle en su enfermedad. Según la costumbre de aquellos tiempos, lloraron, rasgaron sus vestiduras y esparcieron polvo sobre sus cabezas. Durante siete días y siete noches, permanecieron en silencio junto a Job, mostrándole su simpatía y estando junto a él en su pena. Hasta ahora todo parece correcto y apropiado. Pero luego, estos amigos empezaron a hablar...

Entonces, inundaron con consejos filosóficos y teológicos al pobre Job, hasta el punto que éste estalló:

«Muchas veces he oído cosas como estas; consoladores inoportunos sois todos vosotros. ¿No tendrán fin las palabras vacías?» (Job 16:2 y 3).

¿Qué pasó? La intención de estos amigos era buena y sincera. Pero había un problema: hablaban mucho y escuchaban poco. No tenían, en definitiva, orejas afectuosas.

¿Y nosotros qué? ¿Acaso no cometemos el mismo error? A veces, nos ponemos tan nerviosos cuando visitamos a una persona que sufre, que no sabemos qué hacer. Nos dan pánico los largos silencios y buscamos llenarlos con comentarios inoportunos, o frases convencionales.

Así, complicamos las cosas, cuando todo podría ser más sencillo; a saber, en esos momentos de aflicción de nuestro amigo, no tenemos que decir nada. De hecho, cuanto menos hablemos, mejor. La persona apenada o gravemente enferma quiere a sus amigos con ella, a su lado. El calor le es más necesario que la sabiduría. Incluso, los versículos de la Escritura pueden ayudarle muy poco. Es como si los espectadores del Coliseo hubieran recitado versículos a los cristianos que esperaban que los leones aparecieran para despedazarlos... Como Job dijo a sus tres amigos:

«También yo podría hablar como vosotros, si vuestra alma estuviera en el lugar de la mía» (Job 16:4).

El concepto de participación afectuosa está en el mismo corazón de la doctrina de la Iglesia. Pablo, en su primera carta a la iglesia de Corinto, compara a la Iglesia, el cuerpo de Cristo, con el cuerpo físico:

«Los miembros, todos, se preocupan los unos por los otros. De manera que si un miembro padece, todos los miembros se duelen con él, y si un miembro recibe honra, todos los miembros se gozan con él» (1 Co. 12:25 y 26).

Una de las mejores formas de expresar esta unidad del cuerpo de Cristo es por medio del ministerio de los oídos afectuosos que escuchan. Aunque no se especifica en la Escritura el arte de saber escuchar, sin duda, es uno de los dones del Espíritu, ya que, en el mismo pasaje donde aquellos aparecen enumerados, Pablo nos llama a *gozarnos con los que se gozan y a llorar con los que lloran* (Ro. 12:15). Y ¿cómo podemos hacer esto, si no es por medio de unos oídos que saben escuchar el dolor sin sentirse incomodados?

No tenemos que ser expertos para ayudar a otros a resolver sus problemas. No tenemos que verter consejos en discursos de entendidos, ni aprender teorías psicológicas. A menudo, lo más importante es ser una caja de resonancia de los pensamientos y de las preocupaciones del otro. Y es que después de que nuestros amigos hayan expresado sus ideas, y quizás después de haber contestado algunas de las preguntas que nos hayan formulado, estarán en posición de hacer sus propias decisiones.

Si bien sabemos que la mejor forma de ayudar a la otra persona es escuchando lo que dice atentamente, más que aconsejándole atropelladamente, debemos ser conscientes también de que saber escuchar es un arte que se debe aprender; nadie nace enseñado.

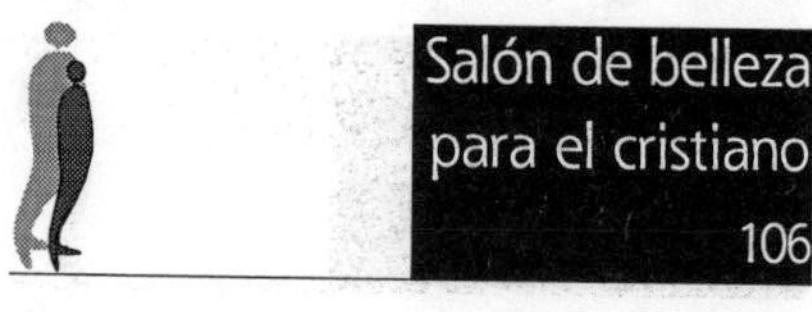

Así, uno de los secretos para ser un buen oyente es crear una atmósfera que carezca de espíritu crítico. La persona a la cual hablamos tiene que sentirse libre para expresar su opinión, sin que esta opinión sea inmediatamente contrarrestada. También hemos de aplastar la tentación de aprobar o desaprobar la idea que se nos presenta. Como dijo alguien:

«Una persona convencida en contra de su voluntad sigue todavía sin convencer».

El segundo secreto para escuchar bien es abstenernos de hablar mucho de nosotros mismos. Por ejemplo, cuando se visita a un enfermo, muchos tienen la necesidad incontrolable de explicar sus propios problemas y enfermedades. Sin embargo, al enfermo no le servirá de mucho que se le dé todo este historial, y tendrá la impresión de que estamos más preocupados por nosotros que por él.

En tercer lugar, las orejas afectuosas evitan situarse en una posición de superioridad sobre la persona que está afligida. Así, frases del tipo *ya me hago cargo de lo que estás pasando, esto probablemente será una experiencia que te servirá de mucho, hay que mirar lo bueno escondido en esta circunstancia* ... Están categóricamente prohibidas; pues aunque es verdad que *todas las cosas cooperan para bien de los que aman a Dios* (Ro. 8:28), esta verdad específica se experimenta mejor en el curso del tiempo, y no hay que remacharla como un clavo en los momentos de angustia.

Otra manera de aprender a escuchar es hacer preguntas. Las preguntas no sólo muestran que estamos realmente preocupados; ayudan a que nuestro amigo exprese sus sentimientos. Podemos animarle a seguir hablando simplemente repitiendo la última frase que él ha dicho. Así, evitaremos también que se produzcan malentendidos, porque sintonizaremos correctamente con el mensaje que se nos

está transmitiendo. ¡Cuántos problemas nos ahorraríamos, si simplemente nos preocupáramos de verificar que hemos entendido correctamente lo que nuestro interlocutor intentaba expresarnos! ¡Cuántas rencillas personales y laborales nos quitaríamos de encima!

El que escucha con oídos afectuosos hace también algo por su cuenta: procura no ser aburrido. Y todos sabemos lo aburrida que puede ser una persona que habla extensivamente sobre cosas que no nos interesan. Una persona aburrida siempre recuerda algo: un incidente de su infancia, sus primeras vacaciones, el primer coche que se compró... Repite los incidentes con infinidad de detalles y se deleita en airear sus propias opiniones. Es también un experto en todo, desde el ajedrez, hasta la política... Sí, una persona aburrida encaja con la descripción de Proverbios:

«No toma placer el necio en la inteligencia, sino en que su corazón se manifieste» (Pr. 18:2).

•••••••

No tenemos que ser expertos para ayudar a otros a resolver sus problemas. No tenemos que verter consejos en discursos de entendidos, ni aprender teorías psicológicas. A menudo, lo más importante es ser una caja de resonancia de los pensamientos y de las preocupaciones del otro.

•••••••

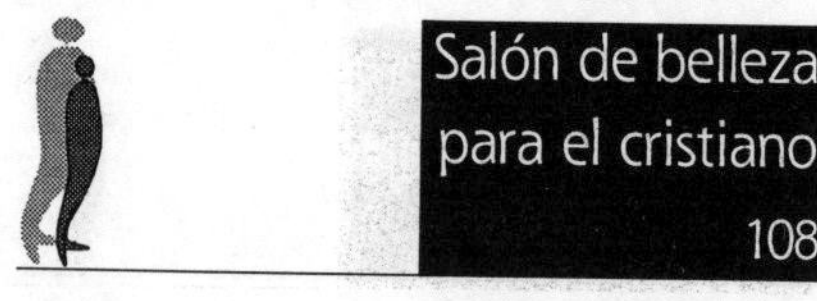

Por contra, una persona que se deleita en prestar oídos afectuosos es sabia y nunca se la tendrá por aburrida. En realidad, con ello puede ganar fama de ser un conversador e interlocutor excelente.

En efecto, las orejas afectuosas son un adorno de las personas a las que apreciamos por su belleza. Los que escuchan bien reflejan que son humildes y aman a la gente lo bastante como para someter su ego en deferencia a los demás.

6.ª SESIÓN

Para que sean Voluntariosas

Seguramente, en alguna ocasión, habremos escuchado la expresión *le entra por un oído y le sale por el otro*. Tal vez, alguien la haya pronunciado refiriéndose a nosotros. Quizás, cuando de pequeños hacíamos caso omiso a los consejos y recomendaciones de nuestros padres...

Este fenómeno es más bien común. Ocurre porque a menudo los impulsos que llegan al oído no afectan a nuestra voluntad. Esto es, el mensaje puede llegar más o menos al cerebro, pero nunca a los músculos; sabemos algo, pero no lo ponemos por obra. Por ello, Santiago nos amonesta:

«Pero sed hacedores de la palabra, y no tan solamente oidores, engañándoos a vosotros mismos» (Stg. 1:22).

Las Escrituras nos enseñan también que Dios nos juzgará, no por lo que oímos, o lo que sabemos, o lo que decimos, sino por lo que hacemos. Así, las palabras de Jesús son determinantes:

«¿Por qué me llamáis *Señor, Señor*, si no hacéis las cosas que yo os mando?» (Lc. 6:46).

Y cuando contó la parábola de los dos hijos que fueron a trabajar en el campo (Mt. 21:28-32), lo que Jesús trató de explicar es que *hacer* es más importante que *prometer*. Esta es la razón por la que algunos extraños que escuchen el Evangelio casi al final de los días, o al final de sus vidas, entrarán en el Reino antes que los que hayan oído el Evangelio desde su infancia, pero no lo hayan puesto por obra.

Pablo se hace eco de la misma idea cuando dice:

«Porque no son los oidores de la ley los justos ante Dios, sino los cumplidores de la ley, que serán justificados» (Ro. 2:13).

Y de nuevo, Santiago pone en duda la fe de los que responden con palabras piadosas a los gritos de los necesitados:

«Y si un hermano o una hermana están desnudos, y tienen necesidad del sustento diario, y alguno de vosotros les dice: *Id en paz, calentaos y saciaos*, pero no les dais las cosas que son necesarias para el cuerpo, ¿de qué sirve?» (Stg. 2:15-16).

Y es que lo que se vive en el día a día es más importante que lo que se oye en la iglesia... Tal vez pensemos que por el hecho de escuchar el sermón del domingo ya hacemos algo; pero cuando creemos esto, nos autoengañamos. De hecho, escuchar la Palabra puede hacernos más daño que no escucharla, si acaso oírla embota nuestros oídos y nos hace autocomplacientes.

Supongamos que asistimos a una conferencia sobre la situación de los refugiados en cierto país en guerra. Nos interesamos por esas gentes que han sido echadas de sus hogares y se hallan separadas de los suyos y carentes de lo esencial en la vida. Entonces, leemos revistas sobre el tema y estamos atentos a las noticias que hablan de ello. Incluso, lo comentamos con nuestros amigos y vecinos. En definitiva, nos hacemos expertos en problemas de refugiados y sentimos simpatía y compasión por ellos. Procuramos, además, informar a todo el mundo acerca de lo que les está ocurriendo a esas personas... Pero si no hacemos más que esto, habremos dejado de hacer lo esencial: sentarnos y escribir un cheque, o ir a la iglesia y hacernos

responsables de una familia de refugiados, u ofrecer nuestros servicios en un centro local de refugiados.

Lo mismo puede ocurrir respecto a nuestra fe en Cristo; especialmente si pertenecemos a los que han sido criados en el seno de la iglesia: oímos constantemente la Palabra de Dios, domingo tras domingo; no faltamos nunca a las reuniones de oración. Sí, damos la impresión de que somos verdaderos cristianos fervorosos, cuando, en el fondo, no somos más que oidores, y no hacedores de la voluntad Divina.

El descuido hacia los demás hace peligrar nuestra fe y la convierte en un sucedáneo.

«Si alguno es oidor de la palabra pero no hacedor de ella, éste es semejante al hombre que considera en un espejo su rostro natural. Porque él se considera a sí mismo, y se va, y luego olvida cómo era» (Stg. 1:23 y 24).

Pero, además, lastima a los otros: los hambrientos que no son alimentados, los sedientos que no reciben agua, los parados que no encuentran empleo, los enfermos que no son visitados...

No hacemos nada para corregir la situación y cuando llegamos a ser conscientes de ella y nos vienen las ganas de actuar, ya es demasiado tarde. El tiempo y la necesidad de los que viven en miseria no perdona.

Sí, las cosas que escuchamos en nuestras iglesias son dichas para nuestro bien, para motivarnos a ser personas útiles y productivas; para ayudarnos a hacer frente a la enfermedad y la muerte; para inspirarnos a vivir en un plano moral más elevado. Pero oírlas no basta: hay que ponerlas en práctica. Es como el paciente a quien el médico aconseja que deje el vicio de fumar, pero aquel no quiere dejarlo y finalmente muere de un cáncer pulmonar.

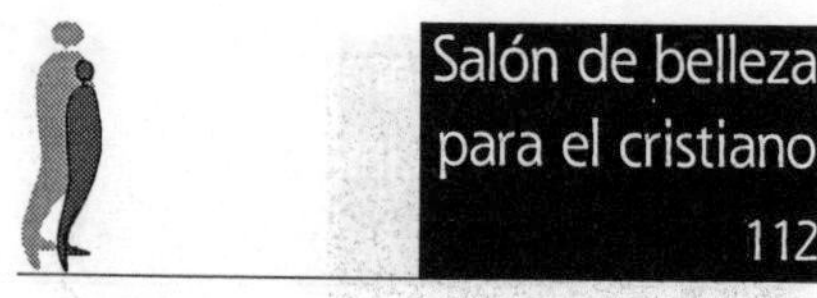

Por el contrario, si aceptamos las amonestaciones pronunciadas desde el púlpito y hacemos uso de ellas, nuestras vidas mejorarán en gran manera. Dijo Jesús a los que le escuchaban en su *sermón del monte:*

«Todo aquel, pues, que oye estas palabras, y las pone por obra, le compararé a un hombre prudente, que edificó su casa sobre la roca» (Mt. 7:24).

Y esta promesa sigue siendo válida hoy, si aceptamos que la Iglesia está siendo guiada por el Señor.

Preguntémonos, entonces, lo mismo que se preguntó Saulo en el camino a Damasco, cuando Jesús le sorprendió y cayó de su caballo:

«Señor, ¿qué quieres que yo haga?» (Hch. 9:6).

Y una vez respondida la pregunta, actuemos inmediatamente y en consecuencia. No aplacemos nuestras obligaciones para un futuro. Es muy peligroso... A veces, ese futuro puede no llegar nunca.

¡Ahora es el momento! El mañana puede morir y el Espíritu Santo puede dejar de hablarnos con la intensidad con la que ahora lo hace.

Cultivemos, pues, nuestro voluntariado y enseñemos también a nuestros hijos a ejercitarlo; haciéndoles conscientes de los problemas sociales y motivándoles a actuar de, alguna manera, para ayudar a los menos afortunados. Sí, enseñémosles que la doctrina no es sólo teoría, sino también práctica. Mostrémosles lo que es la verdadera religión:

«La religión pura y sin mácula es ésta: visitar a los huérfanos y a las viudas en sus tribulaciones, y guardarse sin mancha del mundo» (Stg. 1:27)

Pero para ser un buen voluntario social y poseer unas orejas en sí mismas voluntariosas es necesario que antes hayamos disciplinado nuestra voluntad. Sería conveniente que nos hiciéramos un autoanálisis para averiguar si nuestros pensamientos armonizan con nuestras acciones. Esto es, si cumplimos lo que sabemos y predicamos. Si somos coherentes con nuestras creencias.

Tal vez, descubramos que poseemos una voluntad débil. Si es así, no nos desanimemos: una voluntad débil o mediana que está aprisionada por una costumbre inveterada puede recibir mucha ayuda de otra persona que posea una voluntad férrea. Acerquémonos, pues, a este tipo de personas para impregnarnos de su influencia y aceptemos de buen grado su ayuda para cultivar unas orejas voluntariosas; unas orejas hermosas.

Finalmente, somos nosotros los que hemos de hacer la decisión.

•••••••

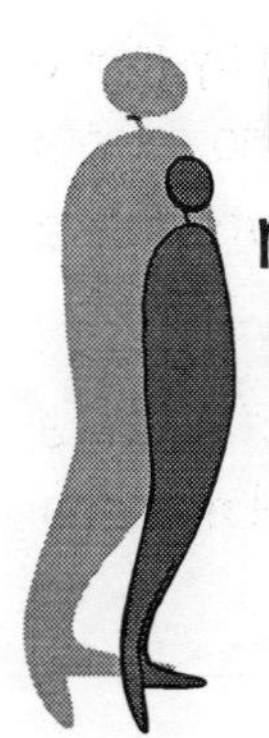

Lo que se vive en el día a día es más importante que lo que se oye en la iglesia... Tal vez, pensemos que por el hecho de escuchar el sermón del domingo, ya hacemos algo; pero cuando creemos esto, nos autoengañamos. De hecho, escuchar la Palabra puede hacernos más daño que no escucharla, si acaso oírla embota nuestros oídos y nos hace autocomplacientes.

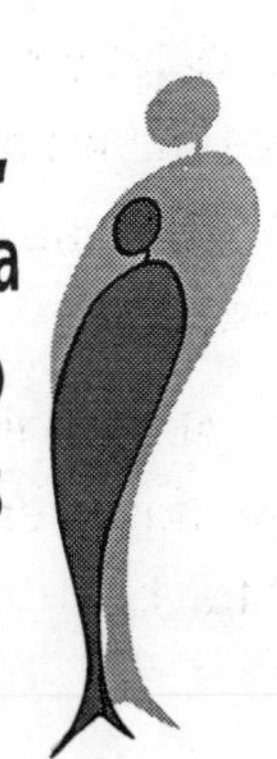

•••••••

7.ª SESIÓN

Para que perciban el Buen Consejo

«El camino del necio es derecho en su opinión; mas el que escucha los consejos es sabio» (Pr. 12:15).

Fijémonos que este proverbio no estipula que el consejo deba ser bueno, aunque se da por entendido; más bien hace énfasis en que la característica del sabio es la de estar dispuesto a escuchar.

Nuestra sociedad, sin embargo, no considera este aspecto como una virtud. Al contrario, insistir en nuestros derechos es mucho más popular que pedir con humildad la opinión de otros. Incluso se ve como una marca de personalidad que hace interesante a la persona el no escuchar los consejos de los demás; aun cuando los resultados de estas acciones particulares y alineadas de los demás sean desastrosos. Lo que cuenta es que las cosas se hagan según nosotros queramos...

¡Cuánto tenemos que aprender del Hijo de Dios, quien a pesar de ser quien era, se dejó instruir y enseñar por los adultos! Así, por ejemplo, el niño Jesús dio la primera nota de su carrera futura escuchando las enseñanzas de los maestros de la sinagoga. Allí lo encontraron sus padres, cuando Jesús contaba con doce años de edad:

«Sentado en medio de los maestros, no sólo escuchándoles, sino también haciéndoles preguntas» (Lc. 2:46).

Y es que, casi sin excepción, aquellos que guían a otros con integridad son los que primero han escuchado con diligencia.

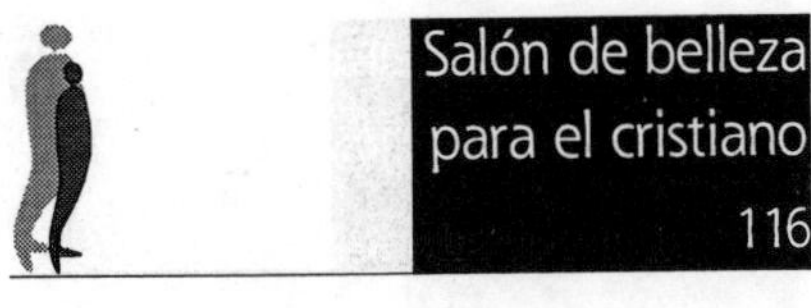

El griego Plauto dijo:

«Toda persona, por prudente que sea, necesita el consejo de algún amigo sagaz en los asuntos de la vida».

No es necesario esperar, pues, el sabio consejo de un erudito o de una eminencia para solucionar nuestros problemas. Basta con escuchar el consejo de un buen amigo. Eso sí, considerando que un verdadero amigo es una persona que se preocupa de nuestro bienestar de una manera sincera y que es honesta en sus opiniones. Alguien capaz de decirnos lo que piensa, con amor, aun a riesgo de que eso no nos guste. El consejo de un amigo así añadirá calidad a nuestra vida:

«Como zarcillo de oro y joyel de oro fino es el que reprende al sabio que tiene oído dócil» (Pr. 25:12).

Por el contrario, una persona que cierra sus oídos porque considera absurdo y de poco valor el consejo de un amigo, probablemente se cierra también él mismo a la amistad.

Pero si importante es atender el consejo de un buen amigo, más importante es, con diferencia, prestar atención al consejo que nos ofrece nuestra pareja. Y es que nuestro cónyuge está en una posición única para sernos útil y poder ayudarnos. Está a nuestra entera disposición, lo mismo que nosotros a la suya: no debemos concertar una cita para poder hablar con él o con ella.

Además, es quien mejor conoce nuestra personalidad, carácter, virtudes y defectos. Pero, sobre todo, no hay nadie, aparte de Dios, que nos ame tanto como nuestra pareja y se interese de veras por nuestro futuro, el cual, es también el suyo propio. Su compañía diaria facilita que pueda estar al tanto de nuestros cambios y progresos, estimulándonos con amor genuino. Su rostro no podrá ocultarnos sus opiniones, porque al mirarlo será casi como si nos mirásemos a nosotros mismos.

Aceptar el consejo de nuestra pareja es demostrarle que la aceptamos a ella, en su totalidad, y que la necesitamos en nuestra vida. Es más, no es necesario esperar a que nuestro cónyuge nos ofrezca su consejo; nosotros también podemos adelantarnos y solicitárselo. Esto es, tener la iniciativa de consultar nuestras decisiones con él o ella antes de ponerlas por obra.

Pero evitemos pedir consejo simplemente para justificar lo que ya hemos decidido hacer de antemano. La consulta que hagamos a nuestra pareja no debe hacerse como una decisión irrevocable que ya hemos tomado, sino como una sugerencia que queremos valorar en equipo. Y es que, a veces, sólo pedimos que aprueben lo que queremos hacer. Luego, si no conseguimos esta aprobación, pedimos opinión a un segundo o a un tercero, hasta que la conseguimos. De esta manera, forzamos la opinión de los demás a nuestro favor e interés, desaprovechando las riquezas que podemos adquirir de un buen consejo de nuestros seres queridos.

Sí, la manera de recibir consejo, incluso el que no ha sido solicitado, hace una gran diferencia en la armonía de nuestros matrimonios y en la calidad de nuestras amistades.

Los oídos abiertos al consejo están abiertos a las críticas también. Un buen consejo no es siempre agradable. Puede ser molesto, cuando sugiere que debemos cambiar algún aspecto de nuestro carácter, o que mejoremos una actitud, o ajustemos o refinemos algo de nuestra personalidad. Cada una de estas cosas, incluso si nos las dicen amablemente, implica una crítica de nuestra forma de pensar y obrar. Estas críticas, pronunciadas con amor, no siempre son bien recibidas. Sin embargo, no podremos crecer hasta que aprendamos a aceptarlas:

«El oído que escucha las amonestaciones de la vida, entre los sabios morará» (Pr. 15:31).

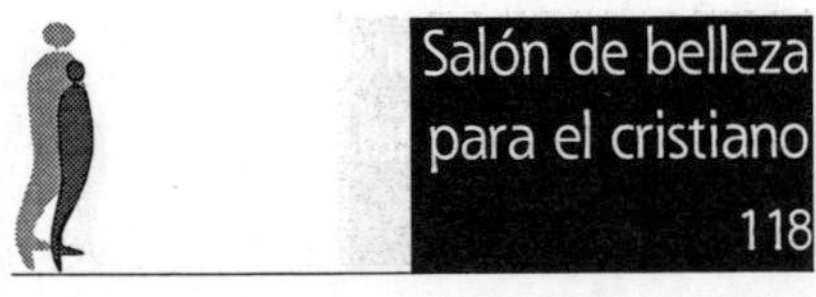

Esto significa que la persona cuyos oídos están abiertos al consejo debe poseer un cierto grado de humildad. De lo contrario, demostrará tener un problema con su ego.

Jesús enseñó que aquellos que serán los más grandes en su Reino son los más humildes en la tierra:

«Cualquiera que se exalte, será humillado. Y cualquiera que se humille, será ensalzado» (Mt. 23:11).

Hay razones prácticas que explican, aquí y ahora, que esto es verdadero; a saber, la persona que se humilla podrá ser exaltada algún día porque ha escuchado un buen consejo que le ha ayudado en su vida; mientras que la persona que se exalta a sí misma será humillada algún día porque ha persistido tozudamente en no hacer caso de las opiniones de los otros. Así, no hemos de esperar al Cielo para empezar a vislumbrar los beneficios de poseer un carácter humilde y abierto al consejo.

Abrir los oídos al consejo puede implicar también vencer ciertos prejuicios sociales y raciales. Nos convierte en personas más tolerantes y comprensivas con los demás. Pablo afirma un principio que debe regir todas nuestras relaciones:

«Someteos los unos a los otros en el temor de Dios» (Ef. 5:21).

Sin embargo, no todos los consejos son buenos. Incluso los consejos dados sinceramente pueden ser malos, y el consejo dado con amor puede ser insensato.

Así, por ejemplo, el rey Roboam escuchó un mal consejo por parte de sus consejeros reales (1 R. 12:6-15), que le llevó a aumentar la opresión de su pueblo. Con ello, agrietó su Reino, que al fin se derrumbó.

Sí, los consejeros y asesores han sido decisivos en la formación y destrucción de muchos gobernantes y presidentes. Y hay millonarios que han hecho bancarrota debido a malos consejos que han seguido.

Del mismo modo, los niños y los jóvenes pueden ser destruidos por los malos consejos de los amigos.

Por tanto, un oído que sabe escuchar los consejos apreciará cuándo un consejo es bueno y cuándo no lo es. No se dejará guiar ciegamente, sino que valorará todo en reflexión y oración, a fin de que, en última instancia, Dios mismo sea el que dictamine sus pasos.

••••••

Hay razones prácticas que explican, aquí y ahora, que esto es verdadero; a saber, la persona que se humilla podrá ser exaltada algún día porque ha escuchado un buen consejo que le ha ayudado en su vida; mientras que la persona que se exalta a sí misma será humillada algún día porque ha persistido tozudamente en no hacer caso de las opiniones de los otros. Así, no hemos de esperar al Cielo para empezar a vislumbrar los beneficios de poseer un carácter humilde y abierto al consejo.

••••••

Sí, debemos poner todos los consejos que recibimos en la gran prueba de fuego, que es el Espíritu Santo y la oración, si es que no queremos arruinar nuestras vidas, sino todo lo contrario, adquirir unas orejas sabias y hermosas.

8.ª SESIÓN

Para que perciban los Sonidos Celestiales

«Sé de un hombre en Cristo, que hace catorce año fue arrebatado hasta el tercer Cielo... Y oyó palabras inefables que no le es permitido al hombre expresar» (2 Co. 12:2-4).

Este extraño versículo fue escrito por el apóstol Pablo. Una mala interpretación de él puede llevarnos a creer las experiencias de ciertas personas, clínicamente muertas, pero que volvieron a la vida y contaron lo que habían visto y oído del más allá. Hay muchos libros que hablan de este tema; por ejemplo, *Vida después de la vida*, de Raymond A. Moody.

Sin embargo, este tema es muy delicado, y aquí no vamos a adentrarnos en él.

Simplemente, quedémonos con la afirmación que aparece en el versículo citado. Esto es, que el Cielo es un lugar con sonidos, y que estos sonidos son inefables, es decir, no se pueden expresar. Y es que lo inadecuado de la carne no nos permite tener una comprensión o expresión plena de estas realidades:

«Cosas que el ojo no vio, ni el oído oyó, ni han subido al corazón del hombre, son las que Dios ha preparado para los que le aman» (1 Co. 2:9).

Sin embargo, esta incapacidad de poder reproducir los sonidos celestiales y entenderlos no es para siempre. ¡He aquí la gran noti-

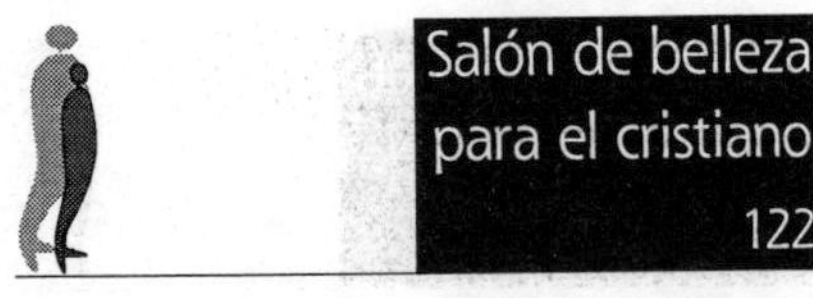

cia! !En la vida venidera no tendremos orejas exactamente a las que tenemos ahora!

«Pero os digo, hermanos, que la carne y la sangre no pueden heredar el Reino de Dios, ni la corrupción hereda la incorrupción» (1 Co. 15:50).

Tendremos cuerpos, pero serán cuerpos espirituales, no cuerpos naturales. Estos tendrán alguna forma de continuidad con nuestros cuerpos presentes, aunque no estarán sujetos a las debilidades y a las limitaciones de ahora:

«Así también es la resurrección de los muertos: se siembra en corrupción, resucitará en incorrupción. Se siembra en deshonor, resucitará en gloria; se siembra en debilidad, resucitará en poder. Se siembra cuerpo natural, resucitará cuerpo espiritual. Hay un cuerpo natural y hay un cuerpo espiritual» (1 Co. 15:42-44).

Lo que serán exactamente estos cuerpos no lo podemos decir, pues la Biblia no nos describe con precisión las glorias de la vida venidera. Su lenguaje se limita a este mundo y a las experiencias que nos son conocidas... ¿Cómo podríamos describir a un ciego y sordo de nacimiento la gloria de un ocaso de otoño o la belleza de una sinfonía? Esta misma es la dificultad que tenemos para poder captar lo que será la vida del Cielo.

Sí, Las Escrituras usan muestras de las realidades de la existencia presente para indicar las nuevas dimensiones de la futura. Pero podemos estar seguros de que nuestros nuevos oídos se adaptarán de modo preciso a la nueva realidad. Tal vez, ya no necesitarán transformar las ondas del sonido en impulsos cerebrales... No lo sabemos.

Mientras, todo lo que digamos de los sonidos del Cielo es sólo un símbolo pálido de la realidad, y no podemos expresarlo debidamente.

No obstante, una cosa es cierta: en el Cielo no habrá sonidos desagradables. No habrá tampoco palabras de desánimo. Desterrados serán también los sonidos de dolor y aflicción:

«Enjugará Dios toda lágrima de los ojos de ellos, y ya no habrá muerte, ni habrá más llanto, ni clamor, ni dolor; porque las primeras cosas pasaron» (Ap. 21:4).

No, no oiremos gemidos, ni chillidos, ni lloros... Tampoco los sonidos del pecado: gritos de ira, clamor de oprimidos, insultos de motines, ayes de torturados, tiroteos, chasquidos de látigo, explosión de bombas... En su lugar, se escucharán sonidos hermosos y agradables.

Juan nos presenta un lugar con gran cantidad de sonidos: la voz del Cielo habló como una trompeta (Ap. 4:1), el ángel proclamó en alta voz (Ap. 5:2), los cuatro seres vivientes hablaron con voz como de trueno (Ap. 6:1); la gran multitud hablaba en alta voz (Ap. 7:9 y 10), una voz del Cielo era como el sonido de muchas aguas y como un gran trueno (Ap. 14:2), había voces que llenaban el templo (Ap. 16:1) y otras, procedentes del trono (Ap. 21:3).

Asimismo, dice Juan que los cuatro seres vivientes no cesan de cantar (Ap. 4:8), que los veinticuatro ancianos cantan también (Ap. 4:10 y 11) y que miríadas y miríadas de criaturas cantan (Ap. 5:11-12) y grandes multitudes alaban a Dios (7:10). Sí, cantan muchos cánticos, pero dos de ellos parecen ser los predilectos:

«¡El Cordero que ha sido inmolado es digno de tomar el poder, las riquezas, la sabiduría, la fortaleza, el honor, la gloria y la alabanza! (...) ¡Aleluya, porque el señor nuestro Dios Todopoderoso ha establecido su reinado! ¡Gocémonos y alegrémonos y démosle gloria!» (Ap. 5:12; 19:6 y 7).

Así, el Cielo estará lleno de sonidos musicales.

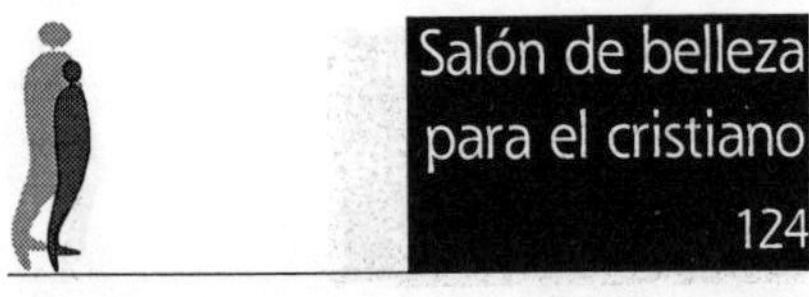

Pero no sólo eso. Jesús habló del Cielo como *la casa de su Padre* (Jn. 14:2), en la cual hay muchas moradas. Esto significa que habrá reuniones de familia, de amigos. En definitiva, sonidos de conversaciones, sonidos de afecto y paz.

Es más, Jesús habló también de la vida venidera como de un banquete festivo. Así, en una de sus parábolas, pintó el Reino de Dios como un gran banquete al cual todos somos invitados. Y en la última cena, dijo:

«Y os digo que desde ahora no beberé más de este fruto de la vid, hasta aquel día en que lo beba de nuevo con vosotros, en el Reino de mi Padre» (Mt. 26:29).

Después de su conversación con el centurión romano, expresó:

«Vendrán muchos del oriente y del occidente, y se sentarán con Abraham e Isaac y Jacob en el Reino de los cielos» (Mt. 8:11).

Por tanto, no hay razón para que imaginemos el Cielo como algunos pintores del Renacimiento lo hicieron; a saber, como un lugar aséptico, donde los ángeles tocan sus arpas en un paisaje onírico y etéreo. Al contrario, debemos esperar risas y conversaciones agradables, y muchas cosas más, que no podemos imaginar ahora.

Pero, sin duda, el sonido más agradable será el de la voz de aprobación de Dios hacia nosotros:

«Bien, siervo bueno y fiel» (Mt. 25:23).

Éste será el galardón de más valor, por haber servido a Dios.

Sí, los oídos que hayan escuchado con avidez en la tierra el Evangelio de Cristo y hayan respondido al mismo con fe, tendrán el privilegio de oír sus nombres leídos en el Libro de la Vida, en alta voz (Dn. 12:1). Los oídos que hayan escuchado de verdad los gritos

de los hambrientos, sedientos, desnudos y encarcelados oirán las palabras del Padre:

«En cuanto lo hicisteis a uno de estos, mis hermanos más pequeños, a mí me lo hicisteis» (Mt. 25:30).

Y los oídos de todos los que han prestado atención a la llamada de Dios oirán *alabanza de Dios* (1 Co. 4:5).

En resumen, el Cielo será un lugar en el que nuestros oídos percibirán nuevos sonidos. Aunque sean indescriptibles en términos terrenos, estos sonidos serán semejantes a un gran coro, a una conversación agradable de una familia feliz, y serán las palabras consoladoras del Padre.

•••••••

Los oídos que hayan escuchado con avidez en la tierra el Evangelio de Cristo y hayan respondido al mismo con fe, tendrán el privilegio de oír sus nombres leídos en el Libro de la Vida, en alta voz (Dn. 12:1). Los oídos que hayan escuchado de verdad los gritos de los hambrientos, sedientos, desnudos y encarcelados oirán las palabras del Padre.

•••••••

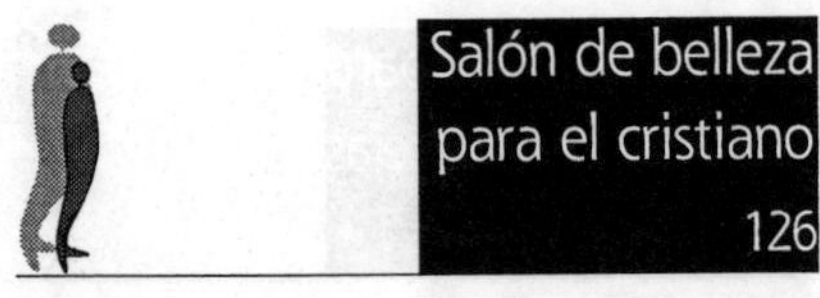

Nuestras orejas se deleitarán entonces con tales sonidos y conoceremos con seguridad que jamás belleza semejante ha sido percibida antes.

¿No es maravilloso? ¿Acaso no os apetece estar allí y escuchar los sonidos celestiales? Pues que así sea. Amén.

Capítulo 3: Ocho sesiones para corregir los ojos

1.ª SESIÓN

Para la Ceguera

La ceguera es, sin duda, la más seria enfermedad de la vista, ya que supone la pérdida total de la capacidad de percepción visual. Los que padecen esta enfermedad pueden sufrirla desde su propio nacimiento, o bien a causa de un accidente o como consecuencia de otro tipo de enfermedad, como, por ejemplo, la diabetes.

Lo que está claro es que la ceguera afecta a tanta gente, que se ha convertido en un problema social. Sus repercusiones alcanzan a la sociología, la psicología y la economía...

Pero si hay millones de personas en el mundo que son ciegas físicamente, hay muchas más que son ciegas espiritualmente.

En tales casos, la persona espiritualmente ciega no puede entender las cosas espirituales. Tiene falta de sensibilidad para las cosas que afectan al alma. Puede ser capaz de entender los más complejos problemas matemáticos, pero no puede entender nada sobre Dios. Puede ser capaz de captar sus necesidades físicas, pero desconoce totalmente sus necesidades espirituales. Se ve a sí mismo como un cuerpo y una mente; pero no como un cuerpo, una mente y un espíritu.

Jesús dijo que aquellos que no lograban entender sus parábolas constituían un cumplimiento de la profecía de Isaías:

«De oído oiréis y no entenderéis; y viendo, veréis y no percibiréis» (Mt. 13:14).

Y cuando Jesús lloró sobre Jerusalén, exclamó:

«¡Oh, si también tú conocieses, a lo menos en este tu día, lo que es para tu paz! Mas ahora está encubierto de tus ojos» (Lc. 19:42).

Sobre los fariseos llegó a declarar que eran guías ciegos, y como consecuencia:

«Si el ciego guiare al ciego, ambos caerán en el hoyo» (Mt. 15:14).

Y acerca de la iglesia tibia de Laodicea, expresó lo siguiente:

«Por tanto, Yo te aconsejo que de mí compres oro refinado en fuego, para que seas rico, y vestiduras blancas, para vestirte, y que no se descubra la vergüenza de tu desnudez; y unge tus ojos con colirio, para que veas» (Ap. 3:18).

También, podemos encontrar algunos personajes bíblicos que padecieron esta enfermedad espiritual. Por ejemplo, Giezi, el criado de Eliseo, que salió temprano de la mañana y se quedó aterrorizado al ver la ciudad rodeada por los caballos y carros de los sirios. Éste exclamó lleno de pavor:

–¡Ay, maestro! ¿Qué vamos a hacer?

Y Eliseo le contestó:

–No temas; porque los que están con nosotros son más que los que están contra nosotros.

Y dicho esto, oró para que los ojos del joven Giezi fueran abiertos.

«Y el Señor abrió los ojos de Giezi, y vio que la montaña estaba llena de caballos y carros de fuego alrededor de Eliseo» (2 R. 6:17).

Del mismo modo, Saulo, el perseguidor de cristianos que fue sorprendido por Jesús en el camino de Damasco... Curiosamente, en este caso, para que Saulo sanase de su *ceguera espiritual*, viera en Cristo, no un peligro para el pueblo hebreo ni a un impostor, sino a

su Salvador, y se convirtiera en el conocido apóstol Pablo, fue necesario que perdiera su vista física:

«Entonces, Saulo se levantó de tierra y, abriendo los ojos, no veía a nadie; así que, llevándole de la mano, le metieron en Damasco» (Hch. 9:8).

¡Qué ironía de la vida! A veces, para poder percibir las cosas espirituales, debemos dejar de ver las cosas materiales....

Y es que la percepción va más allá de la superficie de las cosas: prueba en las profundidades del alma humana; hace preguntas

•••••••

La persona espiritualmente ciega no puede entender las cosas espirituales. Tiene falta de sensibilidad para las cosas que afectan al alma. Puede ser capaz de entender los más complejos problemas matemáticos, pero no puede entender nada sobre Dios. Puede ser capaz de captar sus necesidades físicas, pero desconoce totalmente sus necesidades espirituales. Se ve a sí mismo como un cuerpo y una mente; pero no como un cuerpo, una mente y un espíritu.

•••••••

inquisitivas sobre la propia relación con Dios y trata honestamente con la vida después de la muerte.

Pero, ¿cuáles son las causas que provocan *ceguera espiritual?* Hay muchas, aunque sólo enumeraremos tres; las más significativas.

Así, en primer lugar, diremos que una de las causas que provocan *ceguera espiritual* es la negativa deliberada que tienen algunas personas para ver. Se ha dicho que *no hay peor ciego que el que nada quiere ver.* ¡Qué gran verdad!

Tanto Jeremías como Isaías hablaron ya de *los que tienen ojos, pero no ven* (Is. 43:8; Jer. 5:21). Su sistema óptico existía, pero ellos se negaban a ver.

Y sobre aquellos que no comprendían el significado espiritual de sus parábolas, Jesús dijo:

«Han cerrado sus ojos para que no vean con los ojos» (Mt. 13:15).

Hay muchas razones por las cuales algunas personas se niegan a ver. Quizás, saben que la vista espiritual les traerá un cambio en la vida, y prefieren evitarlo... Pero cualquiera sea la razón, resultará un error terrible cerrar los ojos para no ver.

Otra de las causas que provocan ceguera es la excesiva preocupación por el mundo material, aun a pesar de que las cosas que se ven con los ojos naturales son las más irreales, mientras que las que se ven con los ojos espirituales son las auténticas:

«Las cosas que se ven son temporales, pero las que no se ven son eternas» (2 Co. 4:18).

Y, por último, hay otros que sencillamente no pueden ver porque sufren «atrofia» en la vista espiritual. En el mundo animal tenemos un ejemplo de esto: existe una especie de peces, llamados peces

«ciegos», los cuales no pueden ver porque han vivido tanto tiempo en la oscuridad, que han perdido este sentido.

Es posible que algo parecido suceda con ciertas personas, las cuales han vivido demasiado tiempo en la oscuridad del pecado y, aunque desean ver, no pueden:

«El hombre natural no percibe las cosas que son del Espíritu de Dios, porque para él son locura, y no las puede entender, porque se han de discernir espiritualmente (...) Se envanecieron en sus razonamientos, y su necio corazón fue entenebrecido (...) Dios les dio espíritu de estupor, ojos con que no vean y oídos con que no oigan, hasta el día de hoy (...) Para juicio he venido Yo a este mundo, para que los que no ven, vean, y los que ven, sean cegados»

(1 Co. 2:14; Ro. 1:21; 11:8; Jn. 9:39).

Pero el culpable de esta ceguera no es Dios, sino Satanás:

«El dios de este siglo cegó el entendimiento de los incrédulos, para que no les resplandezca la luz del Evangelio de la gloria de Cristo, el cual es la imagen de Dios» (2 Co. 4:4).

Es por esta razón que el Mesías vino al mundo, para devolver la vista de los ciegos:

«En aquel tiempo, los sordos oirán las palabras del libro y los ojos de los ciegos verán por medio de la oscuridad y de las tinieblas» (Is. 29:18).

Y Jesús cumplió este requisito sanando a mucha gente que era físicamente ciega. Pero más allá de eso: Él cumplió la profecía dando visión espiritual a todos los que buscan a Dios de corazón. Por medio de su enseñanza, arrojó nueva luz sobre la voluntad y el amor del Padre. Por medio de su muerte, lanzó una fuente de luz sobre el camino que lleva al Cielo. Por medio de su Santo Espíritu, nos capa-

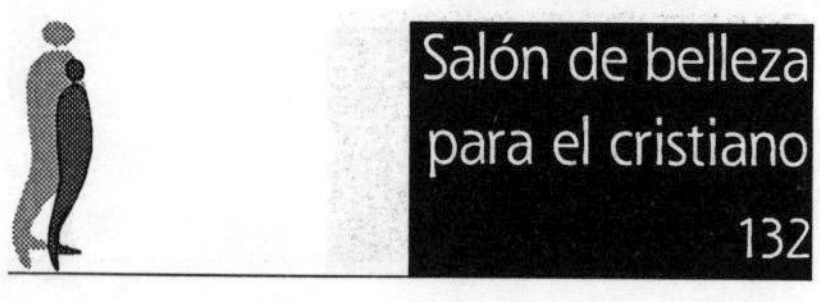

citó para captar el significado de todo ello y para recibirlo nosotros mismos.

¡Qué gran noticia! Por desesperado que parezca a veces el problema, Jesús puede sanarnos. Pero, claro, para ello, hemos de hacer algo...

En primer lugar, buscar la luz. Así, después de que Felipe fuera invitado a seguir a Jesús, éste se dirigió inmediatamente a su amigo Natanael y le dijo:

–Hemos hallado a aquel de quien escribió Moisés en la ley, así como los profetas: a Jesús, el hijo de José, de Nazaret.

Natanael, que era escéptico, quizás porque muchos impostores habían declarado ser el Mesías, exclamó:

–¡Nazaret! ¿Puede salir algo bueno de allí?

Pero, a pesar de su escepticismo, Natanael fue... Y vio. En efecto: *vino, vio y creyó.* Su ceguera fue vencida. Pero antes tuvo que estar dispuesto a ver, hacer a un lado sus dudas y decidir hacer la prueba.

Entonces, Jesús prometió a Natanael que vería mucho más:

«De cierto, de cierto te digo: *de aquí adelante, veréis el Cielo abierto, y los ángeles de Dios que suben y descienden sobre el Hijo del Hombre*» (Jn. 1:51).

Y es que la invitación que nos hace nuestro Señor es también una promesa:

«Buscad a Jehová, mientras pueda ser hallado; llamadlo en tanto que está cercano» (Is. 55:6).

En segundo lugar, para ser sanado de *ceguera espiritual* es necesario que ocurra el milagro del nuevo nacimiento.

Generalmente, la ceguera no puede ser curada; ni siquiera por medio de la cirugía. En muchos casos, se necesita nada menos que

un milagro para que la persona ciega sea capaz de ver nuevamente. Y lo mismo sucede con la ceguera del alma. Esto es precisamente lo que Jesús trató de explicarle a Nicodemo, aquel fariseo que fue de noche en busca del Maestro; en busca de la luz...

«De cierto, de cierto te digo que el que no naciere de nuevo, no puede ver el Reino de Dios» (Jn. 3:3).

•••••••

Sí, Dios puede tomar nuestros ojos cargados con cataratas de escepticismo y capacitarlos para ver el profundo significado del Cristo pendiente de la cruz. Puede remover la parte maligna del nervio óptico del alma, que ha sido bloqueado por el cáncer del pecado, de tal modo que sea liberado y esté vivo nuevamente. Tocar la pupila del alma que ha sido inflamada con odio y venganza y lavarla con lágrimas de amor. Quitar el iris nublado por la angustia y la desesperación y capacitarnos para ver la vida eterna que ha preparado para todos los que creen en Él.

•••••••

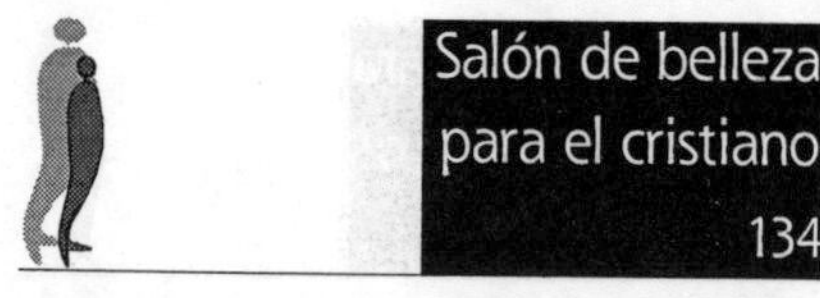

Sólo un milagro puede restaurar la visión espiritual. Dios puede tomar los ojos ciegos y sin vista del alma y capacitarlos para ver el amor que Él tiene por nosotros. Dios puede quitar el testarudo orgullo de la *ceguera espiritual* y capacitarnos para ver nuestra desesperante necesidad de perdón y limpieza.

Sí, Dios puede tomar nuestros ojos cargados con cataratas de escepticismo y capacitarlos para ver el profundo significado del Cristo pendiente de la cruz. Puede remover la parte maligna del nervio óptico del alma, que ha sido bloqueado por el cáncer del pecado, de tal modo que sea liberado y esté vivo nuevamente. Tocar la pupila del alma que ha sido inflamada con odio y venganza y lavarla con lágrimas de amor. Quitar el iris nublado por la angustia y la desesperación y capacitarnos para ver la vida eterna que ha preparado para todos los que creen en Él.

Y en breve, cuando ocurre el nuevo nacimiento, los ojos del alma se abren para comprender que somos pecadores y estamos perdidos, que Jesús murió en la cruz para pagar el precio de nuestros pecados y se levantó de los muertos para llevarnos al camino de la vida eterna. En definitiva, que al creer en Él, obtenemos el perdón de nuestros pecados y la promesa de la Salvación.

Así es: creer en Jesucristo; como Él mismo afirmó más adelante en esa entrevista con Nicodemo:

«Porque de tal manera amó Dios al mundo, que ha dado a su Hijo Unigénito, para que todo aquel que en Él cree no se pierda, mas tenga vida eterna (...) El que cree en el Hijo tiene vida eterna; pero el que desobedece al Hijo no verá la vida, sino que la ira de Dios estará sobre él» (Jn. 3:16; 3:36).

De acuerdo con esto, parecería que nuestra creencia, junto con el milagro del nuevo nacimiento, es necesaria para la restauración de

la vida espiritual. Es nuestra fe lo que nos capacita para ver la vida eterna. Es por medio de los ojos fijos en Jesucristo en fe, que recibimos todos sus beneficios.

Los teólogos han debatido por años sobre qué es lo que viene primero, la fe en Jesucristo, o el milagro del nuevo nacimiento.

Se han presentado buenos argumentos por ambas partes... Pero lo cierto es que la respuesta a este debate sigue sin ser contestada, y seguramente tendremos que conformarnos con obtenerla cuando estemos en el Paraíso y podamos preguntársela de viva voz al Padre.

Mientras, lo que debemos conocer es lo siguiente; a saber, que si bien el nuevo nacimiento es algo pasivo, es decir, algo que Dios hace por nosotros, la fe es algo activo, es algo que hacemos delante de Dios. Por lo tanto, la responsabilidad de la fe descansa sobre nosotros. En ninguna parte se nos dice que nos sentemos y esperemos en Dios para que nos regenere. Al contrario, se nos exhorta, ordena y ruega que creamos. Y esta es nuestra parte a realizar.

Sólo después que creamos y miremos atrás nuestra experiencia, podremos entender que Dios estaba realmente actuando en nosotros, dándonos el nuevo nacimiento y la regeneración de nuestro corazón. Y es entonces que estaremos capacitados para ver que aun nuestra fe es un don de Dios. Porque todo forma parte de esa maravillosa interacción de lo humano y lo divino...

2.ª SESIÓN

PARA LA CEGUERA PARCIAL O DALTONISMO

La *ceguera parcial* o daltonismo es la incapacidad de distinguir adecuadamente los colores. Para una persona que es ciega al color, los varios tonos cromáticos se le perciben confusos y distorsionados. De hecho, puede no ser capaz de distinguir un color de otro; eso pasa especialmente con el rojo y el verde.

Se ha comprobado que el daltonismo es causado por una deficiencia hereditaria en los cromosomas que determinan el sexo. Así, no afecta del mismo modo a hombres y mujeres. También, algunas especies animales padecen esta enfermedad, hasta el punto de que son casi ciegas al color: los perros, los gatos... Por otro lado, hay animales cuyas percepciones del color son más exactas que las nuestras; posiblemente porque esa cualidad visual les es esencial para su supervivencia y alimentación: los monos, las ardillas, y la mayoría de los pájaros, por ejemplo.

El primer investigador que estudió este tipo de ceguera fue un químico inglés del siglo XVIII, llamado John Dalton; por eso, recibe el nombre de «daltonismo». Según la creencia popular, él mismo padecía esta dolencia. Un día se presentó a la acostumbrada reunión de oración de su iglesia cuáquera con unas medias de color rojo «chillón»; sin duda, había sido víctima de una broma pesada, pues alguien le había cambiado sus medias grises por esas medias tan escandalosas... Sí, la *ceguera parcial*, o daltonismo, puede llevar a una persona a más de una situación embarazosa, e incluso, colocarla en una posición de desventaja en el ámbito laboral.

Sin ir más lejos, en nuestro mundo moderno el color juega un papel importante; ya sea en la fotografía, la aviación, la industria textil, la electrónica, la decoración, la estética... Basta decir que, de hecho, los colores rojo y verde, que son los que más se confunden dentro de esta enfermedad, se utilizan en muchas señales de tráfico.

Pero la *ceguera parcial* no tiene por qué ser sólo una enfermedad física (al menos, lo que nos interesa en este capítulo no es su connotación material, sino su analogía con el aspecto espiritual). Podemos decir también que una persona padece espiritualmente ceguera «al color», y lo que estamos señalando es que dicha persona tiene una visión distorsionada de las cosas espirituales; en este caso, porque no es capaz de apreciar toda la gama de colores que los ojos de la fe pueden mostrarnos. Es más, posiblemente la persona que padezca esta enfermedad sólo alcanzará a distinguir un color, según su vista mental y psicológica; a saber, el negro, el rosa o el verde. Por supuesto, podrían ser otros colores, pero estos tres presentan algunas características que nos ayudarán a extraer grandes enseñanzas para nuestra vida cristiana.

Empecemos, pues, hablando de la *ceguera negra*, a la que calificaremos como *la mirada del pesimista*. Evidentemente, este tipo de ceguera no existe físicamente, pero psicológicamente es un mal muy común. Pensemos que estamos hablando de actitudes que tendemos a aplicar sobre todo lo que vemos; o sea, estamos hablando de tipos de juicio que hacemos precipitadamente sobre las cosas y las personas que nos rodean.

Así, por ejemplo, cuando alguien nos dice en un hermoso día de sol que se anuncian tormentas para el día siguiente, o cuando una

muchacha sospecha algo malo de su novio únicamente porque le ha regalado un ramo de flores; cuando un esposo intenta descubrir qué es lo que trama su mujer con ese abrazo cálido con el que le ha recibido al llegar a casa, o cuando la vecina del quinto cree que la del segundo engaña a su marido porque la ha visto subir en el coche de un desconocido... Todos estos son casos de *ceguera negra.* Y es que esta enfermedad consiste en verlo todo desde una perspectiva negativa.

Los que padecen esta enfermedad interpretan las cosas sombríamente y sospechan lo peor de todos y de todo; porque tienden a ver las cosas de color negro, el cual es un símbolo de maldad. Ven el mal agazapado en cualquier rincón, aun cuando hay poca o ninguna evidencia de malicia en lo que les rodea.

Se cuenta la historia de un hombre que decidió repartir cien billetes de un dólar en una calle de Nueva York. Tuvo que permanecer allí todo un día, y aún le faltaban diecisiete billetes por regalar; al parecer, la gente no estaba dispuesta a aceptar ese dinero, el cual temían que hubiera sido robado, o tal vez, ganado en una apuesta...

Se dice también que una comisión especial del Fisco estuvo durante varias semanas interrogando al conocido millonario Nelson Rockefeller, a causa de las sumas cuantiosas de dinero con que había obsequiado a algunos de sus amigos. Dicha comisión sospechaba que detrás de este generoso acto podría esconderse algún tipo de soborno, malversación o compra de influencias... Sin embargo, no pudieron encontrar ningún motivo sucio por parte de Rockefeller; sólo el altruismo de un hombre rico, que ellos no podían entender.

Y lo mismo ocurre con el amor de Dios... C. S. Lewis, en su libro *Cartas a un diablo novato*, nos da una penetrante visión de la naturaleza del maligno. Explica que Satanás no puede entender el amor de Dios, y tampoco el amor que los humanos sienten entre sí. Su visión está tan ennegrecida por su propio odio, que le resulta imposible comprender el concepto del amor. Y es que las terminaciones nerviosas de su retina no son sensitivas al bien; sólo responden a la oscuridad.

Conocí una vez a un hombre que tenía una cloaca en su mente; al menos, el ochenta por ciento del tiempo que estaba despierto. Este hombre era capaz de interpretar sórdidamente cualquier situación o anécdota inocente; la pasión más lujuriosa, en los ojos de una mujer; la historia más morbosa, en el pasado de un anciano... Cada anécdota desagradable se convertía en su mente en más anécdotas desagradables, y así, indefinidamente.

Sin duda, este hombre era un vivo ejemplo del tipo de personas descrito por Jesús en el siguiente pasaje:

«Si tu ojo es maligno, todo tu cuerpo estará en tinieblas. Así que, si la luz que hay en ti es tiniebla, ¿cuántas no serán las mismas tinieblas?» (Mt. 6:23).

Pero la *ceguera negra* no la padecen únicamente personas maliciosas. También las «buenas» personas pueden padecer esta enfermedad. Todos nos hemos encontrado en alguna ocasión con algún que otro cristiano «piadoso», cuya sensibilidad se ve fácilmente dañada por las perversiones que ofrece el mundo. Esta clase de cristiano censura toda forma de ocio y todo tipo de distracciones y entretenimientos juveniles, como ir al cine, darse un baño en la playa, bailar con los amigos... Todas estas actividades le escandalizan, y asegura sentirse golpeado por la inmoralidad que se respira constantemente en el ambiente. Pero tal vez, debiera sentirse golpeado por la siguiente declaración:

«Todas las cosas son puras para los puros; mas para los corrompidos e incrédulos, nada les es puro. Hasta su mente y su conciencia están corrompidas» (Tit. 1:15).

En efecto, las personas recelosas generalmente se dejan llevar por sospechas que, en el fondo, señalan sus propios defectos ocultos. Shakespeare escribió:

«La sospecha siempre acecha a la mente culpable».

La gente que se siente inclinada a juzgar apresuradamente a otras personas y a encontrar motivos oscuros y sucios en las acciones de los otros debería preocuparse de su propia alma enferma; no fuera que ella estuviera contaminada por las mismas cosas que censura de los demás...

Estudiemos ahora una de las principales causas que provocan *ceguera negra;* a saber, la ignorancia. Así es, hacemos juicios duros sobre las cosas y hechos que desconocemos. Eso mismo ocurre cuando intentamos montar un rompecabezas al que le faltan unas cuantas piezas; de pronto, los huecos nos parecen oscuros... También los detalles desconocidos de las personas se nos antojan tenebrosos, e inevitablemente intentamos llenar sus huecos por medio de conjeturas extraídas de nuestra propia y peligrosa imaginación.

¿Qué podemos hacer, pues, para no dejarnos arrastrar por esta inclinación?

Aquí es donde podemos aplicar dos tratamientos que nos ayudarán a superar esta tendencia. El primero de ellos, indudablemente, es el amor; pero no cualquier clase de amor, sino el descrito en el *gran capítulo del amor* de 1 Corintios 13. Así, en el versículo 7, leemos que *el amor todo lo cree, todo lo sufre, todo lo espera, todo lo soporta...* Y la versión de la *Biblia Viviente* lo parafrasea de esta manera:

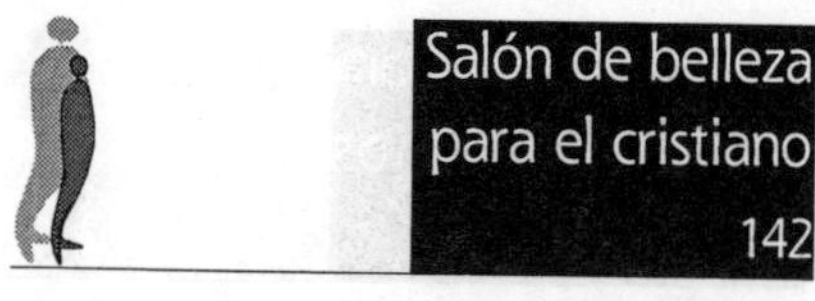

«Si amas a alguien, le serás leal; no importa cuál sea el precio. Siempre creerás en él. Siempre esperarás lo mejor de él y siempre estarás dispuesto a defenderlo».

Esta contundente declaración nos señala una gran verdad: el amor está deseoso de creer lo mejor acerca de los demás. Lo que me recuerda una anécdota que leí acerca de un famoso jugador de baloncesto. Éste había firmado un cheque de mil dólares a una joven madre, cuya hija, según explicó ella misma, estaba muriendo de leucemia. Sin embargo, alguien le confirmó que la historia trágica que escuchó de aquella mujer había sido un fraude. A lo que el famoso jugador exclamó:

–¡Es la mejor noticia que he oído en todo el año!

Este hombre no se enfadó porque hubiera sido presa del engaño de una timadora; muy al contrario, se alegró verdaderamente de que aquella mujer no tuviera una hija que padeciera leucemia.

Tenemos mucho que aprender de esta historia... Ya que, incluso con las personas que amamos, tendemos a levantar nuestras sospechas. De este modo, contradecimos el mencionado principio del amor, el cual sostiene que *el que ama no piensa lo malo de la persona amada*, o al menos, está dispuesto siempre a otorgarle el beneficio de la duda.

Tal vez, lo que falla precisamente es nuestra capacidad de amar. Apliquemos, entonces, el segundo tratamiento, que nos enseñará a enfocar correctamente nuestra manera de amar. Éste consiste en un *programa de estimulación positiva de la retina*. ¿Que en qué consiste un *programa de estimulación positiva de la retina?* Muy sencillo, se trata de fijar nuestra vista en cosas agradables e inspiradoras:

«Por lo demás, hermanos, todo lo que es verdadero, todo lo honesto, todo lo justo, todo lo puro, todo lo amable, todo lo que es de

buen nombre; si hay virtud alguna, si hay algo digno de alabanza, en esto pensad» (Fil. 4:8).

Lo que Pablo intenta decirnos en este versículo es que mientras estemos pensando en cosas como éstas, no podremos pensar en negro... Sino en colores brillantes y placenteros.

Por el contrario, la estimulación constante de novelas, películas, canciones y conversaciones sórdidas afectarán nuestra retina espiritual y nos inclinará a ver negativamente.

Por ello, para descubrir si lo que estamos leyendo, viendo o escuchando es algo sórdido y perjudicial, deberíamos preguntarnos algo tan importante como cuál debió de ser la intención del autor a la hora de escribir dicho libro, dirigir tal película o componer cierta canción... Sí, debemos analizar las cosas que nos envuelven cada día y sobre las cuales fijamos nuestra atención, para evaluar su intención y su influencia sobre nuestros ojos espirituales. De tal manera que, si

•••••••

La gente que se siente inclinada a juzgar apresuradamente a otras personas y a encontrar motivos oscuros y sucios en las acciones de los otros debería preocuparse de su propia alma enferma; no fuera que ella estuviera contaminada por las mismas cosas que censura de los demás...

•••••••

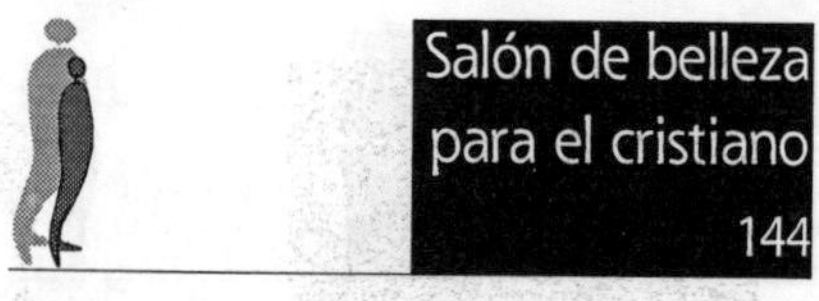

descubrimos que su mensaje no nos invita a la contemplación de pensamientos edificantes, sino denigrantes, seamos lo suficientemente valientes como para desecharlas de nuestra vista.

Por ejemplo, hay una antigua novela, hecha también película, titulada *Las uvas de la ira*, la cual pinta un cuadro vívido acerca de la horrible suerte de los obreros migratorios en Norteamérica. En ella, se tratan muchos detalles desagradables. Pero, sin embargo, promueve la causa de la verdad, la honestidad, la pureza, la bondad y el buen nombre. Con lo cual, podemos decir que reúne todas las características del citado versículo de Pablo.

Y es que, para ejercitar un *programa de estimulación positiva de la retina*, no es necesario que estorbemos las cosas desagradables de la vida y nos quedemos únicamente con lo bello. Si hiciéramos tal cosa, nos estaríamos engañando a nosotros mismos y deshonraríamos a Dios. Él mismo, en su Palabra, no ha omitido aquellos pasajes bíblicos cargados de crudeza, sino que los ha dejado escritos para que los leamos y extraigamos enseñanzas que nos edifiquen espiritualmente.

Un *programa de estimulación positiva de la retina* sirve, pues, para sacar algo de provecho en aquello que permitimos que entre en nuestra mente; y si resulta que lo que dejamos penetrar en nosotros carece de substancia alimenticia, o si el alimento que nos proporciona es perjudicial para nuestra salud espiritual, debemos desecharlo. Así, tal y como seleccionamos cuidadosamente la dieta que comprende nuestro alimento físico, deberíamos seleccionar la dieta que compone nuestro alimento mental y espiritual.

Un *programa de estimulación positiva de la retina* proporciona, además, a nuestros ojos espirituales la «vitamina A» necesaria para tener un enfoque correcto de nuestra visión; en definitiva, de nuestra forma de amar.

Esto se puede llevar a la práctica cuando nos fijamos en las características positivas de las personas, en vez de entretenernos constantemente en sus defectos. Tal vez, de este modo, nos será más fácil cumplir el principio del amor citado en 1 Corintios 13:7, acerca de *esperar lo bueno de la persona amada...*

No obstante, si después de aplicar ambos tratamientos contra la *ceguera negra*, descubrimos que nuestros juicios negativos sobre los demás continúan siendo negativos y compulsivos, y se basan más en sentimientos que en evidencias, es el momento de buscar ayuda mental profesional. No nos avergoncemos por ello... Cuanto más se estudian los desórdenes emocionales, más se hace evidente que muchos de ellos son causados por un desequilibrio en la química del cuerpo. La cura es tanto clínica como mental; por lo que este tipo de problemas no tiene que ruborizarnos más que una operación de amígdalas.

Pero si mala es la *ceguera negra*, también lo es la *ceguera rosa*, a la que llamaremos *la mirada del que sólo ve lo bueno.*

Esta clase de ceguera se advierte en lo que narran ciertas novelas que pretenden pasar por «cristianas» y que, en realidad, no son más que historias dulzonas como sacarina, que entretienen al lector, pero cuyo contenido es totalmente inverosímil. Y los que las leen suelen caracterizarse por adoptar una actitud conformista ante la vida.

Así, la persona que padece *ceguera rosa* ha elegido no detectar el mal. Prefiere ver el mundo con unos lentes rosados, que le ocultan la injusticia y la corrupción que existe delante de sus narices. No resulta difícil encontrar algún ejemplo de ello en la Biblia...

Pero, sin duda, el más categórico sería el caso de la primera mujer, Eva, la cual eligió olvidar las advertencias que Dios le dio acerca del árbol del Bien y del Mal, y se acercó hasta él. El texto nos

dice que *la mujer vio que el árbol era bueno para comer y que era agradable a los ojos, y árbol codiciable para alcanzar la sabiduría. Así que tomó de su fruto, y comió* (Gn. 3:5).

Igualmente, los falsos profetas de Israel auguraban «paz» para el pueblo, a pesar de las advertencias de peligro que los verdaderos profetas de Dios profetizaban (Jer. 6:14; Am. 6:1).

Puede que la *ceguera rosa* parezca una dolencia dulce; al menos, el que la padece vive feliz... El enfermo no padece ningún malestar. De hecho, cuanto más avanzada está la enfermedad, más feliz se siente. Sin embargo, su dolor terminal es el más terrible de todos, porque, tarde o temprano, el paciente despertará de su apacible letargo y verá, demasiado tarde, el horror del mal. Descubrirá que evadirse de las responsabilidades y de los problemas acarrea desgracias mucho más crueles que si los hubiera afrontado desde el principio. Pero lo peor es que su estado será ya tan avanzado, que ya no habrá cura.

Son muchos los contextos y ambientes en los que la *ceguera rosa* puede incubarse. Aquí señalaremos tres: los más representativos.

Así, diremos que una de las causas que facilitan esta enfermedad es el exceso de confianza en los desconocidos. No es que confiar sea malo. Al contrario, es agradable poder confiar en la honestidad y en la integridad de la gente. El problema es cuando esa confianza nos lleva a relajarnos en la vida y a autoengañarnos. En definitiva, a no ver el mundo desde una perspectiva real. Y la realidad es que en el mundo existe el mal.

Jesús mismo, que tanto abogó por el amor, nos aconsejó, sin embargo, que fuéramos precavidos:

«He aquí, os envío como a ovejas en medio de lobos; sed, pues, prudentes como serpientes y sencillos como palomas. Y guardaos de los hombres» (Mt. 10:16 y 17).

Y es que Jesús conocía bien el corazón humano y sabía que muchas personas no se guían por el bien, sino por el príncipe de este mundo: el diablo. Estas personas se aprovechan de la gente sencilla y las utilizan a su antojo, para luego desecharlas, una vez que ya obtuvieron lo que querían.

Por supuesto, también estas personas merecen una segunda oportunidad para cambiar su corazón de piedra por uno de carne; pero mientras eso no ocurra, debemos abrir bien los ojos y adelantarnos a sus intenciones. No nos dejemos embaucar por sus disfraces, a veces tan atrayentes en su imagen exterior, sino que aprendamos del error de Eva, la cual fue demasiado rápida al creer lo que la atractiva serpiente le decía:

«No moriréis; sino que sabe Dios que el día que comáis de él, serán abiertos vuestros ojos, y seréis como Dios, sabiendo el bien y el mal» (Gn. 3:4 y 5).

Jesús dijo también:

«No deis lo santo a los perros, ni echéis vuestras perlas delante de los cerdos; no sea que las pisoteen, y se vuelvan y os despedacen» (Mt. 6:7).

Este versículo puede parecer rudo, pero salió de la boca de nuestro Maestro, el mismo que llamó *hipócritas* y *sepulcros blanqueados* a los fariseos (Mt. 23:27). De Él leemos que *no se fiaba de ellos, porque conocía a todos, y no tenía necesidad de que nadie le diese testimonio del hombre; pues Él sabía lo que había en el hombre* (Jn. 2:24 y 25).

Así es, tenemos que amar, pero no tontamente. Tenemos que dar, pero no alocadamente. Tenemos que ser idealistas, pero también realistas.

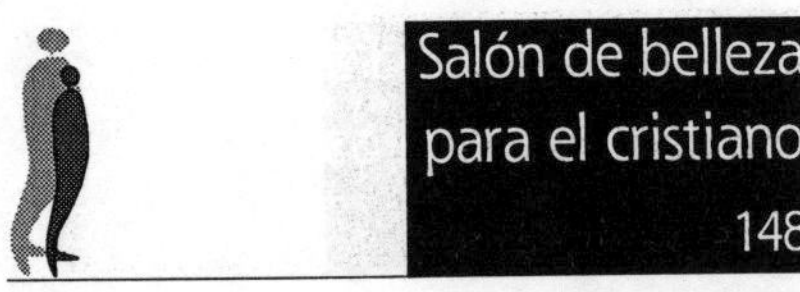

Hemos visto un primer caso de *ceguera rosa*, orientado hacia los desconocidos y el exceso de confianza que podemos depositar sobre ellos. Pero también entre nuestros seres más cercanos y queridos se puede incubar esta clase de enfermedad. Entonces, no se tratará de un exceso de confianza, sino de mirarlos con unos ojos excesivamente indulgentes e idealistas.

Y es que podemos ser demasiado «blandos» a la hora de ver a nuestro compañero o compañera sentimental, a nuestros hijos, a nuestros padres, e incluso a nosotros mismos... ¿Que qué quiere decir *mirar con ojos excesivamente indulgentes?* Pues significa esconder los errores de nuestros seres queridos de nuestra propia vista y quedarnos sólo con un fragmento de ellos mismos, o de nosotros mismos, que nos agrada más.

Tal vez, pensemos que así estaremos amándolos más; pero eso es totalmente falso. Lo que realmente hacemos con esa actitud es amarles a medias, sin aceptar cómo son realmente. Pero sobre todo, de esta manera impedimos poder ayudarles a corregir sus errores y a madurar. Tal actitud podría, incluso, arruinar sus vidas y la nuestra.

Por ejemplo, la mujer que acepta pasivamente que su marido la maltrate y lo disculpa diciéndose a sí misma que ha sido culpa de unas copas de más, no sabe que está permitiendo que sus hijos sufran esta situación y padezcan un trauma psicológico que los marcará de por vida.

O también el padre de familia que justifica los líos de faldas de su hijo, pensando que es cosa de «hombres», y desconoce hasta qué punto está degradando el concepto del amor a la vista de su hijo, aun cuando él sea un buen marido para su esposa.

Un caso extraído de la vida real podría ser el de la madre de Lee Harvey Oswald, el asesino de John F. Kennedy, la cual llegó a declarar lo siguiente acerca de su hijo:

—Mi hijo siempre fue un buen muchacho.

Por supuesto, no debemos ser excesivamente críticos con nuestros seres queridos. Pero tampoco debemos mirarlos con un idealismo desmesurado. Aceptémosles tal como son, una mezcla de virtudes y defectos, y procuremos corregir sus errores constructivamente.

•••••••

Puede que la ceguera rosa parezca una dolencia dulce; al menos, el que la padece vive feliz... El enfermo no padece ningún malestar. De hecho, cuanto más avanzada está la enfermedad, más feliz se siente. Sin embargo, su dolor terminal es el más terrible de todos, porque, tarde o temprano, el paciente despertará de su apacible letargo y verá, demasiado tarde, el horror del mal. Descubrirá que evadirse de las responsabilidades y de los problemas acarrea desgracias mucho más crueles que si los hubiera afrontado desde el principio. Pero lo peor es que su estado será ya tan avanzado, que ya no habrá cura.

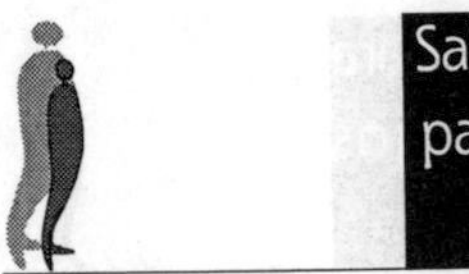

Como cristianos, tenemos la obligación de guiarlos por el camino del Señor. Esto incluye alentar su bondad y desalentar su maldad. Y ¿cómo podremos desalentar su maldad, si no vemos nada de eso? ¿Cómo les ayudaremos a vencer sus debilidades, si nos negamos a admitir que tienen alguna?

Por último, y como ya hemos señalado anteriormente, diremos que la *mirada rosa* también puede proyectarse hacia nosotros mismos. De hecho, es el tipo de *ceguera rosa* más habitual. Comprobemos, por ejemplo, cómo los defectos que observamos en los demás, en nosotros se convierten en rasgos de personalidad «interesantes»: afirmamos que cierta persona es testaruda, pero que nosotros poseemos firmeza de convicción. La mala educación de los demás, en nosotros se convierte en sinceridad absoluta, «aunque duela». El «chismorreo» de la vecina, es simplemente una observación sensible en nosotros. Los demás pueden ser pedantes, pero nosotros somos cultos. El derroche económico de los demás, en nosotros se convierte en generosidad...

Sin duda, esta lista podría continuar indefinidamente. Pero lo que está claro es que nos gusta mirarnos con lentes rosados. Disculpamos nuestros errores, y si acaso los admitimos, es para decir que son simples rasgos de personalidad, sin importancia. Así, mentir es sólo faltar a la verdad, y beber es estar un poco alegre...

Y es que Satanás siempre trata que el pecado se vea rosa. Pero Dios, afortunadamente, no ve el pecado como nosotros lo vemos. De Él se dice:

«Muy limpio eres de ojos para ver el mal, ni puedes ver el agravio» (Hab. 1:13).

Tampoco nos ve a nosotros como nosotros nos vemos, sino tal como somos... ¡Y desea transformarnos a su imagen! Por ello, si que-

remos cooperar en esa transformación, debemos empezar por reconocer nuestros errores, sin banalizarlos; llamándoles por su verdadero nombre. En definitiva, reconociéndolos como pecados del corazón. ¿Y qué es el pecado, sino todo aquello que estorba nuestra relación con Dios? Puede ser el amor obsesivo al dinero, a la moda, al deporte...

La Biblia dice que *abominación es a Jehová el camino del impío; mas Él ama al que sigue la justicia* (Pr. 15:9).

Así, pues, Dios nos pide que carguemos sobre Él todo aquello que impide que le demos nuestro corazón. Pero para poder hacer esto, debemos ser capaces de vernos sin lentes rosados.

Sí, la *ceguera rosa* es una mala enfermedad; pero como toda enfermedad, si se la detecta a tiempo, tiene cura para el Gran Médico: Dios. Lo único que debemos hacer es ir a su consulta, en oración, y guiarnos por sus prescripciones médicas registradas en su Palabra. Siguiendo esta terapia, poco a poco, seremos transformados por su gracia.

Ha llegado el momento de hablar del último caso de *ceguera parcial* o *daltonismo moral: la ceguera verde*, a la que llamaremos *la mirada del envidioso*.

En los registros de la historia médica hay muy pocos casos, si es que ha habido alguno, de *ceguera verde*. Unas pocas personas extremadamente ciegas al color, quizás vean todo gris; pero nadie ve todo verde.

Sin embargo, no ocurre lo mismo con los ojos espirituales. Desde el principio, mirar a otros con envidia y celos ha sido uno de los mayores defectos del aparato visual humano. De hecho, Caín fue el primero que miró con envidia a su hermano Abel... Y todos conocemos el terrible final de esa historia (Gn. 1:5-8).

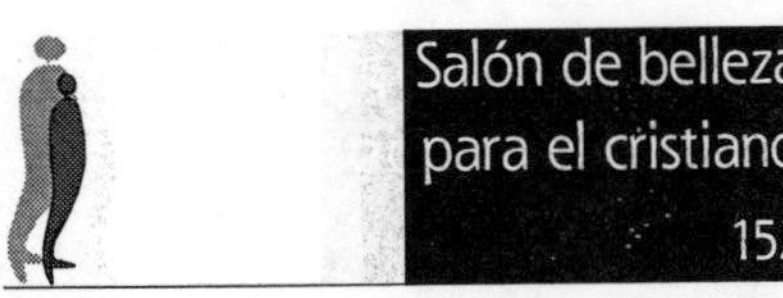

La Biblia registra otros muchos casos de personas que miraron con envidia. Así por ejemplo, Sara, la mujer estéril de Abraham, tuvo envidia de Agar, porque había tenido un hijo de su esposo (Gn. 16:7). Del mismo modo, los hijos de Jacob miraron con envidia a José, porque siempre fue el favorito de su padre (Gn. 37:45). Y María y Aarón envidiaban el liderazgo de Moisés sobre el pueblo hebreo (Nm. 12:2). Igualmente, Saúl tuvo envidia de la gran simpatía que el joven David había despertado entre los israelitas (1 S. 18:7 y 8). Y por supuesto, el propio Jesús fue blanco de los celos y la envidia de los dirigentes judíos, a los que tanto les fastidiaba su popularidad (Mr. 15:9 y 10).

Sin duda, todas estas personas padecían *ceguera verde*. Pero también hoy, esta enfermedad es un mal muy extendido. Todos habremos presenciado alguna vez las rabietas de algún hermano mayor, celoso de su hermanito bebé, que acapara las atenciones de sus padres. O la actitud rebelde de un hijo menor, agobiado de que su hermano mayor sea siempre el hijo modélico y emprendedor con el que se le compara constantemente. Seguramente, nosotros mismos hayamos sido víctimas de este horrible sentimiento.

Precisamente, por ser un mal tan tremendamente extendido y popularizado, hemos trivializado su enorme importancia. La envidia apenas es considerada un pecado, a no ser que sus manifestaciones sean incontrolables y violentas. Pero como estos casos son menos comunes o evidentes, y los que hay se tratan en sanatorios mentales, nos hemos acostumbrado a convivir con ese sentimiento. Incluso, llegamos a hablar de él y, en muchos casos, le llamamos envidia «sana»; como si hubiera dos clases de envidia, y una fuera menos dañina que la otra...

Sin embargo, la Biblia habla de un monstruo de tres cabezas, las cuales son la envidia, los celos y la avaricia, sin distinción. Además, la envidia aparece incluida en el catálogo de pecados de Romanos

1:28-32, junto con pecados tan aberrantes como el asesinato. También, en Romanos 13:13, aparece junto a la lujuria y la embriaguez.

Así pues, una y otra vez, las Escrituras subrayan que la envidia es un pecado y que no tiene verdadero lugar en la vida cristiana:

«Habiendo entre vosotros celos, contiendas y disensiones, ¿no sois carnales? (...) No nos hagamos vanagloriosos, irritándonos unos a otros, envidiándonos unos a otros (...) Porque nosotros también éramos en otros tiempos insensatos, viviendo en malicia y envidia, aborrecibles y aborreciéndonos unos a otros. Pero cuando se manifestó la bondad de Dios nuestro Salvador, y su amor para con los hombres, nos salvó (...) Desechando, pues, toda malicia, todo engaño, hipocresía, envidias y todas las detracciones (1 Co. 3:3; Gá. 5:26; Tit. 3:3-5; 1 P. 2:1).

Sí, la envidia es un terrible pecado... Junto con la soberbia, fue el pecado que impulsó a Lucifer a rebelarse contra su Creador. Y es que este favorecido ángel tenía envidia del propio Dios y de su Hijo Jesucristo; anhelaba su poder y su influencia. Y así se engendró el pecado en el universo: con una mirada de envidia.

Pero, además de un horrible pecado, es una cruel enfermedad que hace desdichado al paciente y le provoca dolores indecibles, hasta carcomerle los huesos. *La ceguera verde* impide al que la padece poder disfrutar de las cosas buenas y agradables de la vida. No importa que tengamos cosas en las cuales deleitarnos; lo que importa son las cosas que tienen los demás y que nosotros no tenemos: belleza física, inteligencia, dinero, buena reputación...

Por eso, uno de los secretos para obtener la felicidad y para prevenir la *ceguera verde* es el contentamiento. Y es que cuando aprendemos a disfrutar de lo que tenemos, sin compararlo con lo que tienen otros, entonces hemos aprendido uno de los secretos de la vida exitosa.

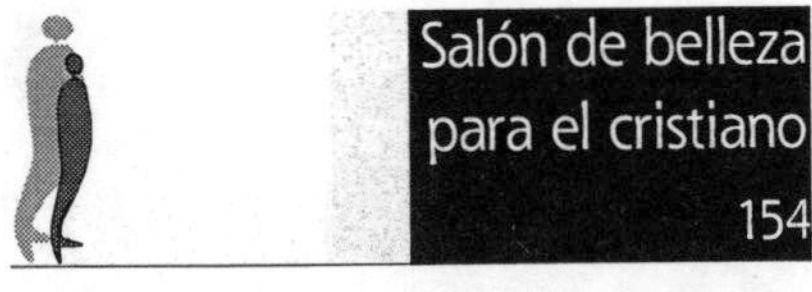

Pablo dijo acerca de sí mismo:

«Sé vivir humildemente, y sé tener abundancia. En todo y por todo estoy enseñado; así para estar saciado, como para tener hambre; así para tener abundancia, como para padecer necesidad. Todo lo puedo en Cristo que me fortalece» (Fil. 4:12 y 13).

Resumiendo, lo que Pablo trataba de enseñarnos en este pasaje es que debemos concentrarnos en lo que somos, más que en lo que tenemos; porque lo que tenemos no permanecerá en la vida futura, la de la Tierra Nueva, pero lo que somos nos acompañará toda esta vida y la venidera.

Por eso, es que se escribió este Salmo:

«No temas cuando se enriquece alguno, cuando aumenta la gloria de su casa; porque cuando muera no llevará nada, ni descenderá tras él su gloria» (Sal. 49:16 y 17).

Y por eso también, es que Jesús dijo:

«No os hagáis tesoros en la tierra, donde la polilla y el orín corrompen, y donde ladrones minan y hurtan; sino haceos tesoros en el Cielo, donde ni la polilla ni el orín corrompen, y donde ladrones no minan ni hurtan» (Mt. 6:19 y 20).

Otro remedio para prevenir la *ceguera verde* es la gratitud, ya que cuando empleamos nuestro tiempo agradeciendo a Dios y a los demás los favores que hacen por nosotros, nos olvidamos de envidiar lo que otros tienen.

Pablo dijo a Timoteo:

«Porque todo lo que Dios creó es bueno, y nada es de desecharse, si se toma en acción de gracias; porque por la Palabra de Dios y por la oración es santificado» (1 Ti. 4:4 y 5).

Cuando una persona es agradecida, se concentra en lo que tiene, más que en lo que no tiene, y extiende su mano para recibir, en vez de apretar el puño.

Hemos hablado de dos remedios para prevenir la envidia, pero no hemos hablado de curas, porque generalmente, la envidia es un mal tan fuerte, que no tiene sanación. Sin embargo, como sabemos que para Dios nada es imposible, podemos hablar de una solución para esta enfermedad; una única y definitiva solución que proviene de lo Alto: el amor.

•••••••

La envidia apenas es considerada un pecado, a no ser que sus manifestaciones sean incontrolables y violentas. Pero como estos casos son menos comunes o evidentes, y los que hay se tratan en sanatorios mentales, nos hemos acostumbrado a convivir con ese sentimiento. Incluso, llegamos a hablar de él y, en muchos casos, le llamamos envidia «sana»; como si hubiera dos clases de envidia, y una fuera menos dañina que la otra...

•••••••

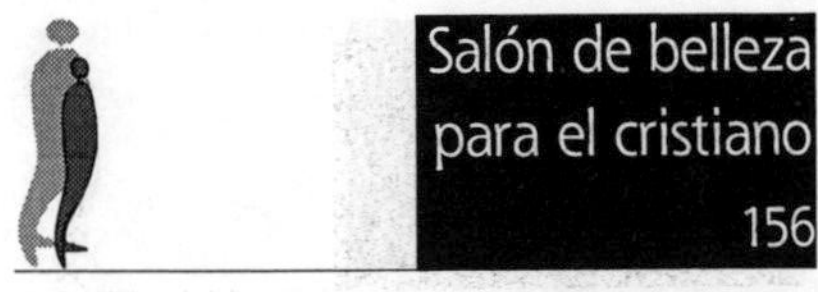

Es difícil amar a las personas que envidiamos. Pero sabemos que el verdadero amor proviene de Dios. A Él, pues, debemos dirigirnos para beber de su fuente de amor, la cual nos capacitará para amar a los demás. Y donde hay amor, no queda espacio para la envidia:

«El amor es sufrido, es benigno. El amor no tiene envidia; el amor no es jactancioso, no se envanece...» (1 Co. 13:4).

Tal vez, ésta parezca una respuesta simple para el que padezca *ceguera verde*. Dicho individuo sabrá lo difícil que es sentir aprecio por la persona envidiada..

Sin embargo, si nos ponemos en manos de Dios, si le confesamos nuestro pecado, y le pedimos con fe una buena dosis de ese principio del amor, llamado «ágape», entonces, poco a poco, nuestra mirada verde se transformará en una mirada de luz. Sólo Dios puede obrar ese milagro en nuestros corazones.

Pero mientras estemos en esa fase de transformación, deberemos ejercitarnos con pequeños y continuos ejercicios. Estos deberán ser ejercicios prácticos, en los cuales, buscaremos lo mejor para la otra persona, al margen de lo que puedan ser nuestros sentimientos personales.

Será una lucha dura y difícil, pero Dios nos ha prometido la victoria... Una victoria, por cierto, sobre cada una de las tres clases de ceguera parcial o daltonismo comentadas: *la ceguera negra, la ceguera rosa y la ceguera verde*.

Que así sea. Amén.

3.ª SESIÓN

Para la Miopía

¿Alguna vez has mirado al álbum de fotos de la abuela? El problema con las fotos de la abuela puede haber sido el de su cámara fotográfica de segunda mano, comprada de ocasión. O puede haber sido la abuela misma, que se estaba concentrando tanto en no poner el dedo delante del lente, que se olvidó de poner bien el foco.

Normalmente, nuestros ojos enfocan mucho mejor que la cámara de la abuela. De hecho, incluso funcionan mejor que cualquier otra cámara fotográfica; aunque ésta sea de gran calidad y de un elevadísimo coste.

Ahora mismo, tú estás mirando las palabras de esta frase y estás enfocando un objeto a unos treinta centímetros de tus ojos. Las palabras están en el foco, ¿verdad?

¡Qué milagro maravilloso es el ojo! Automáticamente, suavemente, sin esfuerzo e inconscientemente, los lentes de nuestros ojos enfocan lo que está lejos y cerca. No hay lentes de cámara, por caros y complejos que sean, que puedan trabajar de esta manera.

Pero, alguna vez, el intrincado mecanismo de enfocar nuestros ojos no funciona adecuadamente. Los rayos de luz pueden, por ejemplo, situarse y cruzarse delante de la retina en vez de hacerlo en ella misma. Como consecuencia, la persona tiene miopía. Puede ver claramente los objetos si están cercanos, pero los ve borrosos si están a cierta distancia.

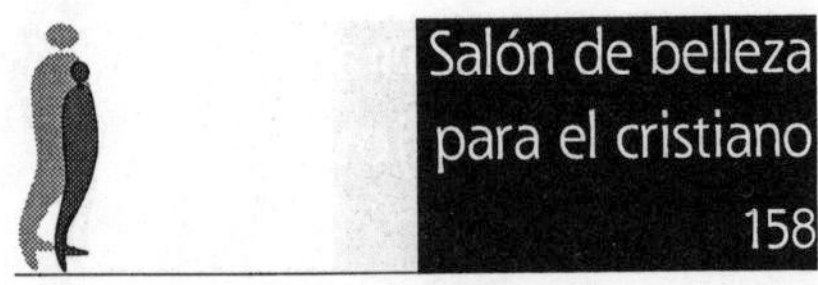

La mayoría de nosotros somos miopes al nacer, porque nuestros ojos son demasiado chicos para enfocar correctamente. Durante la infancia, nuestros ojos comienzan a agrandarse y el proceso se completa en la adolescencia; y una vez pasada la pubertad, el cambio es ya mínimo. Sin embargo, en algunos, los ojos siguen alargándose, y hacen que los rayos de luz se enfoquen en un punto delante de la retina, más bien que en ella. Este proceso puede ocurrir rápidamente, produciendo un notable cambio en la visión en un plazo de seis meses a un año.

Se estima que entre el veinte y el treinta por ciento de las personas de la población adulta están afectadas en alguna medida por la miopía. Por supuesto, muchos no tienen conciencia de ello, dado que dan por sentada su visión borrosa y se han acostumbrado a ella. Por ello, sería bueno que todos, de vez en cuando, acudiéramos al oftalmólogo para hacernos una revisión ocular...

Pero la miopía no es sólo una patología física... Ya lo decía Lorca:

«Para Lorca, Nueva York es un símbolo de miopía espiritual, donde el hombre ha perdido de vista las fuerzas elementales de la naturaleza» *(Edwin Honig).*

En efecto, y esto es lo que vamos a ir descubriendo en esta sesión...

Uno de los más notables casos de miopía de la historia bíblica está registrado en Génesis 25:29-34: Esaú, el típico «macho», el hombre de pelo en pecho, al que le gustaba andar fuera de la casa paterna, volvió un día de cazar muy hambriento. Y cuando Esaú estaba hambriento, es que realmente estaba hambriento.

Mientras, en casa, su hermano mellizo, Jacob, preparaba la comida. ¿Quién, sino él, iba a estar preparando la comida? El muchacho de gestos amables y de piel suave; el favorito de mamá, el que siempre estaba en casa...

–¡Dame a comer algo de ese potaje rojo, porque me muero de hambre! –rugió Esaú.

–Te lo cambio por tu primogenitura –le contestó Jacob.

–Estoy a punto de morir de hambre y, entonces, ¿de qué me servirá la primogenitura? De acuerdo, quédatela, si la quieres. ¡Y dame esa olla de una vez! –respondió el barbudo sujeto.

Y así fue cómo Esaú vendió su parte de la herencia, por un pedazo de pan y un plato de lentejas... ¿Cuál fue la causa de esta increíble transacción? Sin duda, la *miopía mental.*

Esto es, Esaú fue capaz de enfocar sus ojos en las lentejas, pero fue incapaz de enfocarlos en su herencia. Podía concentrarse en lo inmediato, pero no en lo eventual: el presente estaba en su foco, pero el futuro le resultaba borroso. Su falta de perspectiva era tan aguda, que llegó a creer que una olla de comida caliente era más importante que los rebaños de su padre.

La *miopía mental* es, pues, mucho más que un asunto de mala visión: produce un notorio mal criterio.

Un incidente aún más trágico lo encontramos en la conversación de Jesús con aquel joven rico que se le acercó, diciéndole:

«Maestro bueno, ¿qué debo hacer para heredar la vida eterna» (Lc. 18:18).

Este joven tenía una serie de cosas a su favor: juventud, riquezas, poder, piedad religiosa y una mente inquisidora. Sin embargo, se dio cuenta de que había algo que no andaba del todo bien. Se sentía vacío en su interior.

Y dice el texto que Jesús lo miró con amor, pues había diagnosticado en el acto cuál era el problema de ese joven, y deseaba poder ayudarlo; a saber, este muchacho padecía *miopía espiritual.* Se había fijado en la letra de la Ley, pero no en su espíritu.

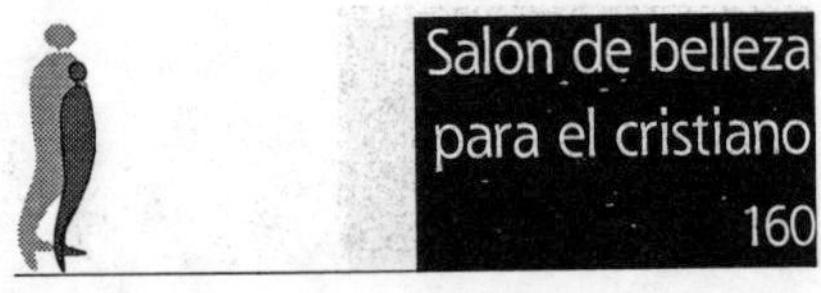

El Maestro supo, entonces, que el único remedio para salvar el vacío existencial de aquella alma era que se desarraigara de sus comodidades materiales, la cuales le impedían ver más allá de lo que estaba delante de sus narices. Conoció que los ojos del joven estaban tan fijos en sus posesiones, que no podía mirar enfrente. Simplemente, era incapaz de enfocar sus ojos en cualquier otra cosa. Lo que tenía había llegado a ser la pasión de su vida.

Por eso, Jesús, el Gran Médico, prescribió una cirugía radical:

«Vende todo lo que tienes y dalo a los pobres, y tendrás tesoro en el Cielo; y ven, sígueme» (Lc. 18:22).

El Maestro le estaba ofreciendo el privilegio de que fuera un discípulo de los suyos; que le acompañara en sus viajes y fuera descubriendo en su compañía la maravilla del Reino de Dios y de la Salvación. En definitiva, le estaba ofreciendo el Camino, la Verdad y la Vida de una forma tangible, como lo es poder caminar paso a paso en la presencia del Señor.

Pero, lamentablemente, su miopía era crónica e irreversible. Aquel muchacho sintió que le era imposible levantar sus ojos y enfocarlos en las pisadas de Jesús; y dice el texto que *se puso muy triste, porque era muy rico* (Lc. 18:23).

Si tuviéramos que buscar un ejemplo de miopía dentro del mundo animal, seguramente escogeríamos a la oveja; ésta agacha la cabeza y se concentra exclusivamente en el pasto que tiene delante de sus ojos y de su boca... Se moverá de una mata a otra, sin atender la dirección, cuidando sólo del próximo bocado de hierba. De este modo, se pierde con facilidad entre la maleza, alejándose del rebaño. Y es que las ovejas tienen la vista muy corta.

Pero, ¿qué somos nosotros para Dios, sino ovejas descarriadas?

«Todos nosotros nos descarriamos como ovejas; cada cual se apartó por su camino» (Is. 53:66).

Como las ovejas, podemos pasarnos toda la vida vagando de un lado a otro sin metas particulares... Haciendo lo que nos venga en gana, tomando los días de uno en uno, satisfaciendo el hambre inmediata y esperando lo mejor, mientras cruzamos los dedos y apelamos a la suerte; moviéndonos sin ningún plan de acción, sin creer demasiado en nada, sin detenernos nunca a controlar nuestra dirección.

Pero Dios, que nos hizo diferentes a los animales, los cuales viven sólo por el instinto, nos enseña lo siguiente:

«No sólo de pan vivirá el hombre, sino de todo lo que sale de la boca de Jehová» (Dt. 8:3).

Sí, Dios tiene un plan para cada uno de nosotros. Quiere que usemos sus planos para construir un castillo de piedras preciosas, y no una choza de cartón. Anhela levantar ocasionalmente nuestras cabezas de la próxima mata de pasto para controlar nuestro caminar. Nos invita a ser peregrinos, viajando hacia la Ciudad Santa, y no vagabundos errando de una aldea derruida a otra. Nos llama a ser aventureros que escalamos los cerros para tener una vista emocionante desde las alturas, y no simples paseantes abriéndonos paso a través de la densa maleza.

En definitiva, Dios quiere que comprobemos la posición y tracemos la dirección de nuestra nave de acuerdo a la Estrella Polar, y no que andemos navegando en círculos en un mar no marcado en los mapas.

Y es que si no hay visión, nadamos en la vulgaridad... Sin visión, no hay creación. Toda obra literaria está basada en una visión; toda gran pintura, toda gran escultura, toda sinfonía... Ha sido concebida por una visión.

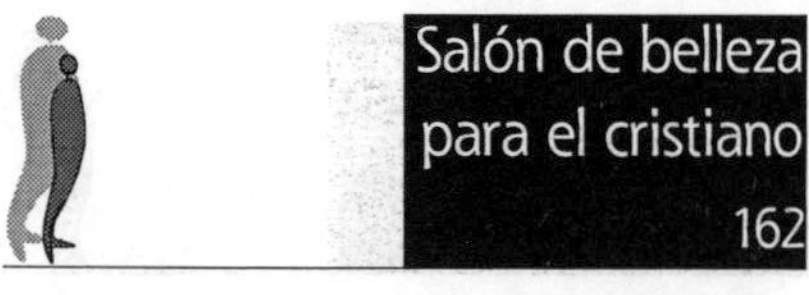

¡Ay, pues, de la generación que no tiene visionarios que puedan levantar sus cabezas en fe!

Una sociedad sin visión inspirada de lo Alto, que no contempla las cosas espirituales, es una sociedad miope. Una sociedad que tiende al vacío existencial, al caos mental y a la depresión. Los habitantes de una sociedad así son personas angustiadas y anímicamente inestables, tristes, sin esperanza. La miopía que padecen les hace concentrarse en sus propios males y pesares.

¿Acaso no nos suena todo esto? ¿Acaso hoy, en nuestra época, más que nunca, las consultas de los psicólogos y psiquiatras no están abarrotadas de gentes pidiendo ayuda a su desesperación? ¿Acaso no somos nosotros los protagonistas de esta descripción?

Nuestros ojos pueden haber estado tanto tiempo clavados al suelo que se han vuelto incapaces de ver la luz. Podemos enfocar tan intensamente los peligros que ignoramos las posibilidades. Podemos mirar al polvo y no lograr percibir lo divino. Nos lamentamos de nuestras calamidades y no percibimos las bendiciones que recibimos cada día.

Pero, ¡Oh, maravilla! Dios nos ofrece una promesa de sanidad para todos aquellos que miramos con ojos miopes, con ojos de tristeza:

«Estamos atribulados en todo, mas no angustiados; en apuros, mas no desesperados; perseguidos, mas no desamparados; derribados, pero no destruidos (...) Porque esta leve tribulación momentánea produce en nosotros un cada vez más excelente y eterno peso de gloria; no mirando nosotros las cosas que se ven, sino las que no se ven. Pues las cosas que se ven son temporales, pero las que no se ven son eternas» (2 Co. 4:8 y 9, 17).

La miopía espiritual nos hace también egocéntricos y desconsiderados con las necesidades de los demás, ya que sólo alcanzamos a ver nuestras propias carencias.

¿Cuál es la solución, entonces? De nuevo, enfocar la vista hacia Dios:

«Amarás al Señor tu Dios con todo tu corazón, y con toda tu alma, y con toda tu mente. Éste es el primero y gran mandamiento. Y el segundo es semejante: amarás a tu prójimo como a ti mismo». (Mt. 22:37-39).

•••••••

Dios tiene un plan para cada uno de nosotros. Quiere que usemos sus planos para construir un castillo de piedras preciosas, y no una choza de cartón. Anhela levantar ocasionalmente nuestras cabezas de la próxima mata de pasto para controlar nuestro caminar. Nos invita a ser peregrinos, viajando hacia la Ciudad Santa, y no vagabundos errando de una aldea derruida a otra. Nos llama a ser aventureros que escalamos los cerros para tener una vista emocionante desde las alturas, y no simples paseantes abriéndonos paso a través de la densa maleza.

•••••••

Esto es, como dice el texto, si amamos a Dios, podremos amar al prójimo y atender sus necesidades; ya que será Él mismo quien siembre en nuestros corazones la semilla del amor por los demás. Sí, Él cambiará nuestra visión de todo lo que nos rodea y transformará nuestros ojos miopes en ojos de solidaridad; en ojos dotados de amor y belleza espiritual.

4.ª SESIÓN

Para la Hipermetropía

Como pasaba con la miopía, la mayoría de nosotros también somos hipermétropes al nacer, porque nuestros ojos son demasiado cortos para obtener un buen foco. Alrededor de los seis o siete años, nuestros ojos comienzan a alargarse. Y en la adolescencia, el proceso se completa, o de lo contrario, padecemos hipermetropía; a saber, una condición patológica del ojo por la cual, los rayos paralelos son enfocados detrás de la retina, debido a un fallo de refracción o por un aplastamiento del globo del ojo. De modo que la visión es mejor para los objetos distantes que para los cercanos. Así, la retina intercepta los rayos del sol antes de que sean enfocados, lo que produce una imagen borrosa.

Tú y yo podemos no estar perturbados por la hipermetropía de los ojos físicos. Pero hay muchas posibilidades de que en un momento u otro seamos perturbados por otro tipo de hipermetropía: la *hipermetropía mental.*

La persona que padece esta enfermedad tiene problemas para enfocar lo inmediato, aun cuando lo eventual parezca muy claro. El futuro le parece claro, pero el presente le plantea dificultades insuperables. Las grandes metas no son problemas para ella, pero sí las responsabilidades inmediatas. Puede saborear sueños magníficos, pero evita las tareas cotidianas:

«En el rostro del entendido aparece la sabiduría; mas los ojos del necio vagan hasta el extremo de la tierra» (Pr. 17:24).

En definitiva, la persona que tiene *hipermetropía mental* es demasiado soñadora o, como se diría popularmente, *vive en la Luna*...

Asimismo, un alma que padece *hipermetropía espiritual* no tiene los pies sobre la tierra, sino que *vive en las nubes*. Su corazón palpita pensando en las innumerables obras que dedicará al Señor, pero apenas se percata de lo inmediato que ya alcanza con su mano para hacer. Tal vez, ayudar a algún vecino a podar el jardín, o visitar a un hermano de iglesia enfermo, o responder a las preguntas de sus hijos cuando salen de la escuela...

No, estas cosas cotidianas no le parecen interesantes a una persona hipermétrope. Por su parte, prefiere subir un domingo al púlpito y pronunciar un emocionante sermón. O sueña con marcharse a las misiones y convertir un montón de almas al Evangelio. Y mientras sueña, los días, los meses y los años pasan, y no ha hecho nada...

Jesús tiene algo que decir a aquellos que esperan hacer grandes cosas para Él en el futuro:

«¿No decís vosotros *aún faltan cuatro meses para que llegue la siega?* He aquí, os digo: *alzad vuestros ojos y mirad los campos, porque ya están blancos para la siega*» (Jn. 4:35).

Esto es, la mies está madura ahora. No mires al futuro. Mira al presente.

Parece, pues, que la única cura es hablar menos sobre los grandes principios y hacer más sobre sus aplicaciones inmediatas.

La carta de Santiago es básicamente un manual sobre cómo curar la hipermetropía. Éste aboga por la acción, y reclama la conducta a la vez que los principios:

«Sed hacedores de la palabra, y no tan sólo oidores, engañándoos a vosotros mismos (...) Si alguno se cree religioso entre vosotros, y

no refrena su lengua, sino que engaña su corazón, la religión del tal es vana (...) Hermanos míos, ¿de qué aprovechará si alguno dice que tiene fe, y no tiene obras? (...) Si un hermano y una hermana están desnudos y tienen necesidad del mantenimiento de cada día, y alguno de vosotros les decís *id en paz, calentaos y saciaos*, pero no les dais las cosas que son necesarias para el cuerpo, ¿de qué aprovecha? (...) Tú crees que Dios es uno; bien haces. También los demonios creen, y tiemblan (...) ¿Quién es sabio y entendido entre vosotros? Muestre por la buena conducta sus obras en sabia mansedumbre (...) ¡Vamos ahora! Los que decían *hoy y mañana iremos a tal ciudad y estaremos allí un año, y traficaremos y ganaremos*, cuando no sabéis lo que será mañana» (Stg. 1:22, 27; 2:14-16, 19; 3:13; 4:13 y 14).

Dios nos está llamando, pues, a ver claramente las responsabilidades y oportunidades que están delante de nuestros ojos, en nuestra propia puerta, en el momento presente, aquí y ahora. No está desalentando nuestras grandes visiones, sino que lo que intenta decirnos es que nuestras aspiraciones no deben existir por mucho tiempo en el vacío, o se evaporarán como el rocío matutino.

Un psicólogo hizo la siguiente investigación: estudió a tres mil personas en cuanto a sus actitudes hacia el pasado, el presente y el futuro, y descubrió que el noventa por ciento de ellos sentían reminiscencias del pasado, confiaban en el futuro y soportaban el presente.

También analizó que la juventud sueña con obtener un título académico, un buen trabajo y con encontrar al amor de su vida. Por su parte, las parejas recién casadas piensan en los hijos y en la seguridad económica. Los adultos esperan el día en que sus hijos abandonen el hogar paterno; luego, la jubilación. Y los ancianos esperan la muerte. La conclusión de este estudio es que muy pocos disfrutan del presente. Su *hipermetropía mental* oscurece el gozo del presente y de lo cercano que están viviendo.

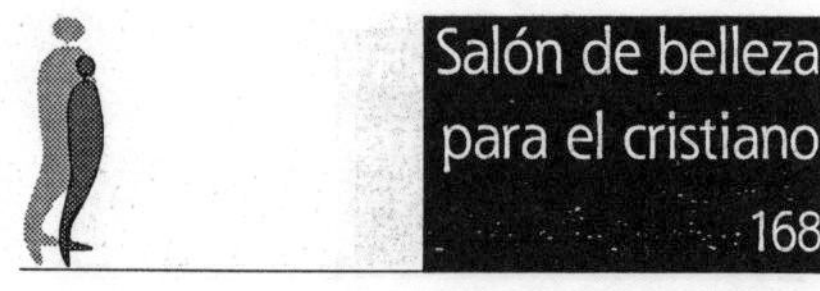

Y es que, en el fondo, todos padecemos *hipermetropía mental.* Hay un dicho muy sabio que reza de este modo:

«Cuando vayas por el camino de la vida, detente a oler las flores del costado».

Esto es, deleitarse en el paisaje del camino, y no mirar sólo el fin del sendero.

Pensemos sinceramente que ahora es el momento más importante de nuestras vidas. Ya es demasiado tarde para el ayer y demasiado temprano para el mañana. Lo único real y auténtico es el día de hoy:

«Acuérdate de tu Creador en los días de tu juventud, antes de que vengan los días malos y lleguen los años de los cuales digas *no tengo en ellos contentamiento»* (Ec. 12:1).

Vemos, entonces, que la cura para la *hipermetropía mental y espiritual,* al igual que ocurría con la miopía, consiste en cambiar nuestro punto de foco y dirigirnos hacia Dios.

Pero este pensamiento no debe aplazarse para cuando nuestra agenda esté libre de citas. A veces tenemos la tendencia de postergar nuestra decisión por Cristo... Quizás porque esperamos terminar nuestros estudios universitarios, o casarnos, o concluir un sueño que acariciamos, antes de comprometernos seriamente con el Señor.

¡Qué necios somos cuando hacemos esto! ¡Cuán pronto olvidamos que el tiempo no nos pertenece y que es un factor que generalmente se vuelve en contra nuestra!

La decisión por Cristo debe llevarse a cabo en el momento que el Espíritu Santo habla a nuestros corazones. No hacer esto es realmente muy peligroso, ya que el mañana no nos pertenece y, tal vez, no nos despertemos al día siguiente.

Sí, nuestra cura se encuentra en volvernos hacia Dios. Él nos proveerá de la capacidad de cambiar el foco, cada vez que sea necesario. Es decir, poder captar un atisbo de un gran principio y, luego, cambiar de foco para ver la aplicación inmediata de ese principio. Vislumbrar la meta distante y, después, mirar hacia abajo para ver el primer paso que debe ser dado hacia esa meta. En definitiva, tener una visión del ideal y, entonces, ver claramente cómo puede ser cumplido ese ideal.

Una persona de esas características no actúa sin consultar la Palabra de Dios, pero tampoco consulta la Palabra de Dios sin actuar de acuerdo con ella. No procede sin planear, ni planea sin proceder.

•••••••

Dios nos está llamando a ver claramente las responsabilidades y oportunidades que están delante de nuestros ojos, en nuestra propia puerta, en el momento presente, aquí y ahora. No está desalentando nuestras grandes visiones, sino que lo que intenta decirnos es que nuestras aspiraciones no deben existir por mucho tiempo en el vacío, o se evaporarán como el rocío matutino.

•••••••

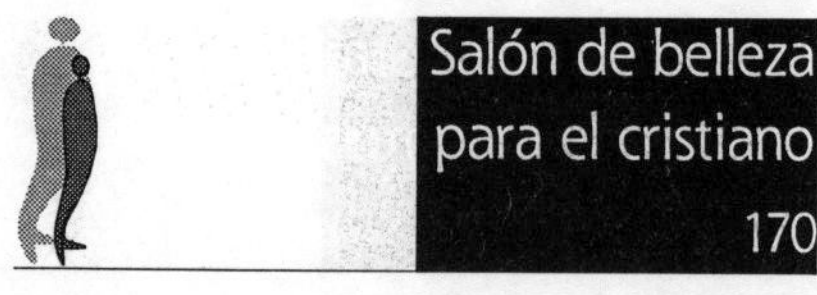

Sus ojos pueden brillar ante una visión del futuro e, igualmente, refulgir cuando miran lo que tienen delante, en ese día. Sí, una persona así poseerá unos ojos ilusionados, pero también realistas. Finalmente, unos ojos sabios y hermosos por su capacidad de adaptación al mundo presente que le rodea.

5.ª SESIÓN

Para el problema de Objetos Extraños en los Ojos

El ojo humano es una de las más delicadas partes del cuerpo. Debido a eso, Dios ha preparado medidas extraordinarias para proteger nuestros ojos de objetos extraños: ha provisto un lugar para los ojos dentro del cráneo y los ha protegido con una parte saliente debajo de la frente, que son las cejas, y con los pómulos de las mejillas a los lados y el puente de la nariz por debajo.

Igualmente, ha instalado conductos lacrimales que bañan constantemente los ojos y los lavan cuando una partícula de materia extraña entra en ellos. También, los ha provisto de párpados que no sólo se cierran para darles protección durante el sueño, sino que están equipados con reflejos, rápidos como el relámpago, para cerrarlos inmediatamente cuando un peligro se acerca. A su vez, la línea de estos párpados está cubierta de pestañas, las cuales detienen los objetos que son llevados por el viento.

Aún así, todavía quedan objetos extraños que se las ingenian para meterse en los ojos, de vez en cuando, y herirlos...

Hay un objeto extraño, sin embargo, para el cual el cuerpo no parece tener protección natural. Y éste puede causar más daño que cualquier otro, porque no sólo afecta al ojo, sino a toda la personalidad:

«¿Y por qué miras la paja que está en el ojo de tu hermano, y no echas de ver la viga que está en tu propio ojo? O ¿cómo dirás a tu

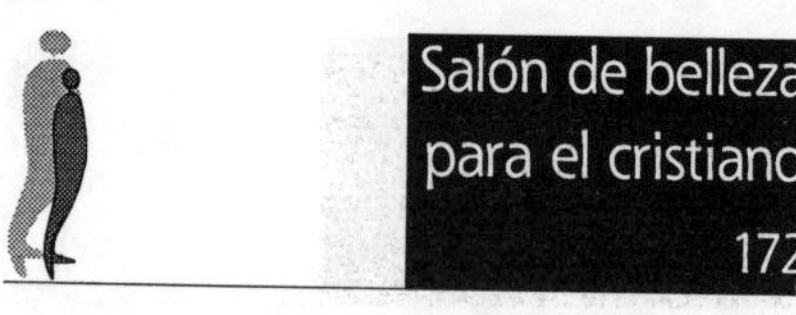

hermano *déjame sacar la paja de tu ojo*, cuando, he aquí, la viga en el ojo tuyo?» (Mt. 7:3 y 4).

En efecto, ese objeto extraño puede ser una viga. El Gran Médico, Jesús, sin duda, la mayor autoridad en oftalmología espiritual, así lo dijo. Por supuesto, se trataba de una hipérbole. Y es que, a menudo, para enfatizar una idea o un concepto, Jesús empleaba esta figura retórica, entre otras, a la hora de explicar grandes enseñanzas. Tal exageración, por su brutalidad plástica es casi un golpe de humor. ¿Por qué no? Jesús también hacía uso del humor para captar la atención de sus oyentes. ¡Y todavía quedan algunos que retratan a Jesús como alguien que estaba siempre solemne, sombrío y serio!

Lo que el Maestro pretendía enseñar con esta imagen extraordinaria es que nuestros ojos pueden ser dañados por un terrible defecto que distorsiona nuestra percepción de las cosas espirituales y materiales.

Es evidente que tal objeto nos molesta y nos damos cuenta de que hay algo en nuestra vista que no va bien. Pero, en vez de reconocer que lo que nos impide ver correctamente es algo que está dentro de nuestros ojos, achacamos nuestra visión distorsionada a lo que vemos; es decir, a las personas que miramos. Así, llegamos a la conclusión de que lo que está distorsionado no es nuestra visión, sino los demás, que son defectuosos:

–Sí, los demás están llenos de pajas, de defectos, y esto es lo que molesta a nuestra vista –nos decimos a nosotros mismos.

¡Qué ignorantes somos, cuando pensamos así!

Además de la exageración, en esta declaración, Jesús empleó la ironía; a saber, la ilustración termina con la afirmación de que somos nosotros mismos los que tenemos un problema con nuestros ojos; un problema, de hecho, mucho mayor que el que vemos en los demás...

Dicho problema, o viga, tiene un nombre: *presunción*. ¿Y qué es la *presunción?* Creerse mejor que otros, colocarse en una posición aventajada sobre los que están a nuestro alrededor. De esta manera, estamos listos para reformar a los demás, porque su falta impresiona mucho a nuestro ojo mental; pero no estamos listos para reformarnos a nosotros mismos, simplemente porque no vemos la necesidad de ello.

Esta viga no sólo se llama *presunción;* también se llama *actitud de juicio*...

Sin duda, la *actitud de juicio* es la viga más grande de todas. Por eso, Jesús, queriendo asegurarse de antemano de que nadie entendería mal lo que iba a decir, pronunció lo siguiente, unos versículos antes:

«No juzguéis, para no ser juzgados» (Mt. 7:1).

Esta declaración resulta muy tajante. Continuamente se nos pide que hagamos un juicio sobre el carácter, la personalidad y la capacidad de otras personas: al fijar sueldos, despedir a un trabajador, elegir amigos, concertar citas... No nos confundamos, este tipo de decisiones son tan legítimas, como necesarias.

Jesús estaba hablando no en cuanto a hacer juicio, sino en cuanto a tener un espíritu condenatorio e intolerante con nuestro prójimo. Es decir, cuando actuamos como un tribunal que automáticamente encuentra culpable al acusado antes de oír su defensa. Presumiblemente, es conocer toda la historia antes de escuchar toda la historia.

Tal actitud actúa como un columpio, el cual, después de ser empujado con fuerza por nuestros brazos, vuelve hacia nosotros y nos golpea violentamente. Ya lo advirtió el Maestro:

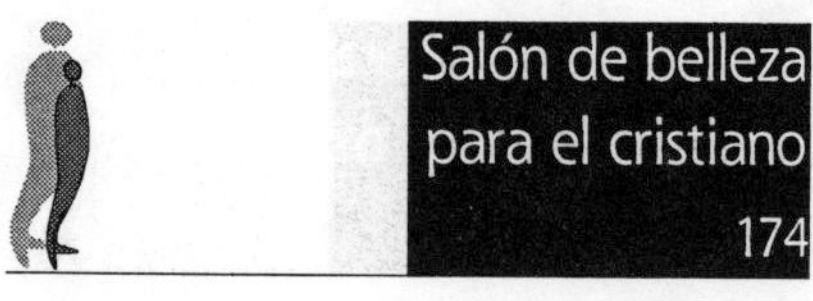

«Porque con el juicio con que juzgáis, seréis juzgados, y con la medida que medís, os será medido» (Mt. 7:2).

Así, lo que hemos lanzado contra los demás, revierte en contra nuestra. Y es que siempre segaremos lo que sembramos: si somos amables en nuestras afirmaciones sobre otros, ellos lo serán en las que hagan sobre nosotros; pero cuando nos ofrecemos con una actitud de justicia propia para ayudar a remover la paja del ojo ajeno, con todo derecho podemos esperar que se nos rían en la cara. Quizás, yo no vea el leño de mi propio ojo, pero será evidente para todos los demás.

¿Qué hacer, pues, con las pajas y las vigas? Sencillamente, cortar el círculo vicioso de buscarlas y encontrarlas. Lo cual no es fácil, ya que nos falta algo esencial: amar correctamente y con amor verdadero, el cual sólo puede venir de lo Alto.

Esta clase de amor cristiano es más que un sentimiento de atracción y no siempre significa la aprobación de la otra parte. No, el amor cristiano es un acto deliberado de la voluntad para preocuparse por el bienestar del otro, aun cuando aquel no simpatice con nosotros.

Es, en definitiva, el tipo de amor que Cristo tuvo para con nosotros:

«Cuando aún éramos pecadores, Cristo murió por nosotros» (Ro. 5:8).

Sí, Cristo nos amó, aun sin merecerlo. Nos llamó amigos, aun antes de ser sus amigos y murió por nosotros, aun cuando no estábamos arrepentidos de nuestros pecados.

Sabiendo todo esto, ¿cómo podemos, entonces, atrevernos a censurar a los demás? Tal vez, porque no hemos meditado lo suficiente en ello. Pero el día en que seamos plenamente conscientes de lo que

Cristo ha hecho por nosotros, no nos quedarán ganas de ver la paja de los ojos de los demás. Tendremos bastante con haber descubierto la viga de nuestros ojos:

«¡Hipócrita! Saca primero la viga de tu propio ojo, y entonces verás bien para sacar la paja del ojo de tu hermano» (Mt. 7:5).

Sí, entonces, pediremos de rodillas al Señor que nos quite ese extraño y dañino objeto, para ver con claridad y contemplar la hermosura de su sacrificio. Y como consecuencia, ya no miraremos con mirada intolerante e inflexible a nuestro hermano, sino que, como

•••••••

Lo que hemos lanzado contra los demás, revierte en contra nuestra. Y es que siempre segaremos lo que sembramos: si somos amables en nuestras afirmaciones sobre otros, ellos lo serán en las que hagan sobre nosotros; pero cuando nos ofrecemos con una actitud de justicia propia para ayudar a remover la paja del ojo ajeno, con todo derecho podemos esperar que se nos rían en la cara. Quizás, yo no vea el leño de mi propio ojo, pero será evidente para todos los demás.

•••••••

se dice popularmente, «calzaremos sus zapatos», a fin de entender las circunstancias que le llevaron a equivocarse; unas circunstancias que también podrían haber sido las nuestras... Al fin y al cabo, ¿no ha hecho esto Jesús con nosotros?

Todos, pues, somos hermanos en esa sangre que Cristo derramó en la cruz, por la cual Él mismo ha adquirido el derecho de ser el único Juez válido para los hombres. Él, el único que es perfecto, sin mancha. El que puede limpiar nuestros ojos sucios con colirio, y embellecerlos.

6.ª SESIÓN

Para el problema de Adaptación a la Oscuridad

¿Has ido alguna vez a uno de esos restaurantes tan oscuros que uno se pregunta si la compañía de electricidad les ha cortado la corriente por no pagar la factura? Todo lo que puedes ver al entrar desde la calle bien iluminada es un pequeño mar de titilantes velas y una forma oscura que se te acerca y te pregunta:

–¿Cuántos son ustedes, por favor?

Mientras el mozo va delante, tú le sigues con dudas, golpeándote con asientos bien mullidos y pidiendo perdón a los comensales. Cuando finalmente te sientas, los ojos se te van acostumbrando, y puedes ver a la gente de la mesa de al lado; incluso a los que están más allá, en el salón... La faldita de la moza comienza a aparecer y el mural con un torero se va haciendo visible. De hecho, al cabo de un tiempo, hay luz suficiente como para ver el menú y, entonces, descubres con sorpresa que, por alguna razón, cuanto más oscuro es un restaurante más caro resulta.

Finalmente, cuando te han servido la ensalada, puedes ver el cartel «Caballeros» del otro lado del salón y cuando te traen la cuenta, todo está tan claro como una tienda. Esto es adaptación de los ojos a la oscuridad...

Dos cosas ocurren dentro de nuestros ojos cuando nos acostumbramos a la oscuridad: primero, nuestras pupilas se hacen gradualmente mayores, permitiendo que entre más luz; segundo, ocurre un cam-

bio químico en la retina que sensibiliza nuestros ojos. Este proceso lleva más tiempo que el simple abrir y cerrar de la pupila, lo que explica por qué pasan muchos minutos antes de que una persona pueda ver bien en la oscuridad. Y es la razón por la cual, cuando salimos de un lugar oscuro, la luz brillante del día nos enceguece por un instante y nos obliga a cerrar parcialmente los ojos y esperar que los dos procesos se reviertan.

¡Qué proceso tan maravilloso ha provisto Dios en nuestros ojos, que nos capacita para adaptarnos fácilmente a una amplia gama de condiciones de vida!

Pero mal empleado, este proceso también puede obrar en contra de nosotros. Sobre todo, en el plano espiritual...

El mundo está perdiendo gradualmente su sensibilidad para el mal. Poco a poco, el pecado está pareciendo menos malo. ¿Podría ser que las tinieblas se van cerrando tan gradualmente que ni siquiera parece que se ponga oscuro? ¿Quizás nos estemos acostumbrando a la oscuridad?

Y es que el Gran Engañador ha contaminado tanto el aire, que sólo vemos tonos grises, en vez de blancos y negros. Sí, Satanás usa la técnica de la semipenumbra; hace bajar las tinieblas gradualmente para dar a nuestros ojos una falsa moral, idónea para adecuarnos a la creciente oscuridad.

Santiago dice:

«Cada uno es tentado, cuando de su propia concupiscencia es atraído y seducido. Entonces, la concupiscencia, después que ha concebido, da a luz el pecado; y el pecado, siendo consumado, da a luz a la muerte» (Stg. 1:14 y 15).

No es sorprendente que la palabra *concepción* sea usada en relación con el pecado, pues se precisan nueve meses para que un

bebé crezca en su escondido y quieto lugar antes de que irrumpa repentinamente al mundo. Esto es, la vida de un niño no comienza en realidad en el nacimiento: comienza en la concepción. De igual modo, cuando el pecado nace, aflora en todos los aspectos, pero su concepción ha ocurrido mucho antes. Entre la concepción y el nacimiento ha habido un tiempo de desarrollo, tranquilo, lento, casi imperceptible...

El libro de Job usa una figura de lenguaje similar cuando describe a los impíos:

«Concibieron dolor, dieron a luz iniquidad, y en sus entrañas traman engaño» (Job 15:35).

Del mismo modo, Isaías describe a *los que conciben maldades y dan a luz iniquidad* (Is. 59:4). Y David dice:

«He aquí, el impío concibió maldad; se preñó de iniquidad, y dio a luz engaño» (Sal. 7:14).

Tenemos también el ejemplo de Lot, el sobrino de Abraham; el cual no se trasladó inmediatamente a la perversa ciudad de Sodoma, sino que primero eligió para sí el valle del Jordán. Entonces, se estableció en las ciudades de la llanura, y fue poniendo sus tiendas hasta Sodoma (Gn. 13:12). Tuvo tiempo, pues, para acostumbrarse a la oscuridad.

¿Cómo podemos evitar los peligros de acostumbrarnos a la oscuridad? Sin duda, lo que precisamos es un rayo de luz que nos golpee. Esto puede ser doloroso, pero es la única solución. Y eso es exactamente lo que Cristo vino a hacer:

«Yo soy la luz del mundo. El que me sigue, no andará en tinieblas, sino que tendrá la luz de la vida (...) Yo, la luz, he venido al mundo, para que todo aquel que cree en mí no permanezca en tinieblas» (Jn. 8:12; 12:46).

Sí, dondequiera que iba, Jesús mostraba las tinieblas en lo que realmente eran. Hoy hace lo mismo...

Por eso, tomemos nuestras acciones, y expongámoslas a la luz de la vida de Cristo. Tomemos nuestros pensamientos, y expongámoslos a la luz de su inteligencia omnisciente; nuestras palabras y nuestras actitudes, y expongámoslas a la luz de su Palabra y de su amor.

Nuestros criterios no deben ser determinados por nuestra sociedad, nuestros amigos, nuestros padres o nuestro esquema particular de valores, sino que deben ser los que fueron hechos visibles por Jesucristo, la Luz del Mundo.

Como consecuencia de esto, nosotros mismos seremos transformados también, hasta tal punto, que dice la Escritura:

«Vosotros sois la luz del mundo. Una ciudad asentada sobre un monte no se puede esconder; ni se enciende una luz y se pone debajo de un almud, sino sobre el candelero, y alumbra a todos los que están en casa. Así alumbre vuestra luz delante de los hombres, para que vean buenas obras y glorifiquen a vuestro Padre que está en los cielos» (Mt. 5:14-16).

Dios quiere que seamos únicos y diferentes, pues debemos alumbrar al mundo; no adaptarnos a las tinieblas. Debemos marchar hacia adelante, mostrando el camino; no marchar hacia atrás, tropezando en las huellas de los otros. Y cuanto más profunda sea la oscuridad a nuestro alrededor, más claramente parecerá brillar nuestra luz.

Sí, debemos ser ese tipo de luz, alumbrando más brillantemente a medida que la oscuridad aumenta a nuestro alrededor:

«No seáis, pues, partícipes con ellos. Porque en otro tiempo erais tinieblas, mas ahora sois luz en el Señor; andad como hijos de luz» (Ef. 5:7 y 8).

En definitiva, dejemos que Dios ilumine nuestros ojos para que ellos también resplandezcan sobre los demás. De esta manera, los que nos conozcan quedarán admirados por la belleza que irradiará nuestra mirada; una belleza venida de lo Alto...

•••••••

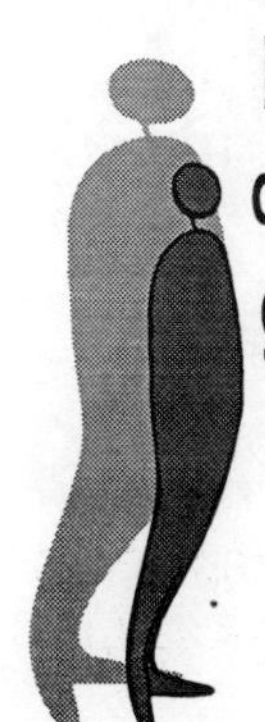

El Gran Engañador ha contaminado tanto el aire, que sólo vemos tonos grises, en vez de blancos y negros. Sí, Satanás usa la técnica de la semipenumbra; hace bajar las tinieblas gradualmente para dar a nuestros ojos una falsa moral, idónea para adecuarnos a la creciente oscuridad.

•••••••

7.ª SESIÓN

Para el problema de la Visión de Túnel

El término *visión de túnel* se explica solo. Esto es, la persona que padece este tipo de visión ve como si estuviera dentro de un túnel mirando hacia fuera: puede ver directamente hacia adelante, pero todo lo demás le es borroso y oscuro.

Muchos animales poseen una visión más amplia que la de los humanos. Así, por ejemplo, los peces tienen ojos en los lados opuestos de su cabeza, lo que les capacita para ver sobre un ángulo de 360 grados. Y algunos peces tropicales pueden ver tanto dentro, como fuera del agua, como si poseyeran unos lentes bifocales. También, los escarabajos tienen una notable capacidad: sus ojos actúan como antenas, y cuando se entierran en la arena, pueden levantarlos como periscopios que abarcan todo el horizonte. Las lechuzas, por su parte, tienen ojos tan grandes que no pueden girar en sus órbitas y, entonces, giran su cabeza de tal manera que pueden mirar hacia atrás.

Sin embargo, los ojos humanos son más limitados en su alcance. Por ejemplo, el alcance vertical de nuestros ojos es de unos 140 grados, porque las cejas nos impiden ver directamente hacia arriba y los pómulos nos impiden ver directamente hacia abajo. Nuestro alcance horizontal es un poco más notable: de unos 180 grados. Cuando ambos campos de visión se superponen, tenemos visión binocular, o sea, percepción en profundidad. Ésta es una zona de foco direc-

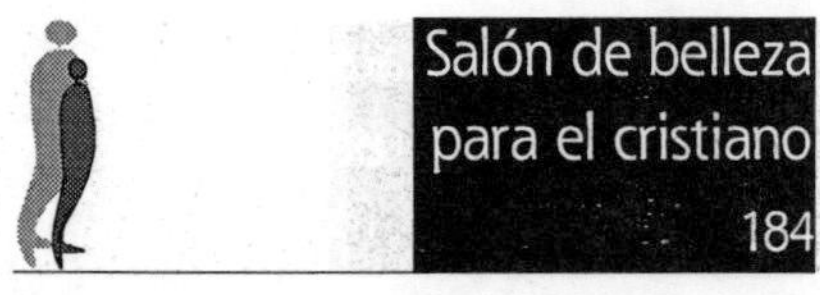

to y tiene un alcance de 150 grados. La visión que tenemos fuera de ese área es llamada *visión periférica,* o como se dice popularmente, *mirar por el rabillo del ojo.* Ésta es la visión que nos permite conocer cuándo un coche está adelantándonos en la carretera. Y es también la visión de la que carecen los que padecen *visión de túnel...*

Así, dicha persona puede enfocar un objeto, pero no tiene conciencia del panorama que hay a su alrededor. Su campo visual es muy limitado. No puede ver hacia la derecha o hacia la izquierda, ni hacia arriba o hacia abajo. Sólo puede ver lo que tiene delante. Podemos decir que una persona así tiene *visión estrecha.*

Afortunadamente, esta clase de visión no es muy frecuente; de lo contrario, las personas que la padecen correrían un peligro constante de ser atropelladas por un coche, o golpeadas por un balón...

Pero hay gente afligida por otro tipo de *visión de túnel.* Este tipo de individuos son llamados «estrechos mentales» y, desgraciadamente, hay muchos. Se puede reconocer fácilmente a una persona así. Es la típica persona cuyo lema reza así:

–Ya tengo mis ideas formadas; así que no me molestes con hechos.

Se sabe que alguna vez consideró la posibilidad de estar equivocado, pero lo considera altamente improbable. No sólo acepta su propia concepción como verdadera, sino que rechaza cualquier otra como falsa. Lo peor de todo es que puede llegar a tener un espíritu sumamente crítico con otros.

Los peligros de padecer esta enfermedad mental son tan trágicos y alarmantes como los de aquellos que la padecen físicamente. Jonatan Swift los señaló en su novela *Los viajes de Gulliver;* sin duda, una cáustica sátira de la humanidad. Cuenta Swift que cuando Gulliver estaba visitando Liliput, el país de la gente diminuta, participó en la guerra contra Blefuscu, el otro gran imperio del universo. La

causa era un absurdo feudo entre los granfindianos y los minifindianos: los granfindianos creían que un huevo debe ser roto por el extremo menor, mientras que los minifindianos defendían que debe ser roto por el más grande. Cada bando había escrito cientos de libros defendiendo su posición y citaban su libro sagrado:

–Que todos los creyentes quiebren el huevo por el extremo conveniente.

Finalmente, la guerra fue declarada y, por un período de tres años, Liliput perdió cuarenta naves y treinta mil hombres.

Quisiéramos poder decir que Swift, en su ficción, había exagerado el caso en relación con la forma de actuar de las personas reales. Pero no podemos...

Especialmente, en el plano espiritual, los peligros de la *visión de túnel* son más agravantes, porque pueden provocar la muerte del alma.

Así, la persona de *estrechez espiritual* tiende a igualar lo que cree que la Biblia dice con lo que dice realmente. Considera que su punto de vista es mucho más importante que la armonía interior del cuerpo de Cristo. Hará tal bulla cuando una uña del pie esté encarnada, que eventualmente inmovilizará todo el cuerpo.

La *visión de túnel* en el ámbito religioso no es, por supuesto, nada nuevo... Los fariseos criticaron a Jesús y a sus discípulos por no lavar sus vasos adecuadamente, por sanar en sábado y por una cantidad de otras infracciones que consideraban crímenes mayores. La Iglesia primitiva también tenía una buena dosis de controversias acerca de la comida que podían comer los cristianos. Este asunto llegó a ser agudo, sobre todo, en la iglesia de Corinto. En esa ciudad pagana, casi toda la carne vendida en el mercado público había sido ofrecida antes a los ídolos en un ritual de sacrificio. Algunos cristianos no

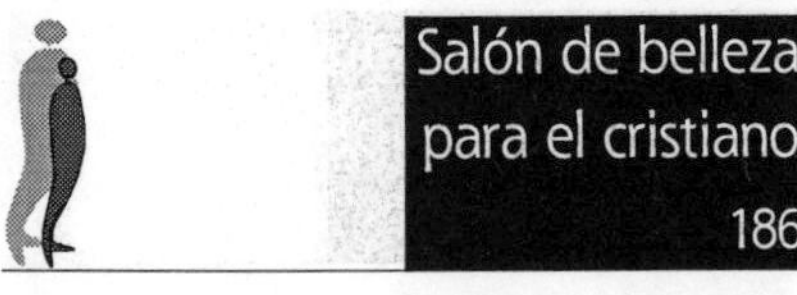

tenían problemas espirituales en comerla, porque ni participaban en la ceremonia ni creían en los ídolos. Pero otros, por lo contrario, tenían sentimientos de culpa al respecto, pues creían que, de alguna manera, estaban participando en una ceremonia pagana (1 Co. 8:1-3).

Actualmente, las iglesias siguen padeciendo esta enfermedad, y llegan incluso a rozar el fanatismo. Los pentecostales, por ejemplo, sacuden la cabeza en desaprobación ante esos luteranos que tienen cruces y encienden velas. Y los luteranos se ríen de esos «desequilibrados» pentecostales que dicen *amén* constantemente en voz alta y dan palmas en el templo.

Podríamos también contar el caso de una iglesia que condenó todos los juegos de azar como inspiración de Satanás; mientras otra iglesia, situada a menos de cien metros de aquella, no consideró malo organizar una rifa o un «bingo» para reunir dinero para el fondo de edificación.

Y sé de otra, además, en la cual sus miembros deben prometer abstinencia total de bebidas alcohólicas, pero después del culto encienden sus cigarrillos. O de otra que condena el tabaco, pero sirve licores en sus actividades sociales.

Por su parte, hay congregaciones donde los carismáticos están en «guerra» contra los no carismáticos. En otras congregaciones, los premilenaristas están enzarzados en una amarga disputa con los postmilenaristas. Y hay también «batallas» entre los arminianos y los calvinistas.

Los adventistas del Séptimo Día, al igual que los judíos, guardan el Sábado de la Creación como día de reposo, mientras que otras denominaciones cristianas, tanto protestantes como católicas, observan el domingo como el Día del Señor; incluso, no permiten que en domingo se realicen actividades de carácter «munda-

no», como nadar, ir al cine, o hacer compras. Por supuesto, no faltan también aquellos cristianos que no hacen distinción ni respetan sábados ni domingos como días santificados por Dios para el reposo y la adoración.

Resulta, pues, evidente que ciertos tipos de *visión de túnel* tienen un mal efecto en nuestras relaciones personales e intereclesiales y pueden traer malos sentimientos entre los cristianos, llegando incluso a provocar divisiones en la iglesia.

He aquí una anécdota: el ministro de alabanza de una iglesia determinada piensa que las canciones cristianas contemporáneas son el único camino para expresar realmente los propios sentimientos espirituales y, en consecuencia, mantiene una «pelea» permanente con el organista, convencido de que Dios prefiere oír la música de Bach y Beethoven.

•••••••

La persona de estrechez espiritual tiende a igualar lo que cree que la Biblia dice con lo que dice realmente. Considera que su punto de vista es mucho más importante que la armonía interior del cuerpo de Cristo. Hará tal bulla cuando una uña del pie esté encarnada, que eventualmente inmovilizará todo el cuerpo.

¿Cómo se puede evitar el desarrollo de la *visión de túnel* en estos asuntos? ¿Cómo podemos evitar nuestra *estrechez mental*, por un lado, y ser demasiado liberales, por el otro? Sólo hay un método; a saber, aprendiendo a señalar la diferencia entre asuntos nucleares y asuntos periféricos.

Es cierto que, en algún sentido, la enseñanza bíblica es estrecha:

«¿Hasta cuándo claudicaréis vosotros entre dos pensamientos? Si Jehová es Dios, seguidle; y si Baal, id en pos de él (..) Ninguno puede servir a dos señores; porque o aborrecerá a uno y amará al otro, o amará al uno y menospreciará al otro (..) Yo soy el Camino, y la Verdad, y la Vida» (1 R. 18:21; Mt. 6:24; Jn. 14:6).

No debemos ceder, entonces, una pulgada sobre los puntos esenciales de la fe. No hay compromiso posible sobre lo que es básico, pues la Salvación de las almas y la integridad de la religión cristiana están en juego. Pero debemos reconocer el hecho de que no todo es esencial. No todos los asuntos son de la misma importancia: algunas creencias están en el núcleo de la fe y otras pertenecen a la parte externa del círculo.

«Mas buscad primeramente el Reino de Dios y su justicia, y todas las demás cosas os serán añadidas» (Mt. 6:33).

En efecto, lo imprescindible es cultivar una relación personal con Dios, hacer de Dios el Rey de nuestras vidas, y las otras cosas se pondrán en su lugar. También, examinar nuestros criterios a la luz de la Escritura y actuar de acuerdo con ellos. Sí, vivamos de tal manera que seamos espiritual y moralmente coherentes con lo que nosotros entendemos que Dios espera de nuestra parte, y elevemos nuestro andar en el Señor:

«Yo sé y confío en el Señor Jesús, que nada es inmundo en sí mismo; mas para el que piensa que algo es inmundo, para él lo es (...)

Pero no en todos hay este conocimiento; porque algunos, habituados hasta aquí a los ídolos, comen como sacrificio a ídolos, y su conciencia, siendo débil, se contamina» (Ro. 14:14; 1 Co. 8:7).

De ahí que, si después de haber examinado nuestra propia conciencia a la luz de las Escrituras, creemos que nuestra observancia voluntaria de cierta práctica es lo que Dios quiere que hagamos, hemos de obedecerlo a cualquier precio. Y por supuesto, sabiendo que no estamos obligados a rendirnos a las opiniones y presiones de otros; de la misma manera que ellos tampoco lo están de rendirse ante las nuestras.

•••••••

Todos necesitamos un lugar donde ser diferentes; un espacio para tener opiniones propias, para desplegar nuestra idiosincrasia, para ejercitar nuestra personalidad e, incluso, para observar nuestros propios tabúes irracionales. Es más, como cristianos libres, debemos crear una comunidad cristiana donde no haya temor de que nos pisen los pies si salimos una pulgada de la línea. No obstante, guardémonos de convertirnos en un factor de división en la comunidad cristiana...

•••••••

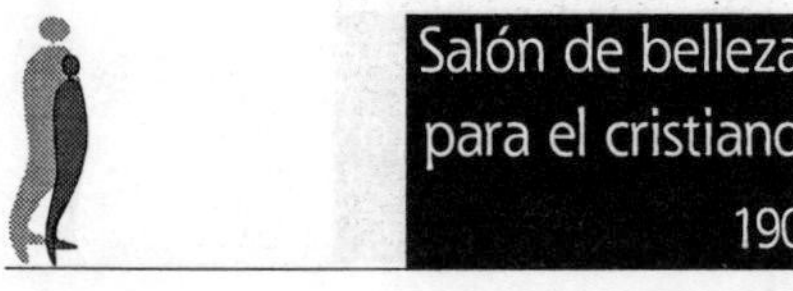

Todos necesitamos un lugar donde ser diferentes; un espacio para tener opiniones propias, para desplegar nuestra idiosincrasia, para ejercitar nuestra personalidad e, incluso, para observar nuestros propios tabúes irracionales. Es más, como cristianos libres, debemos crear una comunidad cristiana donde no haya temor de que nos pisen los pies si salimos una pulgada de la línea. No obstante, guardémonos de convertirnos en un factor de división en la comunidad cristiana...

La Escritura es muy enfática cuando declara que la primera obligación del cristiano en estos asuntos de controversia es mantener la unidad del cuerpo de Cristo, aunque haya diferencias de opinión. Lo necesario es que reine el amor y la consideración hacia los demás hermanos:

«Pero tú, ¿por qué juzgas a tu hermano? O tú también, ¿por qué menosprecias a tu hermano? Porque todos compareceremos ante el Tribunal de Cristo (...) Pero si por causa de la comida, tu hermano es contristado, ya no andas conforme al amor. No hagas que por la comida tuya se pierda aquel por quien Cristo murió (...) Así que, sigamos lo que contribuye a la paz y a la mutua edificación (...) Bueno es no comer carne, ni beber vino, ni nada en que tu hermano tropiece, o se ofenda, o se debilite» (Ro. 14:10, 15, 19, 21).

En cierta ocasión, un abogado preguntó a Jesús lo siguiente:

«Maestro, ¿cuál es el gran mandamiento de la Ley?» (Mt. 22:36).

Pero Jesús, negándose a aprobar la forma en que el abogado miraba las cosas, le contestó:

«Amarás al Señor tu Dios con todo tu corazón, y con toda tu alma, y con toda tu mente. Éste es el primero y gran mandamiento. Y el segundo es semejante: amarás a tu prójimo como a ti mismo» (Mt. 22:37-39).

El amor, estaba diciendo, es todavía más importante que la letra de la Ley; pues ésta carece de sentido, a menos que se le guarde en espíritu de amor. Sí, el amor amplía considerablemente nuestra visión; como dice una versión inglesa del *gran capítulo del amor: el amor no insiste en su propio camino* (1 Co. 13:5). El amor es, en definitiva, dar lugar amplio a nuestros hermanos y hermanas cristianos. Esto es, una iglesia donde exista la tolerancia.

Cultivemos, pues, una mente lo bastante amplia y unos ojos lo suficiente abiertos como para ver, en la ausencia de una clara dirección de la Palabra, a creyentes sinceros, nacidos de nuevo, que pueden tener puntos de vista ampliamente distintos a los nuestros en muchas prácticas pero, que al igual que nosotros, también son hijos de Dios y aprobados por el Padre. Ésta es, sin duda, la mayor hermosura que puede poseer un cristiano; a saber, el respeto por su prójimo y hermano.

Todos nosotros nos descarriamos como ovejas, cada cual se apartó por su camino (Is. 53:6).

Como las ovejas, podemos pasarnos toda la vida vagando de un lado a otro sin metas particulares. Haciendo lo que nos venga en gana, tomando los días de uno en uno, satisfaciendo el hambre inmediata y esperando lo mejor mientras cruzamos los dedos y apelamos a la suerte, aventurándonos sin ningún plan de acción, sin compromiso en nada, sin detenernos nunca a controlar nuestra dirección.

Pero Dios, que nos hizo diferentes a los animales, los cuales viven sólo por el instinto, nos enseña lo siguiente:

«No sólo de pan vivirá el hombre, sino de todo lo que sale de la boca de Jehová» (Dt. 8:3).

Dios tiene un plan para cada uno de nosotros. Quiere que usemos los dones para construir un castillo de piedras preciosas y no una choza de cartón. Anhela levantar ocasionalmente nuestras cabezas de la próxima mata de pasto para conocer nuestro destino. Nos invita a ser peregrinos, viajando hacia la Ciudad Santa, y no vagabundos errando de una aldea desértica a otra. Nos llama a ser aventureros que escalamos los cerros para tener una vista panorámica desde las alturas, y no animales pastando sin dirección a través de la espesa maleza.

En definitiva, Dios quiere que comprendamos la posición y tengamos la dirección de nuestro navío de acuerdo a la estrella fija y no que andemos navegando en círculos en un mar de [illegible].

[illegible]

Y es que si no hay visión, perecemos en la vaguedad; sin visión no hay creación. Toda obra literaria está [illegible], toda pintura, toda gran escultura, toda sinfonía [illegible] por una visión.

8.ª SESIÓN

Para el problema de Visión Limitada

El ojo humano es un órgano maravilloso y milagroso. Sin embargo, tiene sus limitaciones. Hay cosas que simplemente no puede hacer. Por ejemplo, no puede, como los halcones, descubrir un conejo saltando bajo las malezas, trescientos metros más abajo.

Tampoco puede mirar a través de objetos opacos, ni percibir la mayoría de ondas electromagnéticas que hay a nuestro alrededor. Simplemente, nuestros ojos no están equipados para ver los rayos cósmicos, los rayos gamma, los rayos X, los rayos ultravioleta, los rayos infrarrojos, las ondas radiales y la corriente eléctrica.

Así es, nuestra capacidad visual es limitada. Y lo mismo ocurre con nuestra visión de las cosas espirituales. Hay muchas cosas que nuestro ser finito, sencillamente, no está capacitado para entender plenamente.

Y es que Dios, en su Divina Sabiduría, ha cortado deliberadamente nuestro poder de percepción espiritual, porque no estamos todavía preparados para entender las cosas espirituales. Especialmente, en lo que concierne a Él mismo:

«Ninguno ha visto a Dios» (Jn. 1:18).

Sí, Dios es difícil de visualizar... Y nos molestamos a veces por la pobre concepción que tenemos del Todopoderoso. Parece inadecuado que nuestro concepto de Dios sea tan limitado. Pero realmente, ¿no piensas que es mucho mejor de ese modo? ¿Qué supones que ocurriría si pudiéramos ver a Dios en todo su esplendor y gloria? ¿Recuerdas las advertencias que recibimos durante los eclipses de sol? Una y otra vez, se nos dice que no miremos al sol sin la ayuda de vidrios oscuros, ahumados, ya que éste puede dejarnos ciegos, aun con una rápida mirada.

Pues bien, tenemos razones para creer que la gloria de Dios hace que el sol parezca, en comparación, una luz nocturna. Nuestra débil naturaleza no podría sobrevivir a la plena experiencia de Dios. De hecho, el libro del Éxodo nos muestra esta verdad; a saber, Moisés también quería ver la plenitud de Dios:

«Te ruego que me muestres tu gloria» (Éx. 33:18).

Pero Dios le contestó:

«No podrás ver mi rostro; porque no me verá hombre, y vivirá» (Éx. 33:20).

Y dijo aún Jehová:

«He aquí un lugar junto a mí, y tú estarás sobre la peña; y cuando pase mi gloria, Yo te pondré en una hendidura de la peña, y te cubriré con mi mano hasta que haya pasado. Después apartaré mi mano, y verás mis espaldas: mas no se verá mi rostro» (Éx. 33:21-23).

En efecto, Dios nos ha dado una visión limitada de Él, simplemente porque tal visión nos mataría.

¿Significa esto que no seremos capaces de comprender a Dios de ninguna manera? Por supuesto que no. Dios quiere que le conozcamos y, por eso, ha provisto varias maneras. Por ejemplo, Dios permite que le veamos por medio de sus poderosos hechos de amor. En esa misma conversación registrada en el libro del Éxodo, Dios dijo a Moisés que tendría amplia evidencia de su existencia. Y citó cuatro características de Él mismo que aquel podría ver:

«Yo haré pasar todo mi bien delante de tu rostro, y proclamaré el nombre de Jehová delante de ti; y tendré misericordia del que tendré misericordia, y seré clemente para con el que seré clemente» (Éx. 33:19).

Esto es, su Bondad, su Nombre, su Misericordia y su Clemencia. Es decir, su propio Carácter y su propia Esencia.

Dios también permite que le veamos a través de la naturaleza:

«Porque las cosas invisibles de Él, su eterno poder y deidad, se hacen claramente visibles desde la creación del mundo, siendo entendidas por medio de las cosas hechas, de modo que los hombres no tienen excusa» (Ro. 1:20).

Así, no podemos ver su gloria directamente, pero podemos verla indirectamente en su universo, en la fantástica energía de un billón de soles. No somos capaces de comprender plenamente su vasta sabiduría y conocimiento, pero podemos tener una fugaz visión de la increíble complejidad de un solo átomo. Nos resulta imposible

•••••••

El tema del sufrimiento es un tema imposible de entender, como también lo es el pecado. Entender el sufrimiento, sería entender el mal en sí mismo. Sería, en definitiva, encontrar un razonamiento lógico al pecado: sería justificarlo. ¡Qué gran error!

•••••••

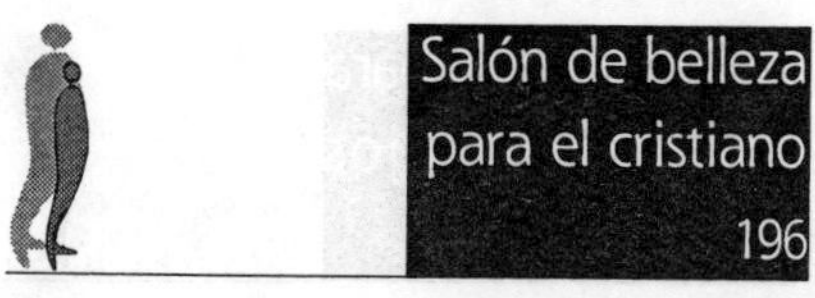

visualizar su belleza, pero podemos ver un atisbo de ella en la brillante blancura de un lirio del valle. Pero lo más importante de todo es que Dios nos ha capacitado para conocerle por medio de su Hijo Jesucristo:

«A Dios nadie le vio jamás; el Unigénito Hijo, que está en el seno del Padre, Él le ha dado a conocer» (Jn. 1:18).

Pablo se hace eco de esta misma verdad, cuando afirma que *Dios nos ha dado la iluminación del conocimiento de su gloria en la faz de Jesucristo* (2 Co. 4:6).

Así es como Dios eligió comunicarse con nosotros: haciéndose uno de nosotros. Se rebajó a nuestro lenguaje para que pudiéramos hablar con Él cara a cara. Compartió nuestras heridas, dolores, dificultades y tentaciones para poder simpatizar con nosotros y ayudarnos a vencerlas como Él lo hizo. Pero, por encima de todo, sobrellevó nuestra culpa, de modo que pudiera ser castigado en nuestro lugar.

El Cielo es demasiado etéreo para que lo escuchen los oídos humanos y demasiado trascendente para que lo entiendan las mentes humanas. Por eso, Jesús de Nazaret habló en parábolas sobre las aves de los cielos, sobre un muchacho que se fue de la casa, sobre una oveja que se perdió... En cuanto a las limitaciones de los ojos, es verdad que la percepción humana no puede abarcar el Ser total de Dios. Pero se ha revelado a Sí mismo en sus poderosos actos y en su Hijo. No conocemos todo lo que de Él puede ser conocido, pero sabemos todo lo que es necesario para nuestra Salvación. ¿Qué más necesitamos, pues, saber?

Una de las preguntas que más nos inquietan acerca de Dios es por qué permite que ocurran ciertas calamidades; especialmente, cuando éstas nos afectan directamente a nosotros. Sí, es uno de los aspectos que menos entendemos de la Divinidad y que más nos

incomodan. Y es que el tema del sufrimiento es un tema imposible de entender, como también lo es el pecado. Entender el sufrimiento, sería entender el mal en sí mismo. Sería, en definitiva, encontrar un razonamiento lógico al pecado: sería justificarlo. ¡Qué gran error!

El propio Job, uno de los hombre más pacientes que han existido sobre la faz de la Tierra, se hizo esta pregunta e, incluso, se atrevió a lanzarla hacia Dios. Éste escuchó atentamente las infinitas horas de especulación, discusión y otras suertes de gimnasia mental elaboradas por el patriarca. Hasta que, finalmente, irrumpió en el monólogo e hizo algunas otras preguntas a Job:

«¿Dónde estabas tú cuando yo fundaba la tierra? ¿Quién ordenó sus medidas, si lo sabes? (...) ¿Quién encerró con puertas el mar? (...) ¿Por dónde va el camino a la habitación de la luz? (..) ¿Vuela el

•••••••

Todos queremos respuestas que sean inmediatas y a la vez completas. Nos desagradan las cosas a medias. Deseamos obtener respuestas afirmativas. Pero no podemos, ni debemos pretenderlo; pues, tal vez, nuestras respuestas, fruto de la especulación humana, sean aún más terroríficas y equivocadas que el desconocimiento...

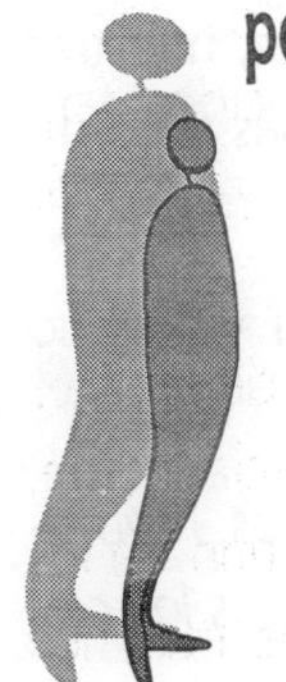

gavilán por tu sabiduría? (...) ¿Es sabiduría contender con el Omnipotente? (...) ¿Me condenarás a mí para justificarte tú?» (Job 38:4 y 5, 8, 19; 39:26; 40:2, 8).

En otras palabras, Dios estaba diciéndole:

–Job, tú eres un hombre y yo soy Dios. Simplemente, tú no estás equipado para entender estas cosas. No puedes ni siquiera entender los misterios del mundo que captan tus ojos. Entonces, ¿cómo puedes esperar entender los misterios del mundo que no puedes ver? Job, tu visión es limitada. Posiblemente tú no puedas ver la razón para las tragedias que han caído sobre ti. Pero yo, como Dios, soy Todopoderoso y Omnisciente y sé todas las razones. Job, así como has confiado y me has servido en el pasado, sigue haciéndolo en el futuro, no importa lo que pase. Estás en buenas manos, con Jehová.

Y Job se dio cuenta de que se había equivocado al criticar a Dios por algo que no entendía:

«Yo hablaba lo que no sabía; cosas demasiado maravillosas para mí, que yo no comprendía. Por tanto, me aborrezco y me arrepiento en polvo y ceniza» (Job 42:3-6).

En cierta forma, eso no es muy satisfactorio. Todos queremos respuestas que sean inmediatas y a la vez completas. Nos desagradan las cosas a medias. Deseamos obtener respuestas afirmativas. Pero no podemos, ni debemos pretenderlo; pues, tal vez, nuestras respuestas, fruto de la especulación humana, sean aún más terroríficas y equivocadas que el desconocimiento...

Tenemos que dejar las respuestas a Dios, porque su visión no conoce fronteras:

«*Porque mis pensamientos no son vuestros pensamientos, ni vuestros caminos, mis caminos*. Dice Jehová: *como son más altos los cie-*

los que la tierra, así son mis caminos más altos que vuestros caminos, y mis pensamientos más que vuestros pensamientos» (Is. 55:8 y 9).

Sería agradable poder andar siempre en un sendero brillante e iluminado. Pero en la ausencia de ese lujo, es mejor poner nuestra mano en la mano de Aquel que ve en la oscuridad, ante quien no hay noche, en cuya mente no hay preguntas y en cuyo futuro no hay misterios.

Así pues, miremos hacia el futuro, hacia la vida venidera y eterna, cuando estos ojos viejos y limitados serán reemplazados por unos ojos espirituales, mucho más sensibles y hermosos. Entonces y sólo entonces, será corregida nuestra limitada visión: veremos cara a cara a Dios y entenderemos el porqué de muchas cosas. Sin embargo, es posible que la felicidad que vivamos sea tan grande, que ya no nos atraiga siquiera la idea de preguntar... Sencillamente, veremos las marcas de los clavos en las manos del Hijo y la Bondad reflejada en el rostro del Padre, que ya no necesitaremos nada más para comprender. ¡Que así sea! Amén.

Capítulo 4: Ocho sesiones para embellecer las manos

1.ª SESIÓN

PARA QUE LAS MANOS OFREZCAN

La mayoría de nosotros hemos oído bastantes sermones sobre mayordomía: «que hemos de dar y que probablemente debemos dar más de lo que estamos dando ahora...».

No obstante, es interesante notar que la Biblia habla más de cómo debemos dar que de cuánto damos. Así, en un consejo a los cristianos de Corinto, el apóstol Pablo dijo:

«Cada uno dé como propuso su corazón; no con tristeza, ni por necesidad, porque Dios ama al dador alegre» (2 Co. 9:7).

Y es que la acción de dar depende más de la abundancia del corazón que de la abundancia de la cartera. Esto es, la actitud es más importante que la aptitud. El gran predicador Henry Ward Beecher lo expresó de este modo:

«Algunos hombres dan de forma que, cada vez que se les pide que contribuyan, se enfadan; dan de una forma que su oro y su plata sienta como un balazo. Otras personas, en cambio, dan con tanta belleza, que lo recuerdas toda tu vida, y dices que es un placer recurrir a tales hombres. Hay también algunos hombres que dan como manantiales: tanto si vas a ellos como si no, siempre están llenos; y tu parte es meramente poner tu plato bajo la corriente que nunca cesa».

Pero, ¿qué motiva a una mano a dar tan generosamente? La respuesta es el gozo. Pablo dijo de los macedonios:

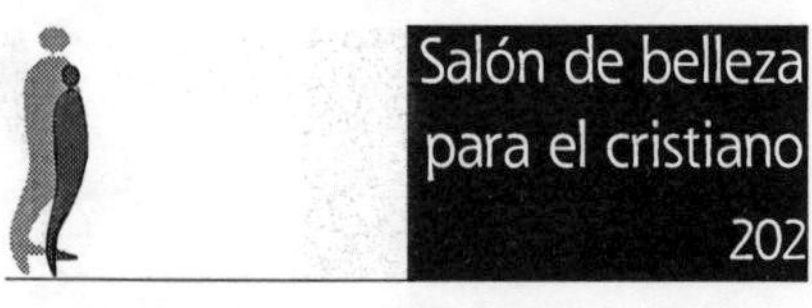

«La abundancia de su gozo y su profunda pobreza abundaron en riquezas de su generosidad» (2 Co. 8:2).

¿Y por qué los macedonios tenían gozo? Sin duda, porque habían recibido a Cristo:

«A sí mismos se dieron primeramente al Señor, y luego a nosotros, por la voluntad de Dios» (2 Co. 8:5).

Sí, su entrega a Cristo fue sin reserva y, por esta razón, daban libre y gozosamente; pues dar alegremente es responder afirmativamente a la invitación de la Salvación. Una mano alegre no da porque los diáconos la presionen, sino porque primero ha recibido.

Dar genuinamente debe emanar, entonces, de una vida transformada. Si por el contrario, ser generosos nos incomoda, puede ser un indicio de que la gracia y la paz de Dios no permanecen en nosotros.

Sin embargo, dar con gozo no es suficiente. La Biblia habla de otro requisito necesario para poseer una mano generosa:

«Mas cuando tú des limosna, no sepa tu izquierda lo que hace tu derecha; para que sea tu limosna en secreto; y tu Padre, que ve en lo secreto, te recompensará en público» (Mt. 6:3 y 4).

Este consejo dado por el propio Jesús refuerza la idea que Él ya había señalado pocos versículos antes:

«Guardaos de hacer vuestra justicia delante de los hombres, para ser vistos por ellos; de otra manera, no tendréis recompensa de vuestro Padre que está en los Cielos» (Mt. 6:1).

Y es que la acción de dar también se puede convertir en un medio hábil del diablo para hacernos creer que somos realmente buenos y exaltar nuestro ego. Por esto, estaría bien que examináramos continuamente nuestros móviles que nos empujan a ser generosos, no fuera que detrás de ellos se escondiera el veneno de la

autocomplacencia y de la vanidad espiritual. Debemos estar alertas sobre tales cosas; porque Satanás es muy astuto a la hora de contaminar aun las cosas buenas y generosas que hacemos.

Otra forma errónea de dar es hacerlo con dejadez, como algo ya aprendido y que hacemos rutinariamente; sin ilusión, llevados por la monotonía. Entonces, como dar se convierte en un fin en sí mismo y no en el verdadero deseo de ofrecer a Dios lo que Él ya nos dio antes, damos lo primero que pillamos a mano; tal vez, las monedas perdidas en nuestro bolsillo, o la ropa vieja del armario o las sobras

•••••••

La acción de dar también se puede convertir en un medio hábil del diablo para hacernos creer que somos realmente buenos y exaltar nuestro ego. Por esto, estaría bien que examináramos continuamente nuestros móviles que nos empujan a ser generosos, no fuera que detrás de ellos se escondiera el veneno de la autocomplacencia y de la vanidad espiritual. Debemos estar alertas sobre tales cosas; porque Satanás es muy astuto a la hora de contaminar aun las cosas buenas y generosas que hacemos.

•••••••

de la tienda de comestibles. De esta manera, lavamos nuestras conciencias, dando a Dios lo que nos sobra, en vez de las primicias que hemos obtenido de sus bendiciones.

Pero la Biblia enseña que un don digno debe ser proporcionado a los dones que hemos recibido del Cielo. De nuevo, los cristianos macedonios se ofrecen como un ejemplo de dadores dignos:

«Han dado conforme a sus fuerzas, y aun más allá de sus fuerzas» (2 Co. 8:3).

Y Pablo nos aporta una receta para prevenir la dejadez en nuestros donativos:

«Cada primer día de la semana, cada uno de vosotros ponga aparte algo, según haya prosperado; guardándolo, para que cuando yo llegue, no se recojan entonces ofrendas» (1 Co. 16:2).

Este pasaje sobre mayordomía no especifica el diezmo, pero tampoco lo elimina. El diezmo es, de hecho, un maravilloso modo de poner en práctica tanto el espíritu como el principio bíblico expresado.

Dar proporcionalmente es, además, un consuelo y un desafío al mismo tiempo; a saber, un consuelo para las personas que, de alguna manera, puedan llegar a sentirse inferiores de aquellos que pueden donar grandes cantidades económicas, mientras ellas sólo pueden dar lo justo. Y un desafío para aquellos que van ascendiendo en su calidad de vida; pues el diezmo les recuerda constantemente que, a mayor bendición, mayor responsabilidad tienen para con Dios.

Y es que el hecho de dar siempre nos cuesta algo... Pero también deriva en grandes bendiciones espirituales. Por eso, los que deciden dar en hora póstuma se están privando de la posibilidad de gozar

de la paz que experimenta un corazón generoso. Como han pospuesto su decisión de ofrecer ayuda a última hora, no pueden gustar los frutos espirituales que Dios concede. Charles Kingsley llegó a afirmar:

«Las caridades póstumas son la misma esencia del egoísmo, cuando se lega por aquellos a los que, en vida, no se les soltaba nada».

Es posible que esta afirmación resulte demasiado tajante; pero lo que sí es cierto es que una verdadera mano generosa lo será gracias a la dirección de un corazón viviente, y no sólo por el fallecimiento de un corazón gastado.

Otro modo confortable de evadir la responsabilidad presente es pensar mucho sobre cuánto podríamos dar si tuviéramos más dinero; con ello olvidamos de lo que sí podemos dar ahora. Por esta razón, debemos ser conscientes de que nuestros grandes planes para el futuro tienen validez únicamente si estamos dando ahora en proporción a lo que tenemos. De otro modo, nuestros sueños son poco más que una escapatoria; y nuestras manos no merecen recibir el calificativo de hermosas...

2.ª SESIÓN

Para que las Manos Reciban

Dice el texto bíblico que *más bienaventurado es dar que recibir* (Hch. 20:35). Sin duda, es verdad; al menos, normalmente... Aunque no siempre. Algunas veces, es mejor recibir que dar. Por lo que, unas manos bellas serán también aquellas que sepan recibir. De hecho, si es que acaso estamos en posición de dar, esto es porque primero supimos recibir. No podemos regalar algo que no tenemos...

Por ejemplo, la virgen María dio algo precioso al mundo, a su hijo; pero pudo hacer esto únicamente porque primero tuvo la voluntad de recibirlo en su seno:

«He aquí la sierva del Señor. Hágase conmigo conforme a tu palabra» (Lc. 1:38).

La misma idea expresó el apóstol Pablo acerca de su ministerio:

«Porque yo recibí del Señor lo que también os he enseñado» (1 Co. 11:23).

Hablemos, pues, de las bendiciones que se derivan de saber recibir...

En primer lugar, diremos que Dios está más complacido con nuestra voluntad para recibir que con nuestra voluntad para dar; o lo que es lo mismo, *Dios no quiere «sacrificios», sino corazones que se humillen esperando la respuesta del Señor* (Sal. 51:16 y 17). Así, el deleite del hijo avergonzado y confuso que ha vuelto a la casa paterna sólo es excedido por el de su padre que exclama:

«Porque este mi hijo muerto era, y ha revivido; se había perdido, y es hallado» (Lc. 15:24).

Además, una mano que reconoce y acepta lo que le han dado, nunca se olvidará de su Dador, sino que le estará siempre agradecida. Asimismo, verá lo que ha recibido como algo que no debe usar egoístamente y para satisfacerse egocéntricamente, sino como una oportunidad de poder compartir lo que ha recibido con otros que también lo necesitan. En definitiva, la mano que sabe recibir es agradecida. Y la gratitud impide que el recibir sea un ejercicio de egoísmo de adquisición o de gratificación de uno mismo.

En segundo lugar, algunas veces es mejor recibir que dar, porque recibir con gracia otorga placer y honor al que da. Por ejemplo, una cosa es fallar en no dar un regalo a una persona a la que amas; pero, si realmente quieres herirla, rehúsa, desprecia o ignora un regalo que ella te haya hecho a ti. Por el contrario, un apretón de manos, como respuesta cordial de agradecimiento, llena el corazón de la persona que nos ha hecho el regalo. Sí, la mano que recibe puede emocionar a la mano que da. Leemos de Jesús:

«A los suyos vino, y los suyos no le recibieron» (Jn. 1:11).

Esto es, sus propios vecinos y aun sus familiares y amigos rehusaron aceptar su regalo de Salvación. Y si hubo alguna profunda herida humana que Jesús experimentó durante su vida, fue ésta. Qué tristeza debió experimentar el Maestro cuando pronunciaba estas palabras:

«Jerusalén, Jerusalén, que matas a los profetas y apedreas a los que te son enviados. ¡Cuántas veces quise juntar a tus hijos, como la gallina junta sus polluelos debajo de las alas, y no quisiste!» (Mt. 23:37)

Otras de las razones por las que resulta mejor recibir que dar es porque la persona que recibe muestra poseer una voluntad y un

carácter noble. Así, por una parte, las manos que reciben tienen que ser manos humildes. Lo observamos en la parábola del fariseo y el publicano: el primero de ellos fue demasiado orgulloso para recibir algo de Dios. Pensaba que no necesitaba nada. Incluso, se sentía obligado a recordar a Dios todas las buenas acciones que llenaban sus manos. El segundo hombre, sin embargo, dice la Escritura que, *estando lejos, no quería ni aun alzar los ojos al Cielo, sino que se golpeaba el pecho, y decía:*

–Dios, sé propicio a mí, pecador (Lc. 18:13).

Este publicano sabía que necesitaba desesperadamente recibir algo de Dios, y no fue demasiado orgulloso para aceptarlo. Ésta es la razón por la que más adelante leemos de él que *descendió a su casa justificado* (Lc. 18:14). Sin duda, y a pesar de las apariencias, este hombre mostró poseer más carácter, recibiendo, que el fariseo, jactándose de sí mismo.

Es posible que a nosotros, los que vivimos en una sociedad secular, donde las personas que más valen son aquellas que rebosan orgullo por los poros, nos choque la idea de que una persona que reconoce su necesidad de recibir algo de los demás sea más digna e interesante que aquella que se autoabastece y presume de ser totalmente independiente. Pero el hecho es que las manos deseosas de recibir muestran más nobleza de carácter que las manos que desprecian la ayuda; quizás por orgullo, quizás por desconfianza. Y es que no nos acabamos de creer que nos puedan *regalar duros por pesetas;* es decir, que nos puedan dar algo por nada.

Lo peor es cuando desconfiamos y recelamos de la oferta que Dios mismo nos concede... Sí, leemos pasajes como éste:

«A todos los que le recibieron, a los que creen en su nombre, les dio potestad de ser hechos hijos de Dios». (Jn. 1:12).

Pero empezamos a buscar la «letra pequeña», porque no nos lo acabamos de creer. Tenemos tan arraigado en nuestro corazón el concepto de que sólo nos merecemos lo que hemos ganado con nuestros propios esfuerzos, que nos sorprende e incomoda recibir algo por nada; sobre todo, si ese algo excede toda la capacidad de lo que nosotros hubiéramos podido hacer por nosotros mismos. Especialmente, si es algo tan extraordinario como poseer un lugar gratuito en la familia de Dios.

Sin embargo, este es el camino y esto es lo que somos llamados a hacer: abrir nuestras manos para recibir, confiando en su promesa; pues el único modo de obtener el más grande don de Dios es recibiéndolo. Esta palabra, *recibir,* aparece varias veces en el capítulo primero del evangelio de Juan:

«A los suyos vino, y los suyos no le recibieron (...) Mas a todos los que le recibieron, les dio potestad de ser hechos hijos de Dios (...) Porque de su plenitud recibimos todos, y gracia sobre gracia» (Jn. 1:11 y 12, 16).

Así pues, ésta es la idea clave, que la gracia de Dios ofrece vida eterna, y nosotros podemos escoger recibirla o rehusarla.

No hay ningún modo de comprar la vida eterna. Ni siquiera con el bautismo, o haciendo piadosas obras en favor de los demás. Tampoco ayunando y apartándonos del mundanal ruido, para dedicarnos a la vida contemplativa y de oración. No, el único modo por el cual podemos tener vida eterna es recibiéndola.

La Biblia utiliza varios sinónimos para describir la acción de recibir el don de Dios: creer, confiar, tener fe... Pero todos ellos significan básicamente la misma cosa; a saber, un acto deliberado de la voluntad de aceptar a Cristo como nuestro Salvador y Redentor. Y cuando hacemos esto, no sólo aceptamos el don de la Salvación concedi-

do por medio de Cristo, sino que lo recibimos a Él mismo, como Señor de nuestras vidas. Recibimos su persona y poder, que cambia y transforma nuestro carácter interior. Recibimos, en definitiva, un nuevo nacimiento:

«Mas a todos los que le recibieron, les dio potestad de ser hechos hijos de Dios; los cuales no son engendrados de sangre, ni de voluntad de carne, ni de voluntad de varón, sino de Dios» (Jn. 1:12).

Esto es, precisamente, lo que guarda al cristianismo de convertirse en una suerte de credulidad fácil, o como Dietrich Bonhoeffer llamó, de «gracia barata». Ya que implica recibir enteramente una nueva naturaleza, como también enteramente, una nueva relación con el Padre.

¿No es maravilloso? Saber que Dios nos ha concedido todo esto, sin merecerlo... Tal vez, sea esto lo que más nos duela: reconocer que

•••••••

No hay ningún modo de comprar la vida eterna. Ni siquiera con el bautismo, o haciendo piadosas obras en favor de los demás. Tampoco ayunando y apartándonos del mundanal ruido, para dedicarnos a la vida contemplativa y de oración. No, el único modo por el cual podemos tener vida eterna es recibiéndola.

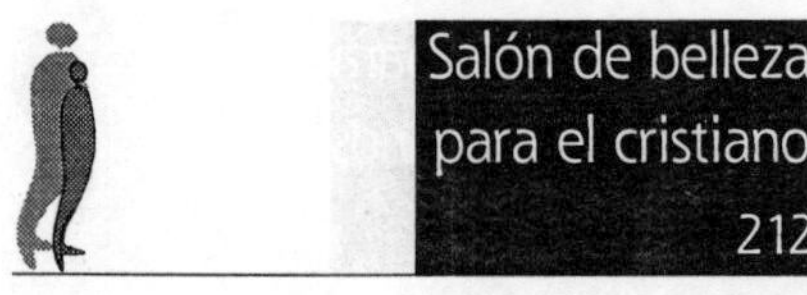

no hay nada que nosotros podamos hacer para dignificar nuestra naturaleza. Aceptar que nuestras obras no valen nada para nuestra justificación.

Si es así, pongámonos ahora mismo de rodillas y pidámosle a Dios que arranque de nuestros corazones la semilla vana de la justificación propia, la cual nos engaña, haciéndonos creer que, sumando méritos, seremos más santos y llegaremos antes al Cielo. No, el Cielo es un lugar que Dios ha concedido a todos por igual. El único requisito es aceptar este hecho con unas manos humildes; con unas manos hermosas, que saben recibir.

3.ª SESIÓN

Para que las Manos Bendigan

Las manos que maldicen son, al parecer, mucho más comunes que las manos que bendicen. Lo observamos diariamente: conductores enfurecidos que hacen ademanes obscenos a otros conductores, chicos en el recreo que se amenazan con los puños, maridos y esposas que se señalan el uno al otro con dedos acusadores, ancianos que levantan sus bastones increpando a los niños que cruzan por casualidad su césped. ¿Y acaso los discípulos de Jesús no adoptaron la misma actitud negativa hacia los niños? Éstos reprendieron a aquellos que trajeron a sus hijos para que vieran al Maestro. Pero Jesús les contestó:

«Dejad a los niños venir a mí, y no se lo impidáis; porque de los tales es el Reino de los Cielos» (Mt. 19:14).

Luego, hizo algo más:

«Y habiendo puesto sobre ellos las manos, se fue de allí» (Mt. 19:15).

Marcos lo cuenta de un modo mucho más gráfico:

«Y tomándolos en sus brazos, poniendo las manos sobre ellos, los bendecía» (Mr. 10:16).

Del mismo modo, nosotros hoy podemos bendecir a nuestros hijos con nuestras manos llenas de amor. Así, el padre que abraza a su hijo, que está a punto de partir del hogar paterno para empezar una nueva vida en la universidad; o la madre que besa las mejillas sonrosadas de su hija enamorada, antes de entrar en la iglesia para contraer matrimonio... Ambos padres, en su corazón, y en sus toques de afecto, han bendecido, aprobado y deseado lo mejor para sus hijos; comunicándoles, a la vez, una impresión de continuidad de una generación a otra.

Y es que los actos de bendición, si bien no han sido siempre hechos del mismo modo, sus intenciones, no obstante, han sido similares. En la Biblia, por ejemplo, encontramos que el acto de bendecir, en muchos casos, se hacía mediante la imposición de las manos. Tal fue el caso de la familia de Rebeca, cuando le dio permiso a ésta para ir a Isaac y convertirse en su mujer:

«Bendijeron a Rebeca y le dijeron: *Hermana nuestra, sé madre de millares de millares, y posea tu descendencia la puerta de sus enemigos*» (Gn. 24:60).

Unos cuantos capítulos después, leemos que también Isaac quiso bendecir a su hijo Esaú:

«Hazme un guisado como a mí me gusta y tráemelo; y comeré, para que yo te bendiga antes de que muera» (Gn. 27:4).

Igualmente, la bendición de Israel sobre los hijos de José fue acompañada de una imposición de manos:

«Entonces, Israel extendió su mano derecha y la puso sobre la cabeza de Efraín, que era el menor, y su mano izquierda sobre la cabeza de Manasés; colocando así sus manos adrede, aun cuando Manasés era el primogénito» (Gn. 48:14).

Del mismo modo, los levitas estaban reservados para una santa tarea, por medio de una ceremonia especial que implicaba a todo el pueblo:

«Cuando hayas acercado a los levitas delante de Jehová, pondrán los hijos de Israel sus manos sobre los levitas» (Nm. 8:10).

Además, éstos fueron instruidos para *poner sus manos sobre las cabezas de los novillos; y ofrecer uno para expiación, y otro en holocausto a Jehová, para hacer expiación por los levitas* (Nm. 8:12).

También, Josué recibió la imposición de manos de su predecesor Moisés:

«Y Josué, hijo de Nun, fue lleno del espíritu de sabiduría, porque Moisés había puesto sus manos sobre él; y los hijos de Israel le obedecieron, e hicieron como Jehová mandó a Moisés» (Dt. 34:9).

•••••••

Devolver moneda por moneda, maldición por maldición, es a la vez destructivo e inútil. Cualquiera puede hacerlo. No se necesita ningún talento excepcional para increpar y para criticar; pero, en cambio, se necesita una buena dosis de carácter para responder con amabilidad a una provocación injuriosa. Porque responder violentamente es el impulso natural, mientras que alzar la mano con bendición es la respuesta de la gracia...

•••••••

Igualmente, en el Nuevo Testamento, las personas que eran apartadas para específicos deberes religiosos recibían la imposición de manos. Leemos de los primeros diáconos que *fueron presentados ante los apóstoles, quienes, orando, les impusieron las manos* (Hch. 6:6). De hecho, la acción en sí se consideraba un acto mediante el cual el poder del Espíritu era conferido a una persona:

«No descuides el don que hay en ti, que te fue dado mediante profecía, con la imposición de las manos del presbiterio (...) Por lo cual, te aconsejo que despiertes el don de Dios que está en ti, por la imposición de mis manos (...) Cuando vio Simón que por la imposición de las manos los apóstoles daban el Espíritu Santo...» (1 Ti. 4:14; 2 Ti. 1:6; Hch. 8:18).

Un ejemplo claro acerca de lo importante que son las manos a la hora de bendecir, lo encontramos en el relato que aparece en Éxodo 17:8-16; cuando los israelitas estuvieron luchando contra los amalecitas, y Moisés levantaba las manos en señal de bendición, desde la cumbre de una colina cercana. El texto nos cuenta que, debido a su avanzada edad, Moisés no podía mantener las manos en alto por mucho tiempo y que, obligado por el cansancio, dejaba caer sus brazos. Tan poderosa e importante era la bendición por medio de las manos que, cuando las manos de Moisés estaban alzadas, Israel avanzaba en la batalla, pero cuando él bajaba sus manos, el pueblo de Amalec prevalecía. Finalmente, Aarón y Ur tuvieron que ayudar a Moisés a permanecer con las manos en alto, sosteniéndole los brazos, hasta que el pueblo de Dios obtuvo la victoria definitiva. He aquí, cómo las manos de un solo hombre bendijeron a todo un pueblo, por la gracia de Dios.

Sin embargo, Jesús, como siempre, nos deja impresionados con sus enseñanzas y declaraciones. Nos dice:

«Bendecid a los que os maldicen; haced bien a los que os aborrecen» (Mt. 5:44).

Esto es, no se trata ya de bendecir con nuestras manos a las personas que queremos, o a los responsables de un cargo eclesiástico. No, se nos llama a bendecir a nuestros propios enemigos.

Pablo intentó personificar este mismo espíritu:

«Bendecid a los que os persiguen; bendecid, y no maldigáis» (Ro. 12:14).

¿Por qué nos pide el Señor algo tan difícil? En primer lugar, porque Él practicó lo que predicó; tenemos el testimonio de Pedro, el cual, refiriéndose a Jesús, llegó a afirmar:

«Quien cuando le maldecían, no respondía con maldición (...) No devolviendo mal por mal, ni maldición por maldición; sino antes, por el contrario, bendiciendo» (1 P. 2:23; 3:9)

En segundo lugar, Jesús nos pide que hagamos esto para nuestro propio bien. Y es que todo lo que el Señor nos amonesta a hacer es para nuestra edificación. Él conoce cómo una bendición puede cambiar una atmósfera cargada. Una sonrisa sincera, por ejemplo, puede dejar desconcertado a nuestro rival y hasta puede provocarle que nos la devuelva tímidamente. En efecto, nada dispersa una maldición tan rápidamente como una bendición. Ya lo decía el sabio Salomón:

«La blanda respuesta quita la ira» (Pr. 15:1).

Devolver moneda por moneda, maldición por maldición, es a la vez destructivo e inútil. Cualquiera puede hacerlo. No se necesita ningún talento excepcional para increpar y para criticar; pero, en cambio, se necesita una buena dosis de carácter para responder con amabilidad a una provocación injuriosa. Porque responder violenta-

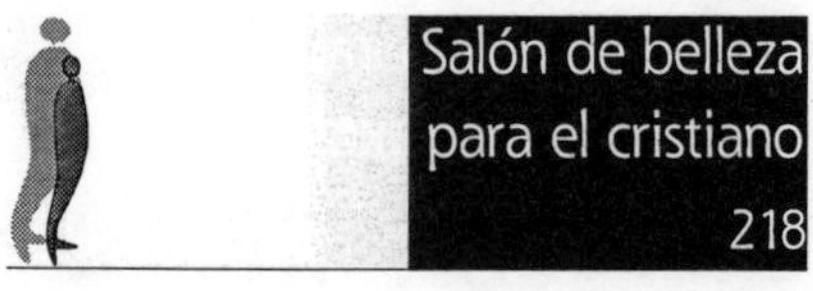

mente es el impulso natural, mientras que alzar la mano con bendición es la respuesta de la gracia...

«La copa de bendición que bendecimos, ¿no es la comunión de la sangre de Cristo?» (1 Co. 10:16).

Existe, además, otro medio donde el acto de bendecir con las manos se hace realmente necesario. Nos referimos a la bendición que pedimos antes de comer; cuando juntamos nuestras manos y elevamos una oración de agradecimiento y una súplica de bendición de los alimentos a Aquel que nos los concedió.

Entonces, estamos declarando que los alimentos son más que fécula, proteína y vitaminas: son un don de la gracia de Dios y un fruto de su amor por nosotros. Representan más que el sudor del granjero, el embalaje del fabricante, o la tarea del vendedor; representan la Providencia de Dios.

Todo ello significa que el acto de comer es más que una necesidad biológica; es un acto de compartir, estar juntos y en comunión. Así, mediante este acto, una sencilla comida se convierte en un sacramento. La bendición toma lo profano y lo hace sagrado; toma lo común y lo hace santo. Y es que Dios puede tomar lo ordinario y hacer que sea extraordinario, gracias al simple acto de bendecir.

Nuestro deber es, pues, bendecir lo que Él ha bendecido, lo que Él ha declarado santo y lo que Él ha reservado para uso especial. Las manos que se atrevan a bendecir lo que Dios ya bendijo en sí mismo serán manos alabadas por su hermosura...

4.ª SESIÓN

Para que las Manos Ayuden

¿Cómo sería el mundo si no hubieran manos que ayudasen? Manos cogiendo las de un niño cuando cruza la calle, vendando una herida, abriendo la puerta a un amigo o echando una carta al buzón...

Sí, las manos que bendicen son admirables. Pero a menudo deben hacer más que bendecir; deben ayudar.

Santiago habló de manos que bendijeron, pero que no ayudaron:

«Si un hermano o una hermana están desnudos, y tienen necesidad del mantenimiento de cada día, y alguno de vosotros les dice: *Id en paz, calentaos y saciaos*, pero no les dais las cosas que son necesarias para el cuerpo, ¿de qué aprovecha?» (Stg. 2:15 y 16).

Y es que las intenciones pueden sonar muy «piadosas»; pero hasta que resulten en alguna acción concreta, son poco más que humo.

Son las manos, precisamente, las que normalmente hacen diferencia entre intención y acción. Así, por ejemplo, el buen samaritano tuvo una actitud de preocupación y un corazón de amor; pero fueron sus manos las que llevaron a cabo la tarea: con ellas, sostuvo la cabeza herida del judío herido, y levantó bondadosamente su cara del polvo. Con ellas, también, tomó aceite y lo vertió sobre las llagas abiertas. Con ellas, empuñó las bridas del animal y se dirigió al mesón. Y con sus manos, por supuesto, bajó al hombre, llevándolo a una cama. Luego, sacó unas cuantas monedas de su bolsillo y, sosteniéndolas en la palma de su mano, se las entregó al mesonero.

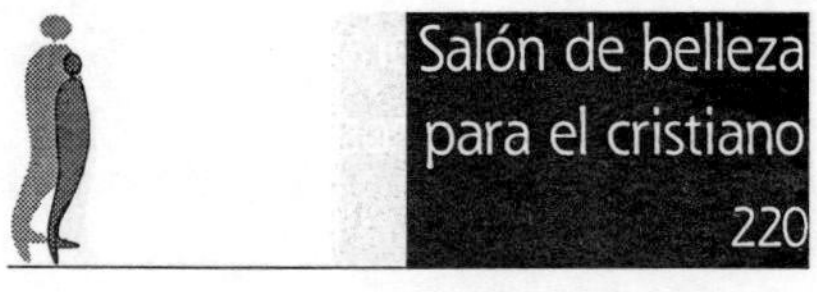

Y es que, al igual que aquel buen samaritano, la mayoría de las veces, nosotros no tenemos que preguntar si alguien necesita nuestra ayuda; sencillamente, lo sabemos... Y hemos de actuar en consecuencia.

Jesús, nuestro máximo ejemplo, no usó sus manos para convertirse en un prometedor aspirante a Mesías. Nunca levantó el puño en desafío al poder romano, como lo deseaban algunos exaltados. Tampoco cruzó sus dedos en una piedad falsa y ostentosa, como sugerían los fariseos. Sus manos no fueron contratadas por su habilidad en espectáculos mágicos, como sugirió Satanás en el desierto. Ni las empleó para estrechar una mano poderosa con exagerada simpatía, como hubieran deseado los diplomáticos saduceos.

Al contrario, las manos de Jesús se ocuparon exclusivamente en ayudar. Esto es, eran manos que levantaban, daban, sanaban... Manos extendidas en un servicio sin egoísmo. Así, con sus manos, Jesús hizo una cataplasma de barro y la aplicó sobre los ojos de un ciego. Con sus manos, también, tomó las manos de Tabita y la resucitó. Con sus manos, distribuyó pan y pescado a cinco mil hambrientos, alzó a los pequeños en su regazo, repartió pan y vino en la Última Cena y, finalmente, con sus manos, lavó los pies de sus discípulos; y fue por éstas, que colgó de la cruz.

En efecto, las manos de Jesús eran la expresión misma de su trabajo, de su misión y de su persona:

«Haya, pues, en vosotros este sentir que hubo también en Cristo Jesús, el cual, siendo en forma de Dios, no estimó el ser igual a Dios como cosa a qué aferrarse, sino que se despojó a sí mismo, tomando forma de siervo, hecho semejante a los hombres» (Fil. 2:5-7).

¡Qué diferentes son sus manos a las nuestras! Muchas veces, creemos que las manos sirven para apoderarse, obtener, arañar, hacer

puños y coger lo que podamos. De hecho, es lo que, al parecer, la sociedad consumista en la que vivimos espera que hagamos...

Aunque ya en los tiempos de Jesús, el corazón de los hombres se regía por el egoísmo. Vemos, por ejemplo, cómo la madre de Jacobo y Juan fue una vez al Maestro, con la siguiente petición:

•••••••

Las manos de Jesús se ocuparon exclusivamente en ayudar. Esto es, eran manos que levantaban, daban, sanaban... Manos extendidas en un servicio sin egoísmo. Así, con sus manos, Jesús hizo una cataplasma de barro y la aplicó sobre los ojos de un ciego. Con sus manos, también, tomó las manos de Tabita y la resucitó. Con sus manos, distribuyó pan y pescado a cinco mil hambrientos, alzó a los pequeños en su regazo, repartió pan y vino en la Última Cena y, finalmente, con sus manos, lavó los pies de sus discípulos; y fue por éstas, que colgó de la cruz.

«Ordena que en tu Reino se sienten estos dos hijos míos; el uno a tu derecha, y el otro a tu izquierda» (Mt. 20:21).

Esta petición hizo enfadar muchísimo a los otros discípulos; hasta tal punto que Jesús tuvo que reprenderles:

«Sabéis que los gobernantes de las naciones se enseñorean de ellas, y los que son grandes ejercen sobre ellas potestad. Mas entre vosotros no será así, sino que el que quiera hacerse grande entre vosotros, será vuestro servidor, y el que quiera ser el primero entre vosotros, será vuestro siervo. Como el Hijo del Hombre no vino para ser servido, sino para servir, y para dar su vida en rescate por muchos» (Mt. 20:25-28).

He aquí, el secreto de la verdadera grandeza; a saber, ésta consiste, no en alzarse por encima de los demás, sino en ayudar a otros a subir. O lo que es lo mismo: la medida del Reino de Dios sobre la grandeza es radicalmente diferente de la medida del mundo; porque la verdadera grandeza no es una posición, sino una estatura. No es recibir, sino dar. No es ser servido, sino servir; no es mandar, sino obedecer...

Entonces, podríamos preguntarnos... ¿Qué es lo que hace grande a una iglesia? ¿El número de sus miembros? ¿La belleza de sus ventanales? ¿La majestuosidad de su arquitectura? ¿El alcance de su hipoteca? ¿La calidad de su coro? ¿La elocuencia de su pastor?

No, lo que enaltece a una iglesia es lo mismo que dignifica a un cristiano individualmente; a saber, su capacidad de servir y ayudar al prójimo. Y los que pertenezcan a una iglesia con tales características demostrarán ser verdaderos discípulos de Cristo; y poseerán unas manos bellas...

• • • • • • •

5.ª SESIÓN

Para que las Manos Trabajen

No siempre es fácil creer en la dignidad del trabajo. La monotonía de mirar a una máquina que estampa 1.278 piezas por hora, las tensiones de trabajar con la gente, el aburrimiento de planchar la octava colada de la lavadora, el cansancio de levantar la caja número quinientos y la lucha por obtener una mejor posición en la empresa... Todo esto provoca que, tarde o temprano, desarrollemos el síndrome *GDEV («Gracias a Dios, es viernes»).*

Sin embargo, y aunque en ocasiones nos pueda parecer mentira, el trabajo es un plan designado por Dios. Él mismo trabajó durante los seis días de la creación, y dice el Génesis que *el séptimo día descansó* (Gn. 2:2). Por lo tanto, nosotros, que estamos hechos a su Imagen, hemos de imitar lo mismo. Así, también en el Génesis se nos comenta cuál fue el trabajo de nuestros primeros padres:

«Y Dios les dijo: *Señoread a los peces del mar, a las aves de los cielos y a todas las bestias que se mueven sobre la tierra (...)* Tomó, pues, Jehová Dios al hombre, y lo puso en el huerto de Edén, para que lo labrara y lo guardase (...) Y puso Adán nombre a toda bestia y ave de los cielos y a todo ganado del campo» (Gn. 1:28; 2:15, 20).

Sabemos, no obstante, que el trabajo no quedó mucho tiempo como una actividad excitante e inspiradora, pues cuando el pecado entró, cada aspecto de la vida humana se corrompió, incluido el trabajo. Éste se convirtió, entonces, en una obligación necesaria para subsistir en un medio hostil. En definitiva, en una pesada carga:

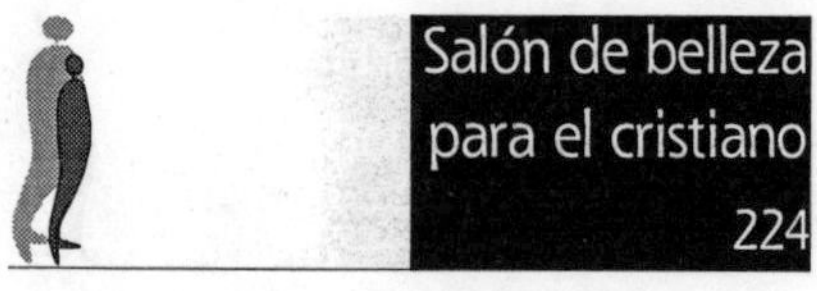

«Por cuanto obedeciste a la voz de tu mujer y comiste del árbol del que te mandé diciendo *no comerás de él*, maldita será la tierra por tu causa; con dolor comerás de ella todos los días de tu vida. Espinos y cardos te producirá, y comerás plantas del campo. Con el sudor de tu rostro comerás el pan hasta que vuelvas a la tierra» (Gn. 3:17-19).

Igualmente, y precisamente, el pecado también es el responsable de que muchas veces, en nuestros trabajos, reine el desasosiego. Porque el egoísmo y la terquedad humana, por ejemplo, traen problemas en las relaciones entre los obreros y los capataces, y entre los mismos trabajadores. La codicia y la dureza de corazón causan esclavitud, trabajos forzados y explotación. También, el odio humano y el prejuicio causan discriminación racial en el mercado de la mano de obra, y la avaricia nos hace infelices y frustrados en nuestros empleos. Por supuesto, en los negocios imperan las trampas, los fraudes y los sobornos... Todo esto hace del mundo laboral una jungla.

Muchos podrían pensar, entonces, que puesto que el trabajo conlleva tantas cosas negativas y, en muchos casos es un hervidero de malos sentimientos, lo mejor que se puede hacer es no trabajar; es decir, no pertenecer al sistema, sino alinearse de él. De hecho, existen grupos de personas que toman esta decisión y se aíslan del mundo para vivir en comunas, más intrínsecamente relacionados con la naturaleza y con «Dios».

Algunos de los cristianos de Tesalónica tuvieron un problema similar: su piedad se interponía a su práctica. Estaban excitadísimos con la vuelta de Cristo y estaban tan seguros de que el fin estaba cerca que abandonaron sus oficios, prefiriendo emplear su tiempo en esfuerzos más «santos». Las noticias de esto llegaron a Pablo:

«Oímos que algunos de entre vosotros andan desordenadamente. No trabajando en nada, sino entreteniéndose en lo ajeno. A los

tales mandamos y exhortamos por nuestro Señor Jesucristo que, trabajando sosegadamente, coman su propio pan» (2 Ts. 3:11 y 12.)

Y es que puede que esto suene muy bonito, pero es un gran error y una enorme falta de compromiso con la sociedad, en la cual todos vivimos y todos somos necesarios. Además, como cristianos, debemos seguir el ejemplo de Jesús, quien, como enseñan los evangelios, antes de dedicarse exclusivamente a su misión de anunciar que el Reino de Dios estaba cerca, trabajó hasta los treinta años en la carpintería de su padre, José. Así, leemos que cuando Jesús volvió a su ciudad natal para predicar en la sinagoga, la gente estaba asombrada y se preguntaba:

«¿De dónde tiene éste estas cosas? ¿No es acaso el carpintero?» (Mr. 6:2 y 3).

•••••••

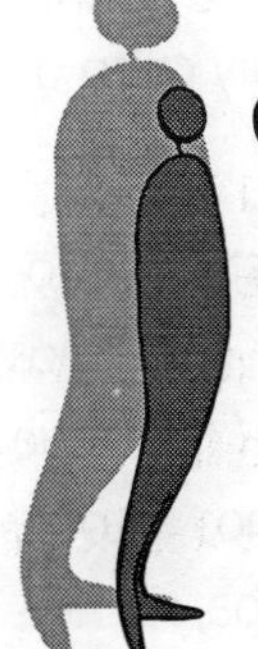

Jesús enseñó algunas verdades sobre las personas que, modestamente bendecidas, proporcionan, sin embargo, un trabajo productivo a la comunidad. Por ello, enfatizó la idea de hacer lo mejor que uno pueda con lo que tiene; puesto que todos los trabajos son necesarios y se complementan unos a otros.

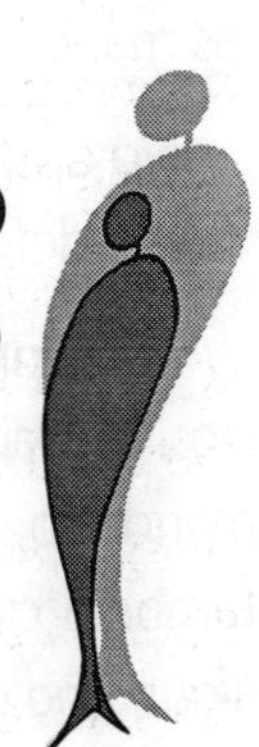

•••••••

El ejemplo de Jesús contrastó agudamente con la noción comúnmente mantenida en el mundo griego y romano de que el trabajo estaba por debajo de la dignidad de las personas educadas y cultas. En su República, Platón había colocado a los comerciantes, mercaderes y artesanos en la clase social más baja:

–*Estos...* –dijo– *No pueden seguir una vida de reflexión y raciocinio; por lo tanto, no vale la pena educarlos.*

Por su parte, Aristóteles sostenía que la educación era únicamente para el sabio uso de la clase ociosa. Como resultado de esta filosofía helenista, incorporada al Imperio Romano, llegó a haber en aquel tiempo unos cinco millones de esclavos, y la mayoría de los hombres libres que habitaban en las ciudades romanas eran poco más que zánganos inútiles.

Tal vez, nos creamos muy lejos de esa concepción clásica del trabajo. Pero, en el fondo, nuestro mundo occidental ha heredado parte de esa idea. Observamos, por ejemplo, que algunos protestantes blancos de clase media, influidos por el calvinismo, tienden a igualar a la clase más baja con la pereza y el desafuero. Consideran, además, que los trabajos manuales y de esfuerzo físico son poco dignos en comparación con la educación y el ejercicio intelectual. Posiblemente, muchos de sus hijos, «hijos de papá», no se atrevan a ensuciarse las manos con grasa de motores o pintura para las paredes.

No obstante, Pablo, sin duda el apóstol más preparado y culto de todos, defendió honorablemente el trabajo manual:

«Que procuréis tener tranquilidad, y ocuparos en vuestros negocios. Y trabajad con vuestras manos de la manera que os hemos mandado; a fin de que ... no tengáis necesidad de nada (...) Porque también cuando estábamos con vosotros, os ordenábamos esto: *si alguno no quiere trabajar, tampoco coma* (...) El que hurtaba, no hur-

te más, sino trabaje; haciendo con sus manos lo que es bueno, para que tenga qué compartir con el que padece necesidad» (1 Ts. 4:11 y 12; 2 Ts. 3:10; Ef. 4:28).

Y es que, a pesar de su elevada vocación de predicar el Evangelio, Pablo nunca consideró que trabajar con las manos rebajase la dignidad de una persona. Es más, nunca sintió que sus inmensos logros espirituales le exentaran del trabajo manual:

–*Nos fatigamos trabajando con nuestras propias manos* –llegó a decir, con cierto orgullo (1 Co. 4:12).

Pues en sus viajes misioneros, allá donde iba, siempre que podía intentaba trabajar como tejedor de tiendas para ganarse su sustento (Hch. 18:3).

Es cierto que no todas las manos son dotadas de la destreza necesaria para hacer el trabajo de un cirujano, de un arquitecto, un artista, un escritor o un juez. Pero eso no significa que las manos que se dedican al trabajo manual, llenas de durezas por la huella del sobresfuerzo, sean menos dignas que aquellas.

Jesús enseñó algunas verdades sobre las personas que, modestamente bendecidas, proporcionan, sin embargo, un trabajo productivo a la comunidad. Por ello, enfatizó la idea de hacer lo mejor que uno pueda con lo que tiene; puesto que todos los trabajos son necesarios y se complementan unos a otros.

Así, en la conocida parábola de los talentos, registrada en Mateo 25:14–30, se hace clara la verdad de que nosotros somos como aquellos servidores que recibieron talentos de parte de su señor: algunos, cinco; otro, dos. Y otro, sólo uno... No importa; Dios no requiere de nosotros más de lo que estamos capacitados para hacer, tanto si poseemos diez talentos como si poseemos cinco. Pero exige de nosotros de acuerdo a lo que Él nos ha capacitado. Nadie puede usar la excusa de que no sirve para nada y cruzarse de brazos. De lo contrario, el Señor tendrá que ordenar lo mismo que ordenó para el siervo negligente de la parábola:

–*Al siervo inútil echadle en las tinieblas de afuera; allí será el lloro y el crujir de dientes* (Mt. 25:30).

Esta parábola es, pues, un consuelo y una advertencia. Un consuelo, para los que alguna vez se hayan infravalorado a sí mismos, por el hecho de no haber podido recibir una buena educación y hayan tenido que trabajar desde muy jóvenes con el sudor de su frente. Éstos pueden alegrarse al saber que su Padre Celestial alaba sus esfuerzos y los dignifica.

Y una advertencia a aquellos que están bien cultivados y ostentan buenos puestos de trabajo. A éstos, decirles que, si bien la ambición encauzada correctamente es provechosa, en dosis desmesurada se puede convertir en un arma del diablo. Sí, Satanás tiene la habilidad de usar los mejores rasgos de nuestra personalidad para sus propios propósitos y pervertir los talentos más admirables en instrumentos dañinos y destructivos.

En una ocasión, Jesús se encontró con dos hermanos que estaban peleando por una heredad. Entonces, en vez de ayudarles a repartir la herencia, les dio la siguiente amonestación:

«Mirad, y guardaos de toda avaricia; porque la vida del hombre no consiste en la abundancia de los bienes que posee» (Lc. 12:15).

También, en otra ocasión, contó la parábola del rico necio: aquel hombre cuyo trabajo tenía mucho éxito, pero cuya vida era un trágico fracaso; pues sólo la veía en términos de trabajo y de posesiones materiales. De esta manera, descuidó lo más importante, su vida eterna:

«Pero Dios le dijo: *Necio, esta noche vienen a pedirte tu alma; y lo que has provisto, ¿de quién será?* Así es el que hace para sí tesoro, y no es rico para con Dios» (Lc. 12:20 y 21).

Ésta es la razón por la cual, el Señor nos aconseja:

«Trabajad, no por la comida que perece, sino por la comida que a vida eterna permanece, la cual el Hijo del Hombre os dará» (Jn. 6:27).

Esto es, trabajemos lo mejor que sepamos en nuestras tareas diarias, creciendo en el perfeccionamiento del trabajo que realizamos; pero, sobre todo, trabajemos nuestra relación diaria con Dios. Que nuestro trabajo humano no se anteponga a los objetivos del Cielo. Las manos que trabajen ambos aspectos con total dedicación serán, sin duda, manos hermosas, piropeadas por el Señor.

6.ª SESIÓN

PARA QUE LAS MANOS ACARICIEN

La Biblia contiene muchas ilustraciones en las cuales se muestra cómo el toque físico que hacemos con las manos es un signo de confianza, preocupación, simpatía y amor por otras personas.

Así, en 2 Reyes leemos que, cuando se avecinaba la guerra contra Siria, el profeta Eliseo quiso tranquilizar al Rey Joás:

«Y le dijo Eliseo: *Toma un arco y unas saetas*. Tomó él entonces un arco y unas saetas. Luego, dijo Eliseo al rey de Israel: *Pon tu mano sobre el arco*. Y puso él su mano sobre el arco. Entonces, puso Eliseo sus manos sobre las manos del rey» (2 R. 13:15 y 16).

De esta manera, Eliseo transmitió confianza al rey; a saber, con palabras, mediante una acción simbólica y a través del toque físico.

Otro ejemplo lo encontramos en el episodio de la batalla de Jehú contra el perverso Acab. En medio de aquella batalla, Jehú encontró a Jonadab y le preguntó:

–*¿Es recto tu corazón, como el mío es recto con el tuyo?*

Y Jonadab le respondió:

–Lo es.

Entonces, Jehú dijo:

–*Pues que lo es, dame la mano.*

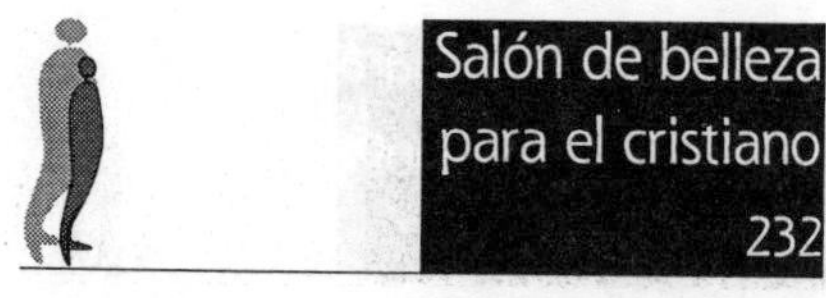

Y dice el texto que *Jonadab le dio la mano, y luego, Jehú lo hizo subir consigo en el carro* (2 R. 10:15).

Así, el apretón de manos era ya, en aquellos días, una promesa de amistad y una señal de confianza.

También, el mismo Jesús, al ejercer su ministerio de curación, una y otra vez, tocó a aquellos a los cuales sanaba: ciegos, sordos, cojos... Todos recibieron el toque personal de Jesucristo, como una indicación de que Él no les rechazaba por sus enfermedades, su suciedad o su pecado. No, Él los aceptaba tal como eran.

Esta clase de cálida aceptación es devuelta a Jesús en un incidente notable: una mujer pecadora irrumpió en una cena en casa de un fariseo llamado Simón, a la cual estaba invitado el Maestro. Entonces, esta mujer comenzó a ungir con perfume de nardos los pies de Jesús y a regarlos con sus lágrimas, para, finalmente, enjugarlos con sus cabellos. Muy enojado por el incidente que estaba ocurriendo, el anfitrión de la casa pensó para sus adentros:

–*Si éste fuera profeta, conocería quién y qué clase de mujer es la que le está tocando, que es pecadora* (Lc. 7:36-39).

Pero Jesús leyó en la mente de Simón y, adelantándose a sus cavilaciones, le dijo:

–*De cierto os digo que dondequiera que se predique este Evangelio en todo el mundo, también se contará lo que esta mujer ha hecho, para memoria de ella* (Mt. 26:13).

Y es que los escribas y los fariseos habían reducido la religión a una serie de reglas y rituales. Para ellos, decir las oraciones apropiadas, dar el diezmo prescrito y cumplir automáticamente la letra de la Ley era la esencia de la verdadera religión. Pero la clase de fe religiosa que Jesús dio como ejemplo era una religión de respuesta

personal, de lágrimas de arrepentimiento, abierta preocupación por los otros y concretas expresiones de amor, tales como la de aquella mujer arrepentida de sus pecados.

Hay, pues, amor divino en el toque físico. Pero también hay algo más: hay poder divino. El apóstol Juan nos habla también de ese toque divino de Jesús y nos dice que su testimonio acerca de Cristo es válido y tiene fuerza precisamente porque él había tocado realmente al Salvador:

«Lo que era desde el principio. Lo que hemos oído. Lo que hemos visto con nuestros ojos; lo que hemos contemplado, y palparon nuestras manos tocante al Verbo de Vida» (1 Jn. 1:1).

Sabemos que los niños exploran su mundo tocando. Disfrutan del tacto de cosas cálidas, frías, lisas, ásperas, suaves... Pero además, es mediante el tacto que ellos aprenden a comunicarse; incluso, mucho antes de que puedan entender una sílaba o ver claramente. Las madres tienen un conocimiento instintivo de tales cosas.

Tan importante es, pues, el contacto físico con las manos, que en muchos colegios para niños con problemas de minusvalía física o mental, se ha instaurado una metodología educacional basada substancialmente en el contacto manual. De esta manera, se les enseña a salir de su aislamiento mental y a relacionarse con los demás. Es también una terapia para que ellos se sientan aceptados y queridos, la cual tiene beneficiosos resultados en su salud y desarrollo.

Por el contrario, está demostrado que los niños que no reciben esta clase de contacto físico sufren severos desequilibrios emocionales y empeoran en su estado de salud.

Un libro llamado *Lenguaje del cuerpo*, de Julius Fast, nos habla acerca de lo importante que es el toque físico a la hora de educar a un niño. Así, nos relata un incidente que el propio autor sufrió cuan-

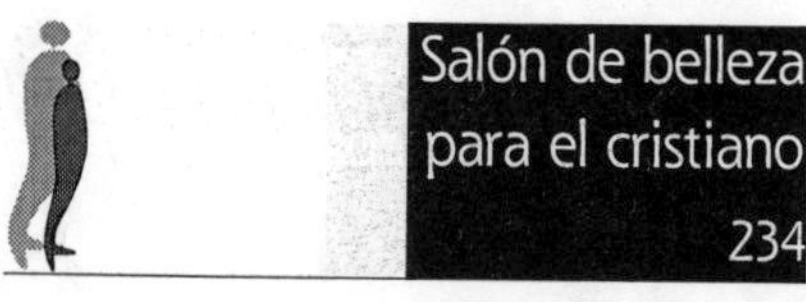

do enseñaba en una clase de redacción para jóvenes de su iglesia. Allí, se enfrentó con Harold, un chico de catorce años, «nacido para causar dificultades». Éste desconcertaba a la clase entera con su actitud rebelde y problemática. Julius intentó todos los medios que pudo para controlar a Harold: intentó ser amable, hacerse su amigo, disciplinarlo e incluso castigarlo. Pero nada sirvió... Y Harold continuaba siendo un chico hosco y desorganizador. Hasta que una tarde, cansado de las travesuras y groserías de Harold, Julius, instintivamente, asió las manos del chico. Y dice el autor:

«Al momento que lo hice, me di cuenta de mi error. ¿Qué podía hacer ahora? ¿Dejarle ir? Entonces, él sería el victorioso. ¿Pegarle? Eso sería peor. Así que, en un momento de inspiración, lo tiré al suelo y empecé a hacerle cosquillas. Al principio, Harold chilló con rabia... Después, con risa. Y sólo cuando entrecortadamente me prometió portarse bien, le dejé levantarse; y encontré, con una mezcla de sentimientos, que había creado un tipo de monstruo como Frankenstein. Haciéndole cosquillas, le había invadido la zona de su cuerpo, impidiéndole usarlo para su defensa. A partir de entonces, Harold se portó bien. Pero, sobre todo, se convirtió en un amigo inseparable; siempre colgándose de mi brazo o cuello, empujándome, dándome puñetazos amistosos... Devolví la intimidad, y de una forma u otra, ambos lo hicimos a lo largo del período escolar».

Y es que el toque de una mano puede transmitir una clase de interés y de complicidad que es difícil de expresar de otro modo. Puede parecer una cosa pequeña, pero expresas mucho con un apretón de manos: si tu mano es floja y fría te dibujas a ti mismo como letárgico y enfermizo. Si por el contrario, tu apretón de manos es exagerado, dará la impresión de que eres una persona agresiva e, incluso, avara. Y un apretón de manos con sólo una ligera presión transmitirá desinterés y despreocupación.

Así, por ejemplo, una amiga anciana está en el hospital. Sus ojos están cerrados, su piel parece casi transparente y está respirando con dificultad. No se mueve, y no estás seguro de si está siquiera enterada de tu presencia. Pero, aprietas su nudosa y fría mano, y la sostienes fuertemente, mientras piensas:

–Me intereso; de verás que me intereso por ti.

•••••••

El toque de una mano puede transmitir una clase de interés y de complicidad que es difícil de expresar de otro modo. Puede parecer una cosa pequeña, pero expresas mucho con un apretón de manos: si tu mano es floja y fría te dibujas a ti mismo como letárgico y enfermizo. Si por el contrario, tu apretón de manos es exagerado, dará la impresión de que eres una persona agresiva e, incluso, avara. Y un apretón de manos con sólo una ligera presión transmitirá desinterés y despreocupación.

•••••••

Ella, entonces, abre sus ojos, alza la mirada y sonríe. No ha sido una palabra, sino su débil apretón lo que te asegura que ella ha sentido tu toque y que está emocionada por tu presencia.

Igualmente, cuando dos personas se encuentran, se dan la mano. Y este apretón de manos es más significativo que una inclinación con la cabeza o un simple *hola*. Simboliza dos vidas viniendo a un contacto personal el uno con el otro. No obstante, y por otro lado, un apretón de manos mantiene a la otra persona a una cierta distancia... No es un abrazo, un beso o una caricia. Es, pues, una clase de camino medio y equilibrado.

Por último, existe otro tipo de toque, reservado exclusivamente a las parejas: es el toque erótico. Sin duda, el que más sentimientos alcanza a expresar, pues implica una relación íntima y sagrada con la otra persona. Notamos la importancia que Dios concede a esta clase de toque en el hecho de que Él lo ha diseñado como algo intrínsecamente relacionado con la naturaleza humana. Basta decir que cuando Dios nos conectó, preparó las cosas de modo que cientos de nervios en nuestro cuerpo parecen seguir una recta directa hacia las áreas de especial sensibilidad sexual. Así, el toque físico con las manos se convierte en un poderoso medio de excitación en el que, hombre y mujer, transmiten sus sentimientos especiales hacia el otro. Como dice el Cantar de los Cantares:

«Su izquierda esté debajo de mi cabeza, y su derecha me abrace» (Cnt. 2:6).

En resumen, el toque físico que hacemos con nuestras manos, es decir nuestro tacto, es un regalo que Dios nos ha concedido para transmitir sentimientos nobles y gozar del compañerismo, la amistad, la familia y el amor.

No obstante, nuestra sociedad actual, tan impersonal e informatizada, parece haber olvidado, en muchos casos, lo gratificante que es poder palpar a una persona y no sólo ver su imagen digitalizada a través de una pantalla.

La persona, pues, que aprecie el contacto directo y sepa usar correctamente sus manos para transmitir sentimientos diversos de afecto e interés poseerá, sin duda, unas manos hermosas.

7.ª SESIÓN

Para que las Manos reflejen la Imagen del Padre

Crear con nuestras propias manos es tener parte en una de las más emocionantes actividades de Dios. Es, de hecho, tener parte en su misma naturaleza; ya que, como dice la Escritura, *en el principio, creó Dios los cielos y la tierra* (Gn. 1:1).

Ésta fue la creación primaria de Dios, por medio de la cual Él hizo que existieran todas las cosas. Pero no significó, ni mucho menos, el final de su actividad creativa. La tierra estaba todavía desordenada y vacía.

Era improductiva, oscura y carecía de belleza alguna y de vida. Por lo tanto, dijo Dios:

–*Sea la luz... Júntense las aguas que están debajo de los cielos en un lugar... Produzca la tierra hierba verde...*

He aquí, la creación secundaria de Dios. En esta fase de su actividad creadora, Dios tomó los materiales existentes y los moldeó en nuevas formas de vida. Podemos deducir que, en ese tiempo, el Creador no hizo nuevas moléculas o átomos; simplemente, los combinó dentro de la fantástica variedad de minerales, plantas y animales que llenan hoy la tierra. Por ello, si bien es cierto que *crear es hacer algo de la nada*, también lo es crear a través de algo ya existente. Ambas cosas hizo Dios cuando creó nuestro mundo. Y cuando terminó todo, evaluó el trabajo de sus manos creadoras:

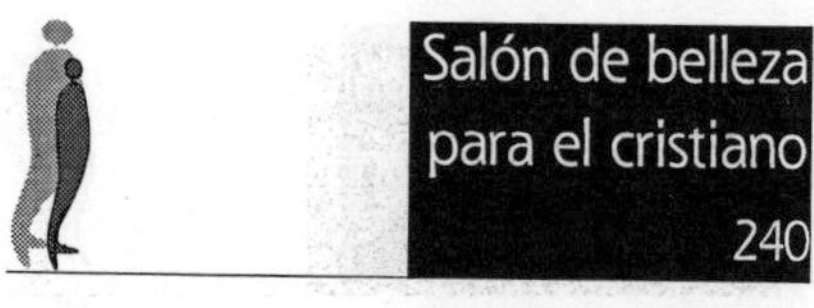

«Vio Dios todo lo que había hecho, y he aquí que era bueno en gran manera» (Gn. 1:31).

La creación requiere inteligencia, sabiduría, un sentido de la belleza y ese poder difícil de definir, como lo es el impulso creador. Pero la actividad creadora de Dios fue más lejos todavía; más allá de los requisitos mínimos para cumplir la tarea. Por ejemplo, creó las mariposas, unas criaturas raramente vistas por los ojos humanos y de una belleza asombrosa. Creó también la delicada transparencia de la libélula y su vuelo a flor de agua. Y el ala del colibrí, tan inimitable, la prístina belleza de un cristal y el detalle único de un copo de nieve... Todas estas cosas creó Dios, y nos dan un sentido de reverencia ante su poder creador. Esto es, la profusión de 3.500 especies de mamíferos, 6.000 reptiles, 9.000 pájaros, 30.000 peces y 800.000 insectos parece bastante más que lo necesario para arrodillarnos delante del Creador y alabar su poder sin igual.

Asimismo, las manos de Jesús, en quien la imagen de Dios resplandece sin mancha, fueron manos creadoras. Como carpintero en Nazaret, creó mesas, sillas, yugos de bueyes y arados. Pero, además, hizo otras tantas cosas, como transformar el agua en vino, dar salud a un cuerpo enfermo, y vida a un cuerpo inerte, sepultado hacía ya cuatro días. Con cinco panes y dos pececitos, Jesús multiplicó suficiente comida como para saciar a cinco mil personas. Enseñó también nuevas verdades y explicó antiguas verdades; empleó parábolas e ilustraciones novedosas para expresar la verdad espiritual de manera inusitada...

No obstante, nos hemos saltado la más importante creación del Padre y del Hijo juntos; a saber, la creación del ser humano. En el primer libro de la Biblia leemos:

«Y dijo Dios: *Hagamos al hombre a nuestra imagen*» (Gn. 1:26).

No es momento ahora de detenernos con profundidad en este pasaje. Bástenos saber, eso sí, que puesto que Dios nos creó con atributos semejantes a los suyos, podemos decir que nos dotó de un impulso creador también. De hecho, Dios mismo nos mandó usar nuestra naturaleza creativa, siempre y cuando no lo hiciéramos de forma egoísta y ambiciosa. Así, Dios mandó a nuestros primeros padres:

«Fructificad y multiplicaos; llenad la tierra y sojuzgadla, y señoread en los peces del mar, en las aves de los cielos, y en todas las bestias que se mueven sobre la tierra» (Gn. 1:28).

En definitiva, que dispusieran de ella de forma creativa.

Y ésta es precisamente una de las características que nos diferencian de los animales; a saber, aquellos son criaturas de su medio, capaces de ajustarse a las circunstancias. Mientras que nosotros, los humanos, hacemos más que ajustarnos al medio: lo cambiamos. A veces, para bien de todos, pero mayormente, perjudicamos al resto de la creación: cultivamos la tierra desmesuradamente y la explotamos para que nos dé fruto todo el año, transformamos el carbón en energía y agotamos los recursos, fabricamos automóviles para desplazarnos y aviones para volar que contaminan la atmósfera...

No es que Dios esté en contra de nuestra capacidad creadora. Ya hemos afirmado que Él mismo nos dotó de un alma creativa. Pero desprecia y castiga a todos aquellos que destruyen el planeta, que Él ha creado con tanto amor (Ap. 11:18).

No es tampoco que esté en contra del impulso científico, artístico o musical. Al revés, ya en el Génesis leemos acerca de personajes como Tubal-caín o Jubal, quienes, respectivamente, crearon utensilios de bronce y hierro (Gn. 4:22) e instrumentos musicales, como el arpa y la flauta (Gn. 4:21).

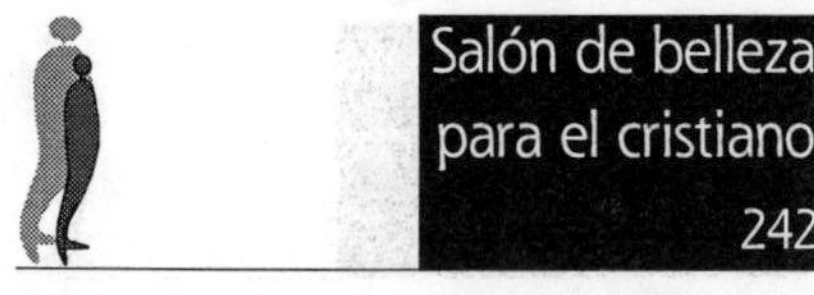

Y es que, desde su principio, la raza humana ha estado buscando constantemente nuevas formas de expresión; algunas universales, como lo es la música, por ejemplo. Sí, imitando a Dios, contemplamos las materias primas y las transformamos en cosas bellas y de utilidad. ¡Esto es lo que le gusta a Dios, que seamos creadores, y no destructores!

En una pequeña escala, nuestras manos humanas también imitan la profusión creadora de Dios yendo más allá de los requisitos mínimos a la hora de cumplir nuestras tareas cotidianas. Así, no estarán contentas de extender sólo azúcar sobre los pasteles, sino que los adornarán con gracia. No plantarán únicamente granos, frutos y hortalizas, sino que, con detalle, sembrarán pequeñas semillas, dispuestas con arte, de las cuales brotarán hermosas flores. Así también, un trozo de arcilla en nuestras manos, podría ser moldeado y convertirse en un lindo jarrón; y un lienzo en blanco esperará deseoso que lo pintemos con nuestros dedos. Igualmente, las cuerdas de nuestra guitarra, guardada en un rincón de la habitación, o una madeja de lana nos invitarán a utilizarlas con nuestras manos.

En efecto, nuestras manos encuentran placer en cualquier cosa que añada vida, línea, color, movimiento, ritmo y armonía a lo que nos rodea. No sólo se deleitan cumpliendo con las pequeñas necesidades para sobrevivir, sino también con las necesidades de los sentidos para la debida apreciación y estímulo. El poeta inglés William Wordsworth escribió:

«Arrastrando nubes de gloria venimos de Dios, quien es nuestro refugio».

En ninguna parte puede verse más claramente esta gran verdad que en el deleite que percibimos en el rostro de un niño que crea algo con sus manos. Sí, los niños nunca están más contentos que

cuando están haciendo algo: construir muñecos de nieve, elaborar «pasteles» de barro, moldear arcilla o plastilina, dibujar en el polvo, recortar muñecos de papel, hacer castillos de arena y burbujas de jabón... Realmente, el impulso creador de Dios se mueve a través de los dedos infantiles.

Sin embargo, cada vez con mayor profusión, las manualidades infantiles están dando lugar a los videojuegos y los ordenadores. También, la televisión se está convirtiendo en el gran entretenimiento de la gente menuda. Y este creciente desánimo de la naturaleza creadora de un niño es una anticipación de lo que está experimentando nuestra sociedad deshumanizada, donde la comida rápida preparada en el microondas, los coches de fábrica y los zapatos de molde están invadiendo y aniquilando las artes gremiales.

•••••••

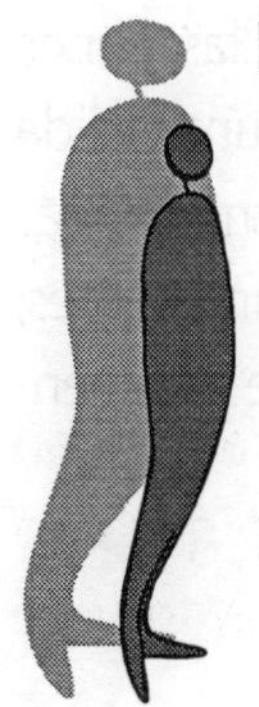

Nuestras manos encuentran placer en cualquier cosa que añada vida, línea, color, movimiento, ritmo y armonía a lo que nos rodea. No sólo se deleitan cumpliendo con las pequeñas necesidades para sobrevivir, sino también con las necesidades de los sentidos para la debida apreciación y estímulo.

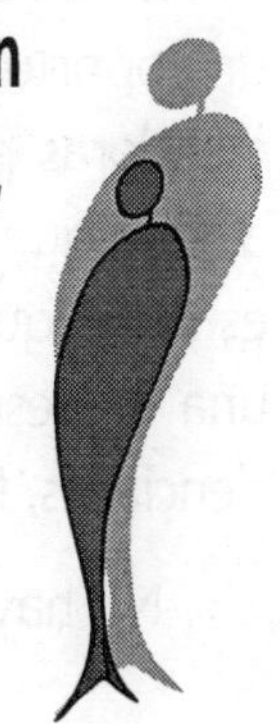

•••••••

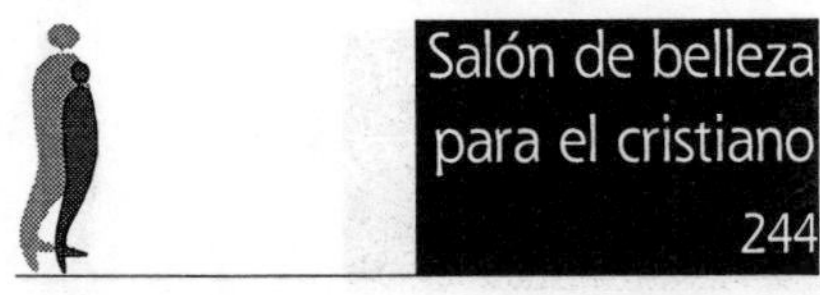

No obstante, el impulso creador, que es parte de la imagen de Dios en nosotros, no puede permanecer reprimido por mucho tiempo. Si se suprime en un área de nuestra vida, se compensará en otra. Como el agua detrás de la pared de un sótano, encontrará la manera de infiltrarse. Así, los niños hacen garabatos en los apuntes escolares. Un abogado estresado busca como hobby construir muebles en miniatura de unas latas de cerveza, y un oficinista hace una escultura soldando clavos... Pues, cuando la creatividad no es más que una parte de la vocación de uno, es probable que brote en un rato de ocio.

Y es que, cuando volvemos a casa del trabajo, la mayoría de nosotros necesitamos algo completamente diferente de lo que hemos estado haciendo todo el día. Dicho de otro modo, si es que deseamos estar alertas y enérgicos en nuestro oficio, las actividades de las tardes y de los fines de semana deben contrastar profundamente con nuestro trabajo diario. Cincuenta horas semanales son para trabajar; sesenta, son para dormir, pero todavía tenemos cincuenta y ocho horas de tiempo disponible en una semana, en las cuales podemos utilizar nuestras manos creativamente. ¿Acaso las usaremos para sintonizar la televisión? ¿Para abrir otro envase de cerveza? ¿Para hartarnos de chocolates? ¿Para encender otro cigarrillo?

No, el mejor uso de nuestro tiempo libre es dar a nuestras manos una oportunidad de crear algo de belleza y valor; porque las manos creadoras proporcionan un sentido de amor propio y una cálida alegría que permite sentirnos satisfechos con nosotros mismos. Crear es saber que hemos hecho algo que nadie ha hecho nunca antes; una expresión de nuestra individualidad, singularidad e independencia. Es, finalmente, un modo de decir:

–No hay nadie en el mundo exactamente como yo.

¿Y no es bonito poder sentirnos únicos? ¿Diferentes? De hecho, es así como somos para Dios cada uno de nosotros. Busquemos, pues, la manera de crear belleza con nuestras manos; y de este modo, también nosotros mismos poseeremos unas manos llenas de belleza.

8.ª SESIÓN

Para que las Manos toquen a Dios

La gente puede apelar a la misericordia de otros hablando y llorando, pero principalmente lo hace levantando horizontalmente su mano. De hecho, en casi cada cultura, una mano extendida es interpretada como una señal de que la persona que la extiende está pidiendo ayuda.

Así, los niños que desean ser alzados, levantan sus bracitos a la persona que tienen cerca. Y los mendigos extienden sus manos esperando recibir algunas monedas. Tenemos ejemplos bíblicos sobre ello. A saber, en Hechos 3:7, leemos que Pedro alzó a un mendigo que había en la puerta del templo, cogiéndole la mano; *y al momento, se afirmaron los pies y tobillos de aquel*. También, en Mateo 19:14, vemos cómo Jesús responde a los brazos levantados de los niños, cuando los discípulos intentaban impedir que las manos de aquellos pequeños ensuciasen el manto del Maestro.

Y es que una mano extendida solicita asistencia Divina tanto como asistencia humana. Es por eso que muchos de los salmos de oración hablan de alzar las manos hacia Dios:

«Oye la voz de mis ruegos cuando clamo a ti; cuando alzo mis manos hacia tu santo templo (...) Así te bendeciré en mi vida; en tu nombre alzaré mis manos (...) Extendí mis manos a ti; mi alma a ti como la sierra sedienta» (Sal. 28:2; 63:4; 143:6).

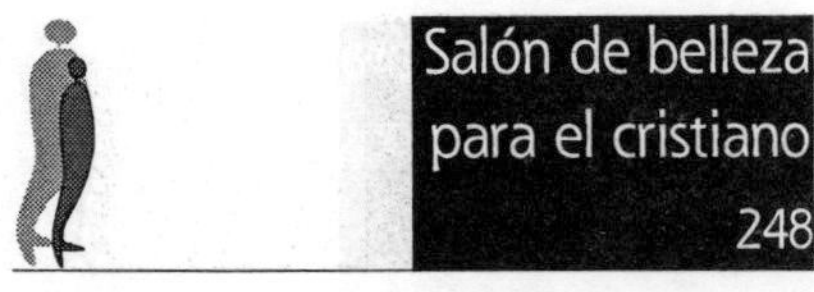

Asimismo, en Lucas 8:43-48, leemos la fascinante historia de una mujer que logró notables resultados extendiendo su mano a lo divino. Desde hacía doce años, esta mujer sufría un incontrolable flujo de sangre y no había podido ser aliviada por ningún médico. Su enfermedad parecía incurable, sus síntomas eran desconcertantes y era «sólo una mujer», en una época caracterizada por el machismo. Se comprende, entonces, que estuviera temerosa y dudosa en medio de la multitud que seguía a Jesús. Así que se acercó sigilosamente hasta que llegó al lado del Señor, y con toda discreción y disimulo, extendió su mano para tocar el borde del manto del Maestro. Esto fue suficiente, *pues al instante se detuvo el flujo de su sangre...*

Pero lo asombroso de la historia no es el milagro que ocurrió cuando aquella mujer extendió su mano para tocar al Maestro. No, lo asombroso fue lo que dijo Jesús:

—Alguien me ha tocado, porque sé que de mí ha salido poder.

Pedro no sabía si acaso había oído bien. ¿Cómo podía percatarse Jesús de que alguien le había tocado, si lo cierto es que estaban siendo oprimidos y empujados por una multitud agobiante?

Pero Jesús insistió en su declaración... Entonces, aquella mujer que había sido sanada se acercó, temblando; y cayendo a sus pies y sollozando, contó la historia de su enfermedad.

Es notable que Jesús sintiera el toque de su mano extendida. A su alrededor todo era movimiento, ruido y alboroto; el polvo de la calle y un sinnúmero de caras, todas en movimiento. Pero aun en medio de tanta gente presionándole por todas partes, Él pudo advertir el toque de una persona necesitada. Y le dijo:

—Hija, tu fe te ha salvado; ve en paz.

Sí, a través de la fe, las mismas puntas de los dedos de aquella mujer enferma llegaron a ser los conductores del poder sanador. Lo que necesitamos, pues, como ella, es un poco de fe.

En otra ocasión, Jesús y tres de sus discípulos bajaron de un monte. Una vez abajo, se encontraron con los demás discípulos y con el padre de un chico que sufría violentas convulsiones porque tenía un espíritu inmundo. Al parecer, ninguno de los discípulos había podido sanar a aquel muchacho, y el padre no sabía ya qué hacer por su hijo. Entonces, Jesús se acercó al padre para averiguar si acaso tenía fe en Él. Pero aquel hombre, desengañado a causa de tantas esperanzas falsas, sólo alcanzó a decir:

–*Creo, ayuda a mi incredulidad* (Mr. 9:24).

Y con esta afirmación de fe, tan vacilante, Jesús sanó al chico...

Y es que la fe es el eslabón entre lo natural y lo infinito. Sí, la fe es el medio por el que personas vacilantes e inciertas como tú y yo

•••••••

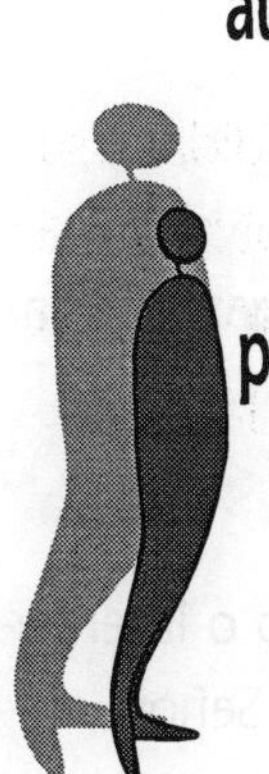

¡Qué hermoso es conocer esto! Saber que, aunque algunas veces podamos ser tentados a creer que estamos solos, en medio de innumerables caras anónimas, Jesús se percata de nosotros; nota nuestra presencia y nos presta su ayuda, si tan sólo mostramos un poco de fe.

•••••••

podemos venir al contacto real con Dios. Nuestras manos extendidas pueden estar temblando e inseguras, pero Dios las honrará.

¡Qué hermoso es conocer esto! Saber que, aunque algunas veces podamos ser tentados a creer que estamos solos, en medio de innumerables caras anónimas, Jesús se percata de nosotros; nota nuestra presencia y nos presta su ayuda, si tan sólo mostramos un poco de fe.

Hay consuelo al saber que la fe no necesita ser pura el cien por cien para ser mirada por Dios como fe verdadera. Lo importante no es su cantidad, o aun, su calidad, sino el mero hecho de que exista.

Si la fe fuera alguna clase de talento para «estrellas» y «celebridades» de la religión, podríamos tener razón al sentirnos inferiores a otros. Pero al Señor no le importa qué clase de manos tengamos, con tal de que las extendamos hacia Él.

Tal vez, estén temblando por culpa de las drogas o el alcohol. O incluso estén manchadas con la sangre de otra persona. No importa; Dios sostiene tus manos y te da la bienvenida:

«Venid luego, dice Jehová, y estemos a cuenta. Si vuestros pecados [...] fueren rojos como el carmesí, vendrán a ser como blanca lana» (Is. 1:18).

Y te alienta a extenderlas valiente y atrevidamente:

«Al que a mí viene, no le echo fuera» (Jn. 6:37).

Es posible que tus manos estén fatigadas de intentar ganar la paz mental sin éxito. No te preocupes; Jesús te dice:

«Si alguno tiene sed, venga a mí y beba» (Jn. 7:37).

Tus manos pueden estar atormentadas por el trabajo o la enfermedad. Si es así, escucha esta invitación ofrecida por el Señor:

«Venid a mí todos los que estáis trabajados y cargados, y yo os haré descansar. Llevad mi yugo sobre vosotros y aprended de mí, que soy manso y humilde de corazón. Y hallaréis descanso para vuestras almas; porque mi yugo es fácil, y ligera mi carga» (Mt. 11:28-30).

En cierta ocasión, fue Jesús, y no Pedro, quien asió las manos de un hombre y lo levantó. Aquel hombre era precisamente Simón Pedro, el cual dudó cuando el Maestro le animó a andar sobre el agua. Entonces, Jesús adelantó su mano para librar a Pedro de las olas turbulentas y lo salvó de ahogarse (Mt. 14:25-33).

Igualmente, hoy Jesús extiende su mano hacia la tuya para salvarte. Por tanto, confía, que Él no se sumergirá detrás de ti... Puedes extenderle tu mano con fe; y luego, como Pedro, agarrar a otros que estén también extendiendo sus manos, pidiendo ayuda. Porque las manos que se atreven a tocar a Dios son manos dignas de ser asidas; son manos hermosas, porque tienen fe.

Capítulo 5: Ocho sesiones para embellecer los pies

1.ª SESIÓN

Para que anden por Fe

Es por fe que recibimos a Cristo, y entramos así en el Reino de Dios y aseguramos nuestra vida eterna (Jn. 1:12; 3:16; Hch. 13:48; Ef. 2:8). Éste es el significado primario de la palabra *fe* en el Nuevo Testamento. Pero no es el único significado. La fe es también un modo de vida para el creyente cristiano:

«Porque en el Evangelio, la justicia de Dios se revela por la fe y para fe; como está escrito: *Mas el justo por la fe vivirá*» (Ro. 1:17).

Y la fe no es sólo un punto de comienzo; es un proceso continuo. Es uno de los frutos del Espíritu (Gá. 5:22). Una manera de mirar a los desconocidos con confianza y de entendérselas con las realidades básicas y radicales de la vida, la muerte, el tiempo y la eternidad... Pero, sobre todo, la fe es más que andar hacia Cristo: es andar con Cristo.

Todo lo dicho, no obstante, no implica que andar por fe signifique que debamos prescindir del uso de la razón. No es una aventura ciega a lo desconocido. Al contrario, Dios, que nos ha dado capacidad intelectual, espera que la usemos.

Así, no podemos, por ejemplo, meternos en deudas hasta el «cuello», aunque sea con fines piadosos, y luego decir *el Señor proveerá*. Pues Él no ha prometido a nadie que le vaya a librar de nada, si comete estupideces.

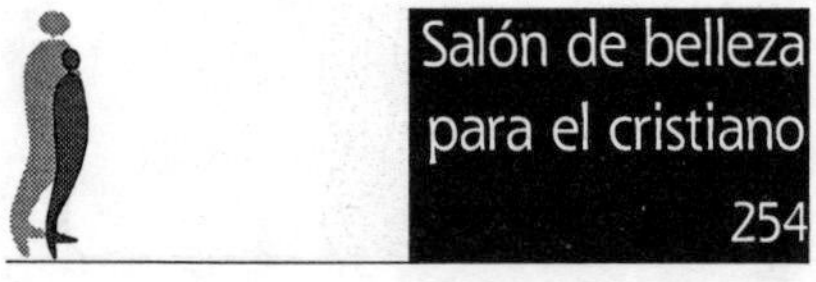

Ni significa que tengamos que prescindir de la guía y de los consejos humanos; ya sea de nuestros familiares o amigos, o de personas entendidas en un tema específico. Necesitamos todavía el consejo de los demás, aun cuando actuemos por fe; ya que, con frecuencia, Dios usa a otros para ayudarnos a resolver nuestros problemas.

A finales de 1977, el Servicio de Información Religiosa dio un reportaje sobre cierto número de predicciones que se habían hecho durante el año en las revistas más populares del país, como el *National Enquirer* o el *National Star;* y elaboraron un balance de los promedios de aciertos y errores de dichas predicciones. Una vez hecho el estudio, se vio que el promedio de aciertos era realmente desastroso. Sin embargo, los editores de estas revistas no se preocuparon mucho, porque a principios de 1978 lanzaron el primer número del año con grandes titulares: *Asombrosas predicciones para 1978.*

Y es que, en lo que afecta al futuro, muchos tratan desesperadamente de vivir por vista, en vez de vivir por fe; incluso cuando saben que la vista de los oráculos y de los adivinos es bastante borrosa. Por otro lado, las personas que viven por fe aceptan serenamente que el futuro quede escondido entre otros misterios de la vida, y confían en que, a su debido tiempo, Dios lo desvelará.

El libro *Diez años de vida*, de Henry J. Schut, nos cuenta la historia de una familia que, durante cinco generaciones, tuvo que luchar contra una enfermedad hereditaria; un tipo especial de ataxia. El autor mismo fue uno de los pocos miembros de la familia que no contrajo esa terrible enfermedad, la cual acabó eliminando a la mitad de sus miembros. Lo peor es que nadie podía detectar si acaso había heredado la enfermedad, ya que sus síntomas se manifestaban entre los dieciocho y los treinta y cinco años, y no antes. Luego, una vez aparecían los primeros síntomas, al enfermo sólo le queda-

ban diez años de vida. Otro de los sobrevivientes, el reverendo James Schut, presidió el entierro de la novena y última víctima de ataxia de su familia inmediata. Y dijo las siguientes palabras:

«No tenemos por qué saberlo todo. Basta con que Él nos deje saber algo. Lo que cuenta realmente es que tengamos fe hasta el día en que Él nos lo muestre todo. He pensado muchas veces que una de las primeras cosas que haré cuando vea a mi Salvador cara a cara será preguntarle: *Señor, ¿por qué nos has hecho estas cosas?* No tengo intención de preguntárselo con amargura, sino para saberlo, simplemente. Le diré: *Muéstrame, Señor, en qué consiste la gloria*

•••••••

Andar por fe no significa que aquí, mientras, debamos caminar por la vida como sonámbulos que no tienen esperanzas e ilusiones presentes, a fin de no sufrir un amargo desengaño. No, no implica ser una persona pesimista y conformista con los problemas y las injusticias. Tampoco conlleva que tengamos que ser cristianos resignados, con caras largas, esperando el fin de nuestras amarguras y de nuestros días, con los brazos cruzados.

•••••••

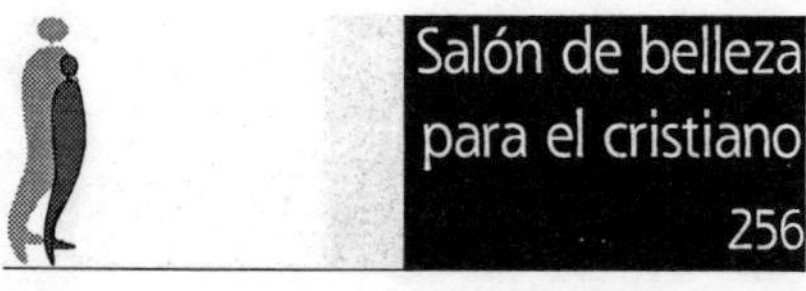

de esta enfermedad. Tengo fe suficiente para creer que cuando Él descorra la cortina y me muestre el resultado final, será bueno. ¡Mucho más de lo que espero!»

He aquí un ejemplo de lo que significa andar por fe y no por vista. Esto es, aceptar una de las tragedias más devastadoras de la vida sin insistir en tener una respuesta a la pregunta *por qué*. Es saber que hay un propósito, aunque desconozcamos los detalles.

El patriarca Job nunca supo por qué le habían pasado todas aquellas cosas terribles. Su esposa le sugirió que echara las culpas a Dios y sus amigos le insinuaron que la culpa era suya. Pero Job rechazó las dos ideas; sabía que simplemente no podía obtener respuestas a muchísimas cosas y que había un abismo inmenso entre su conocimiento y el de Dios.

Sí, en esta vida no es posible atar todos los cabos. Se necesita, entonces, fe para aguantar los cabos sueltos, hasta el día en que el Señor los ate limpiamente delante de nosotros. Porque el hecho de ser cristianos no nos librará de tener que pasar por valles oscuros, de angustia y de muerte. Nunca se nos ha prometido que nuestro sendero cruzaría sólo verdes y risueñas praderas, con flores silvestres y el sol iluminando el camino. No, el Buen Pastor sólo nos hace una promesa:

«Aunque pase por valle de sombra de muerte, no temeré mal alguno, porque tú estarás conmigo; tu vara y tu cayado me infundirán aliento» (Sal. 23:4).

Es decir, que cuando pasemos por un valle oscuro, Él estará allí con nosotros. Este consuelo, en última instancia, es lo que debe bastarnos; conocer que nada podrá destruir nuestra alma. Incluso si el cuerpo perece en un accidente o a causa de una enfermedad, nuestra alma permanecerá intacta. Nada puede, a fin de cuentas, tocar nuestro verdadero yo.

Todo esto sabemos gracias a la garantía de que Cristo cruzó también los valles oscuros de la vida, y salió ileso. Sí, Él personalmente anduvo por valles de profundas tinieblas: tuvo hambre y sed, cuando caminaba por las polvorientas colinas de Judea y Samaria; lloró ante la tumba de su amigo Lázaro. Finalmente, atravesó el valle más oscuro de todos, el valle de la muerte.

Sin embargo, el valle más terrible que cruzó por nosotros fue el de llevar nuestras culpas y, a causa de la enorme carga de pecado, el de experimentar la soledad completa, que fue la separación de su Padre:

•••••••

Al contrario, andar por fe es atreverse a ilusionarse con los detalles cotidianos de la vida, aun a pesar de que esta nos dé en ocasiones sorpresas desagradables. Es tener la capacidad de seguir soñando y esperar lo mejor de las cosas que nos rodean, con la valentía de saber que, aunque no existe la certeza, podemos gozar de las cosas pasajeras. Es, en definitiva, seguir haciendo planes, aun cuando estos puedan derrumbarse delante nuestro. Esto es, tener un corazón fuerte y lleno de vitalidad.

•••••••

«Y a la hora novena, Jesús clamó a gran voz, diciendo: *Eloi, Eloi, ¿lama sabactani?* Que traducido es: *Dios mío, Dios mío, ¿por qué me has desamparado?»* (Mr. 15:34).

Pero, ¡oh, maravilla! Nuestro Redentor no se quedó en ese valle, sino que salió victorioso y se sentó a la diestra del Padre, para no volverse a separar nunca más. Él vive ahora, y nos acompaña en nuestros senderos tristes; recordándonos que nos está preparando un hogar en el Cielo:

«En la casa de mi Padre, muchas moradas hay; si así no fuera, Yo os lo hubiera dicho. Voy pues, a preparar lugar para vosotros. Y si me fuere y os preparare lugar, vendré otra vez, y os tomaré a mí mismo, para que donde Yo estoy, vosotros también estéis» (Jn. 14:2 y 3).

Así, con Él, nosotros también llegaremos a la luz y a la gloria del Padre.

Sin embargo, andar por fe no significa que aquí, mientras, debamos caminar por la vida como sonámbulos que no tienen esperanzas e ilusiones presentes, a fin de no sufrir un amargo desengaño. No, no implica ser una persona pesimista y conformista con los problemas y las injusticias. Tampoco conlleva que tengamos que ser cristianos resignados, con caras largas, esperando el fin de nuestras amarguras y de nuestros días, con los brazos cruzados.

Al contrario, andar por fe es atreverse a ilusionarse con los detalles cotidianos de la vida, aun a pesar de que esta nos dé en ocasiones sorpresas desagradables. Es tener la capacidad de seguir soñando y esperar lo mejor de las cosas que nos rodean, con la valentía de saber que, aunque no existe la certeza, podemos gozar de las cosas pasajeras. Es, en definitiva, seguir haciendo planes, aun cuando estos puedan derrumbarse delante nuestro. Esto es, tener un corazón fuerte y lleno de vitalidad.

Y los que andan por fe caminan con una actitud expectante. Reconocen las dificultades, pero creen que muchas de ellas pueden ser vencidas. Son bastante sensatos como para comprender que hay mal en el mundo; pero creen que, por lo menos, al pasar balance, queda un ligero *superávit* de bien. Prefieren usar la palabra *difícil*, en vez de la palabra *imposible*. Porque la fe, dice Jesús, *puede mover montañas* (Mr. 11:23). A saber, montañas de deudas, montañas de dudas, de impedimentos, de miedo, de resentimiento, de prejuicios y de derrota...

«Si puedes creer, todo es posible para el que cree (...) Esta es la victoria que ha vencido al mundo, nuestra fe» (Mr. 9:23; 1 Jn. 5:4).

Todo el capítulo 11 de Hebreos se refiere a la fe en este sentido de la palabra:

«Ahora bien, la fe es la firme seguridad de las realidades que se esperan, la prueba convincente de lo que no se ve» (He. 11:1)

Luego, aparece un sumario de los héroes de la fe del Antiguo Testamento; los cuales llegaron a hacer cosas que todo el mundo consideraba imposibles: Enoc, Noé, Abraham, Sara, Isaac, Jacob, Moisés y muchos más. Finalmente, en el capítulo siguiente, se nos lanza esta idea:

«Por tanto, nosotros también, teniendo en derredor nuestro tan gran nube de testigos, despojémonos de todo peso y del pecado que nos asedia, y corramos con paciencia la carrera que tenemos por delante» (He. 12:1).

Ya no se trata, pues, de andar por fe, sino de correr por fe. Sin duda, un gran reto lleno de entusiasmo. Imagina, dice el autor, que estás compitiendo en un gran estadio y que todos aquellos héroes de la fe mencionados están en las gradas jaleando y aplaudiéndote. ¿Cómo, entonces, vas a defraudarles? ¡Corre! La fe es la adrenalina

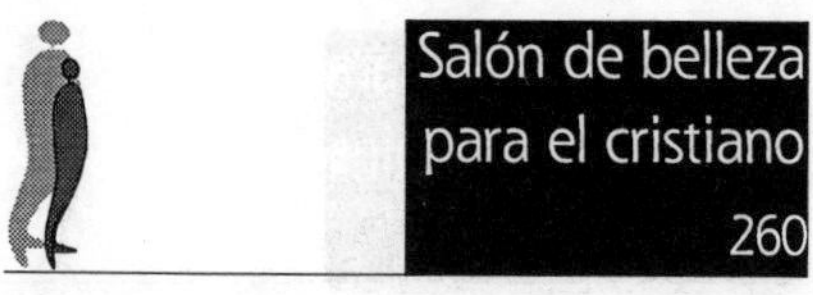

de la vida cristiana que te empujará hacia la meta... Hará incluso más que esto: pondrá en marcha el poder del Espíritu Santo de Dios, dándote una oleada de energía sobrenatural.

De manera que, ¿qué es lo que vamos a hacer? ¿Vegetar hasta que nos venga el poder? No, hemos de empezar a correr, y cuando lo hagamos, vendrá el poder. Pues, del mismo modo que, hasta que corremos, nuestros pulmones no se emplean a fondo, hasta que actuamos, nuestra fe no se ejercita:

«No perdáis, pues, vuestra confianza, que tiene gran galardón. Porque tenéis necesidad de paciencia, para que habiendo hecho la voluntad de Dios, obtengáis la promesa (He. 10:35-36).

Adelante, entonces; caminemos por fe. Eso es lo que Dios espera que hagamos con nuestros pies: andar confiados. Y así, serán hermosos...

2.ª SESIÓN

Para que sean guiados por el Espíritu Santo

La Biblia enseña que es el Espíritu Santo de Dios quien crea una nueva vida espiritual en nosotros:

«De cierto, de cierto te digo, que el que no nace de agua y del Espíritu, no puede entrar en el Reino de Dios. Lo que es nacido de la carne, carne es; y lo que es nacido del Espíritu, Espíritu es» (Jn. 3:5-6).

Igualmente, nos dice que, una vez ha creado una nueva vida, no lo abandona simplemente y se va a otras cosas. Todo lo contrario, el Espíritu Santo viene a vivir con nosotros:

«¿No sabéis que sois templo de Dios y que el Espíritu de Dios mora en vosotros? (...) Cuando venga el Espíritu de verdad, Él os guiará a toda la verdad (..) Si vivimos por el Espíritu, avancemos también por el Espíritu» (1 Co. 3:16; Jn. 16:13; Gá. 5:25).

O como dice una traducción más moderna de Gálatas 5:25:

«Ya que el Espíritu es la fuente de nuestra vida, dejemos al Espíritu que dirija su curso».

En efecto, Él nos hace crecer, nos enseña, nos guía, nos advierte y nos da fuerza espiritual. Es, realmente, algo semejante a la paternidad humana; al igual que un padre y una madre tienen el privilegio y la responsabilidad de guiar a sus hijos, y no los abandonan a su suerte, el Espíritu de Dios también posee la misma inclinación y preocupación por nosotros.

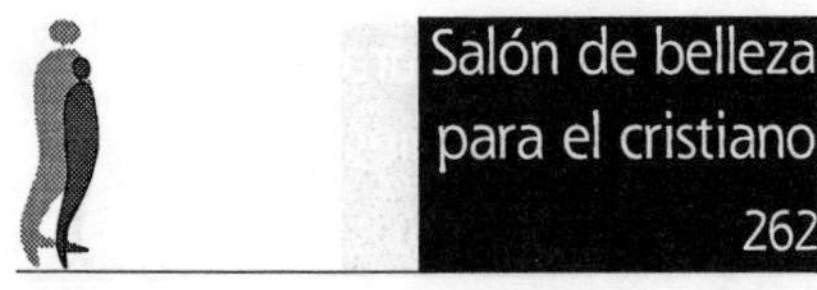

Pero... ¿Quién es el Espíritu Santo? Es Dios en acción en las vidas de las personas. Esto es, Dios directa y personalmente implicado en nuestras mentes, cuerpos y almas. Dicho de otra manera, el Padre es Dios, en cuanto nos creó y provee por nosotros; el Hijo es Dios, en cuanto provee nuestra Salvación, y el Espíritu Santo es Dios, en cuanto se comunica con nosotros y nos da poder.

Y de la misma manera que no debemos decir *no* a Dios Padre, ni a Dios Hijo, tampoco debemos negarnos al Espíritu Santo, que es Dios.

Lo que debemos hacer es buscar ser llenos de Él. Así, en el libro de Hechos, leemos de varias personas que estaban *llenas del Espíritu:* Pedro (Hch. 4:8), Juan (Hch. 4:13), los siete diáconos (Hch. 6:3) Esteban (Hch. 7:55), Bernabé (Hch. 11:24) y otros discípulos (Hch. 13:52).

Sin embargo, *ser llenos del Espíritu* implica distintas cosas según el contexto en el que aparezca dicha expresión. Por ejemplo, algunas veces, como en el caso de los diáconos, se refiere a un estilo de vida continuo:

«Buscad, pues, hermanos de entre vosotros: a siete varones de buen testimonio, llenos del Espíritu Santo y de sabiduría» (Hch. 6:3).

En otras ocasiones, se manifiesta de otras formas; ya sea cantando (Hch. 16:25), experimentando una visión (Hch. 7:55) o predicando el Evangelio con poder (Hch. 4:31). En general, podemos decir que *ser llenos del Espíritu* indica una clase de entusiasmo intelectual y una efervescencia sobre Cristo y sobre el Evangelio.

Además, mientras que los dones del Espíritu son distribuidos según le parece bien a Dios (1 Co. 12:11), la exhortación de *ser llenos del Espíritu* está dirigida a todos. Ahora bien, la cuestión es cómo podemos ser llenos del Espíritu Santo...

Uno de los secretos es estar abiertos a Él; a saber, vaciándonos de todo aquello que estorbe nuestra relación con Dios. Del mismo modo que para llenar un recipiente, el requisito indispensable es que éste esté vacío, así también, para llenarnos del Espíritu de Dios es necesario que nos vaciemos de todo lo que interrumpe o afecta nuestra comunión con lo divino.

Por eso, hemos de escuchar la Palabra de Dios, pasar más tiempo con Él en oración personal, juntarnos con otros cristianos y adorar en la iglesia. En una palabra, hemos de invitar, ingerir e inhalar al Espíritu Santo:

«Y no os embriaguéis con vino, en lo cual hay libertinaje; antes bien, sed llenos del Espíritu» (Ef. 5:18).

El resultado de todo esto será que daremos fruto para Dios. Tal vez, ésta sea una buena ilustración: un labrador ha invertido tiempo y energía abonando la tierra y sembrándola. Por fin, cuando llega la época de la cosecha, espera su fruto. En este caso, Dios es el labrador. Ha invertido poder creativo, material orgánico y recursos de la tierra; pero, sobre todo, nos ha otorgado a su Hijo y a su Espíritu. Por tanto, espera ver resultados:

«Yo os elegí a vosotros y os he puesto para que vayáis y llevéis fruto, y vuestro fruto permanezca» (Jn. 15:16).

Es decir, espera ver una vida transformada en nosotros:

«El fruto del Espíritu es amor, gozo, paz, paciencia, benignidad, bondad, fidelidad, mansedumbre, dominio propio» (Gá. 5:22).

Esta nueva cosecha ha de reemplazar a la vieja cosecha de malas hierbas:

«Adulterio, fornicación, inmundicia, lascivia, idolatría, hechicería, enemistades, pleitos, celos, explosiones de ira, contiendas, divisio-

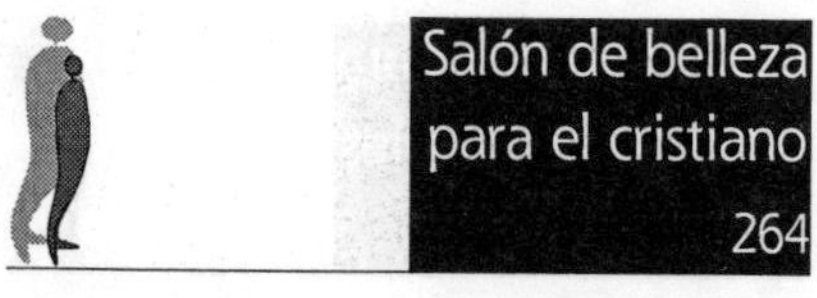

nes, sectarismos, envidias, homicidios, borracheras, orgías y cosas semejantes» (Gá. 5:19-21).

Pues la calidad de la cosecha siempre refleja el carácter del labrador; sea para bien o para mal:

«Por sus frutos los conoceréis. ¿Acaso se cosechan uvas de los espinos, o higos de los abrojos? Así también, todo buen árbol da buenos frutos; pero el árbol malo da malos frutos» (Mt. 7:16).

Entonces, puesto que Dios ha invertido lo mejor en nosotros, hemos de producir lo mejor para Él.

No obstante, no debemos confundir el fruto del Espíritu con los dones del Espíritu. Hay dos pasajes de la Biblia que nos dan una lista de los dones del Espíritu: la lista de 1 Corintios 12 y la lista de Romanos 12. Es posible, que los dones enumerados en Romanos sean más comunes y estén más orientados a las personas que los de la lista de Corintios. Pero el hecho es que hay dos listas y que, probablemente, ambas no agoten todavía todos los dones posibles.

Lo importante, sin embargo, es que entendamos que, en tanto que el fruto del Espíritu es el resultado moral y espiritual de la presencia de Dios en nosotros y está designado a realzar nuestro carácter, los dones del Espíritu son los resultados prácticos y operacionales de su presencia, designados a reforzar nuestro servicio:

«Ahora bien, hay diversidad de dones, pero el Espíritu es el mismo. Y hay diversidad de ministerios, pero el Señor es el mismo. Y hay diversidad de actividades, pero Dios, que efectúa todas las cosas en todos, es el mismo. Pero a cada uno le es dada la manifestación del Espíritu para provecho común» (1 Co. 12:4-7).

Hay, además, otro aspecto a distinguir: la diferencia entre los dones y los talentos. Esto es, los dones del Espíritu son dados sólo a

aquellos que tienen ya el fruto del Espíritu; es decir, a los creyentes cristianos que han sido transformados por el poder del Espíritu Santo. En cambio, todas las personas, cualquiera que sea su religión, tiene talentos. Eso no quiere decir, por otro lado, que el Espíritu no obre en ocasiones de modo concurrente sobre un talento natural o adquirido por nacimiento; reforzándolo, purificándolo y tomándolo completamente bajo su poder. Así, por ejemplo, no es una gran sorpresa ver cómo un antiguo vendedor puede convertirse en un buen evangelista, si está lleno por el Espíritu de Dios. Y es que verdaderamente *los caminos de Dios son inescrutables*...

Lo esencial es que, sea como sea que el Espíritu quiera llenarnos y usarnos, aceptemos dicha misión. De lo contrario, cuando rehusamos ser usados como instrumentos o recipientes de Dios, lo que hacemos es contristar al Espíritu. Pablo nos aconseja:

•••••••

Un labrador ha invertido tiempo y energía abonando la tierra y sembrándola. Por fin, cuando llega la época de la cosecha, espera su fruto. En este caso, Dios es el labrador. Ha invertido poder creativo, material orgánico y recursos de la tierra; pero, sobre todo, nos ha otorgado a su Hijo y a su Espíritu. Por tanto, espera ver resultados.

•••••••

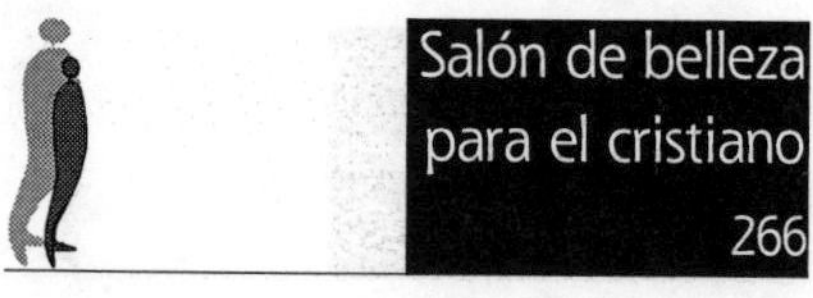

«Y no contristéis al Espíritu Santo de Dios, con el cual fuisteis sellados para el día de la redención» (Ef. 4:30).

¿Y cómo contristamos al Espíritu? Esto es, cuando llega la época de la cosecha, y no encuentra fruto: cuando despilfarramos sus dones en tonterías, cuando en público nos sentimos avergonzados de su compañía, cuando dejamos de ser las personas que Él quiere que seamos. En definitiva, cuando desairamos su amor y quebrantamos su confianza o rechazamos su consejo.

Sólo alguien que nos ama puede sentirte dolido si nos alejamos de él. No olvidemos, entonces, que el Espíritu Santo también es una persona de la Divinidad, con sentimientos de amor hacia nosotros. No, no alejemos nuestros pies de su presencia...

3.ª SESIÓN

Para que sigan las pisadas de Jesús

Sin duda, uno de los libros más populares de la literatura evangélica es *En sus pasos, ¿qué haría Jesús?*, de Charles Sheldon. Al poco de salir a la luz, se vendieron veintidós millones de ejemplares y, por lo que se refiere a América, la venta de ocho millones le dio el título de la novela de mayor venta conocida, hasta que en 1956 fue sustituida por *Peyton Place*. Se trata, pues, de uno de los clásicos cristianos más leídos después de la Biblia.

Pero... ¿Por qué se hizo tan popular este libro? Su prosa no tiene nada de distinguido; los personajes que aparecen son estereotipados. En resumen, no tiene mucho valor desde un punto de vista literario. Sin embargo, captó la imaginación del mundo con la intrigante pregunta *¿qué haría Jesús?*

Esta pregunta la hizo un individuo pobremente vestido, sin trabajo, que entró en la famosa iglesia de Raymond, cuando el reverendo Henry Maxwell estaba concluyendo su magnífico sermón sobre 1 Pedro 2:21:

«Para esto fuisteis llamados; porque también Cristo padeció por vosotros, dejándoos ejemplo, para que sigáis sus pisadas» (1 P. 2:21).

Entonces, dicho forastero se dirigió a toda la congregación y explicó que la semana anterior había oído cantar el himno *Todo cual Jesús* a algunos hermanos de la iglesia:

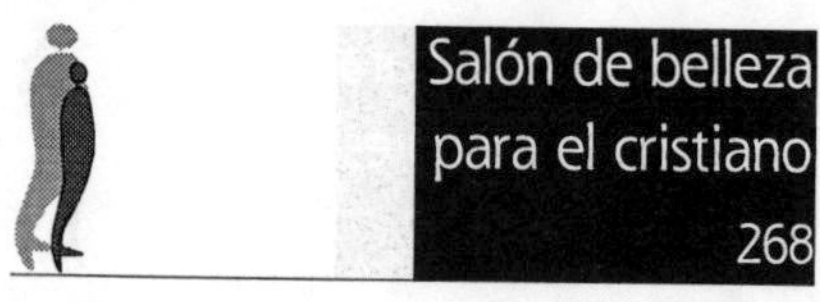

–Me parece que hay muchos problemas hoy en el mundo que no existirían si todos los que están cantando este himno vivieran conforme a lo que cantan. Pero, ¿qué haría Jesús? ¿Es esto lo que queréis decir cuando habláis de «seguir sus pisadas»? –preguntó el forastero.

Aquel pobre hombre murió esa misma semana. Pero impactado por esa anécdota, Mr. Maxwell presentó un desafío a la congregación en el culto del siguiente domingo:

–Quiero voluntarios de esta iglesia que se comprometan sincera y honradamente durante un año a no hacer nada sin hacerse primero la pregunta *¿qué haría Jesús?* Y después de hacerse esta pregunta, que hagan exactamente lo que crean que Él haría, no importa cuál sea el resultado.

Poco después de que el reverendo Henry Maxwell retó a la audiencia desde el púlpito, empezaron a pasar cosas en la ciudad de Raymond. Así, el editor del periódico de la ciudad se negó a publicar anuncios de whisky y cigarrillos, a publicar historias de crímenes con detalles espeluznantes y eliminó la edición del domingo. También, un capataz de la Compañía de Ferrocarriles reveló a la Comisión Inspectora que dicha compañía estaba violando ciertas leyes de transporte del Estado y dimitió de su cargo. Por su parte, una rica heredera fundó un hogar para jóvenes desamparadas, y un cantante renunció a un contrato en una compañía de ópera para cantar en reuniones evangelísticas. Además, el propietario de una serie de tiendas prometió no cometer ningún acto fraudulento para sacar ventaja de sus competidores. Y el propio Mr. Maxwell se dedicó a predicar sin descanso contra los hipócritas de la iglesia y renunció a hacer un viaje a Europa en aquel año... La escena acabó trasladándose a Chicago, y pronto hubieron noticias de que se estaba esparciendo por otras ciudades.

El libro termina con una gloriosa visión de lo que podría suceder en el mundo si todos los cristianos empezaran realmente a seguir las pisadas de Jesús. Y es que, cuando la gente sigue las pisadas de Jesús, las cosas se ponen en marcha. Pero también, a medida que *En sus pasos* va progresando, se va haciendo evidente que los que siguen a Jesús tienen que sufrir como resultado, pues siempre hay que hacer algún sacrificio. Por ejemplo, el periódico local perdió lectores e ingresos de los anuncios suprimidos, por lo que se hizo

•••••••

Andar en los pasos de Jesús significa bastante más que mirar a los toros desde la barrera; implica más que vivir una vida respetable sin meterse en muchos líos. Es aceptar, entre otras cosas, la humillación, o que le llamen a uno fanático o que otros le miren con cejas enarcadas. Es poner la otra mejilla cuando nos desprecian y no guardar rencor ni anhelar la revancha. Es contener nuestra ira y deponer el enojo; ayudar al que solicita nuestro auxilio sin inventar excusas; ser el primero en pedir perdón y en buscar la paz con el hermano...

•••••••

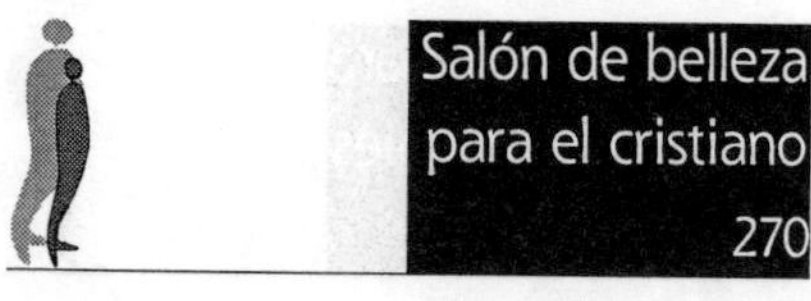

necesario tomar medidas de urgencia. La tienda de Milton Wright fue arrinconada por sus rivales, que no tenían escrúpulos. Powers perdió su empleo en el ferrocarril y Henry Maxwell vio cómo la ofrenda disminuyó a causa de que algunos miembros ricos abandonaron la congregación...

Y es que para seguir a Jesús no basta con mirarlo. ¿Qué significa entonces *seguir a Jesús?* Volvamos a la epístola de Pedro:

«Quien llevó Él mismo nuestros pecados en su cuerpo sobre el madero, para que nosotros, muriendo a los pecados, vivamos para la justicia; y por cuya herida fuisteis sanados» (1 P. 2:24).

Uno de los mensajes fundamentales del Nuevo Testamento es que hemos caído muy por debajo de la voluntad de un Dios Santo. Por ello, necesitamos ser perdonados; necesitamos ser transformados:

«De cierto, de cierto te digo, que el que no nace de nuevo, no puede ver el Reino de Dios» (Jn. 3:3).

Y precisamente, Cristo vino para hacer esto posible en nosotros:

«El Verbo se hizo carne, y habitó entre nosotros» (Jn. 1:14).

Así, es cuando aceptamos por fe lo que Él ha hecho por nosotros, que tiene lugar en nuestras vidas el milagro de la conversión:

«A todos los que le recibieron les dio potestad de ser hechos hijos de Dios» (Jn. 1:12).

Dicho de otra manera: además de ser nuestro Salvador, Jesús nos da también el deseo y la fuerza interior de seguirle e imitar su ejemplo. De hecho, el Maestro de Galilea es el único ejemplo válido para toda ser humano, pues Él vivió lo que predicó y fue perfecto:

«El cual no hizo pecado, ni se halló ningún daño en su boca (...) Tentado en todo según nuestra semejanza, pero sin pecado» (1 P. 2:22; He. 4:15).

Ésta es la razón por la que se nos llama a la obediencia; no a que seamos perfectos, pues conocemos nuestra naturaleza limitada, pero sí a que, en la medida de lo posible, nos dejemos moldear por el Espíritu de Dios trabajando en nuestros corazones:

«Si alguno quiere seguir en pos de mí, niéguese a sí mismo y tome su cruz, y sígame (...) Tomad mi yugo sobre vosotros y aprended de mí, y hallaréis descanso para vuestras almas» (Mt. 16:24; 11:29).

Este milagro no es, sin embargo, algo instantáneo, sino un proceso que dura toda la vida y que conlleva, a menudo, algunos momentos difíciles. Porque andar en los pasos de Jesús significa bastante más que mirar a los toros desde la barrera; implica más que vivir una vida respetable sin meterse en muchos líos. Es aceptar, entre otras cosas, la humillación, o que le llamen a uno fanático o que otros le miren con cejas enarcadas. Es poner la otra mejilla cuando nos desprecian y no guardar rencor ni anhelar la revancha. Es contener nuestra ira y deponer el enojo; ayudar al que solicita nuestro auxilio sin inventar excusas; ser el primero en pedir perdón y en buscar la paz con el hermano...

•••••••

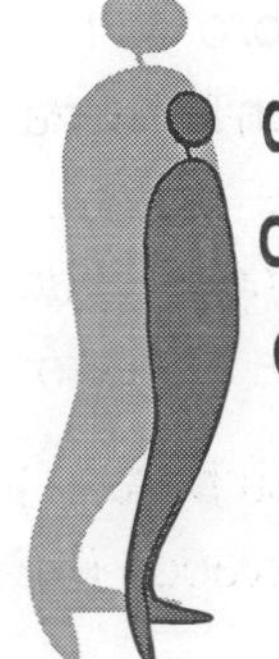

Realmente, seguir las pisadas de Jesús es difícil, porque supone, en definitiva, luchar contra nuestra propia naturaleza, egoísta y egocéntrica, para poner en nuestra mente la voluntad del Señor, y no la nuestra.

Realmente, seguir las pisadas de Jesús es difícil, porque supone, en definitiva, luchar contra nuestra propia naturaleza, egoísta y egocéntrica, para poner en nuestra mente la voluntad del Señor, y no la nuestra.

Sin embargo, éste es el único camino por el cual andaremos siempre en luz y no en tinieblas:

«Yo soy la luz del mundo. El que me sigue no andará en tinieblas, mas tendrá la luz de la vida» (Jn. 8:12).

Y cuando andamos en la luz, podemos estar seguros del camino.

Es además, el único modo de que nosotros, los que nos llamamos «cristianos», podamos ser ejemplo al mundo. Esta es, sin duda, la verdadera misión a la que Cristo nos ha comisionado y, también, la clave de la obra *En sus pasos*.

Pero, en último lugar, lo más importante que debemos saber es que, siguiendo a Jesús, tendremos la seguridad de que alcanzaremos la gloria que Él está ahora experimentando:

«Si alguno me sirve, sígame; y donde yo esté, allí también estará mi servidor. Al que me sirva, mi Padre le honrará» (Jn. 12:26).

He aquí la gran recompensa: cuando seguimos a Aquel que llevó la cruz, estamos siguiendo a Aquel que lleva la corona.

Los que luchen la buena batalla poseerán, pues, el gozo de formar parte de la celebración de la victoria. Sí, los que luchen la buena batalla tendrán los pies más hermosos de todos.

4.ª SESIÓN

Para que transiten por Senderos Iluminados

Cualquiera que se haya metido en un charco, o se haya perdido en un bosque, o se haya equivocado al tomar un desvío en una carretera, o haya tropezado con una grieta de la acera o dado un traspié entenderá estos proverbios:

«Examina la senda de tus pies (...) Hay camino que al hombre le parece derecho; pero al final es un camino de muerte» (Pr. 4:26; 14:12).

Y es que seguir un sendero equivocado es más fácil de lo que parece. Ya lo dijo el sabio Salomón, quien, a pesar de su sabiduría, erró muchas veces el rumbo de su vida.

Una de las cosas que más condicionan el transcurso de nuestro devenir es, sin duda, el consejo que recibimos de los demás y que incorporamos a nuestras decisiones. Por eso, es sumamente importante que aprendamos a seleccionar correctamente los consejos que recibimos. Ya no se trata, como estudiamos en la 7.ª sesión del capítulo 2 –titulada *Para que perciban el buen consejo*–, de aceptar con humildad los consejos que nos dan, sino de aprender a distinguir los consejos buenos de los malos.

Así, enumeraremos una serie de pasos para no caer en un consejo desventurado que pueda arruinar nuestras vidas. En primer lugar, debemos desconfiar de toda «revelación» que nos dice exactamente lo que debemos hacer. Nadie tiene el derecho de dirigir nuestras decisiones personales. En todo caso, nos pueden sugerir, pero nunca imponer.

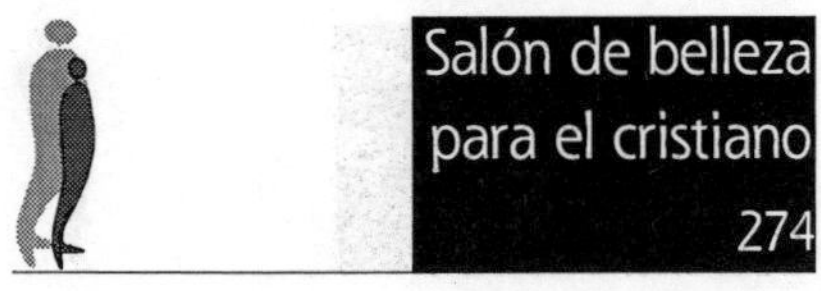

En segundo lugar, es necesario que no nos dejemos arrastrar por impulsos. ¡Cuidado con los impulsos súbitos! Pues los que obran de este modo, movidos por sentimientos incontrolables, con frecuencia terminan arrepintiéndose; ya que el humor del momento puede deformar el sentido de realidad. Por eso, lo más sensato es que, si nos sentimos súbitamente inspirados para ir adelante en algo, esperemos un día o dos, antes de volver a considerarlo todo con la cabeza fría.

Y por supuesto, como ya hemos repetido en tantas ocasiones, no debemos actuar, sin antes haber expuesto nuestras ideas a Dios, en oración:

«Muéstrame, oh Jehová, tus caminos, enséñame tus sendas. Encamíname en tu verdad, y enséñame, porque Tú eres el Dios de mi Salvación» (Sal. 25:4 y 5).

Ésta era la oración del salmista y nosotros también debemos orar de igual modo. Porque la oración es una calle de doble circulación, en la cual nosotros hablamos a Dios y Él nos inspira su voluntad a través del Espíritu Santo.

Igualmente, es necesario que meditemos en su Palabra antes de tomar una decisión o seguir un ejemplo ofrecido:

«Lámpara es a mis pies tu palabra y lumbrera a mi camino» (Sal. 119:105).

Es cierto, no obstante, que en la Biblia no encontraremos respuestas concretas a casos puntuales. No, no podemos abrir la Biblia y señalar un versículo al azar, esperando una respuesta mágica. La Palabra de Dios no puede usarse ni interpretarse de esta manera. Pero sí que podemos dejarnos encaminar por su lectura y extraer enseñanzas espirituales que nos beneficien y nos ayuden a adquirir un carácter acompasado con el Espíritu de Dios.

De este modo, cuando llegue un cruce en nuestro camino en el que tengamos que tomar una decisión trascendental, estaremos emocional y espiritualmente preparados para escoger la dirección correcta. Esto es prevenir antes de que llegue el momento crucial. Esto es llenar nuestras lámparas de aceite antes de que se nos demande alumbrar la llegada del esposo.

En última instancia, confiar en los resultados de Dios, tanto en las oportunidades como en las barreras, las cuales pueden alterar radicalmente nuestras vidas. Pues, mirándolas retrospectivamente, podremos ver en ellas la providencia de Dios.

•••••••

En la Biblia no encontraremos respuestas concretas a casos puntuales. No, no podemos abrir la Biblia y señalar un versículo al azar, esperando una respuesta mágica. La Palabra de Dios no puede usarse ni interpretarse de esta manera. Pero sí que podemos dejarnos encaminar por su lectura y extraer enseñanzas espirituales que nos beneficien y nos ayuden a adquirir un carácter acompasado con el Espíritu de Dios.

•••••••

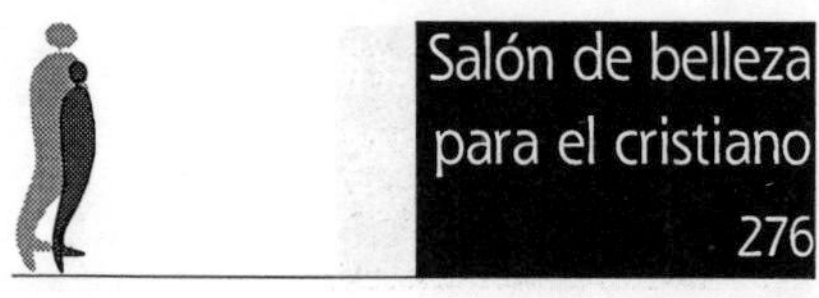

Es posible que a veces un sendero iluminado parezca un sendero que hay que andar a solas. Y nos sorprende que nosotros tengamos que entrar por la puerta estrecha, en vez de caminar por el sendero ancho, como hace la mayoría. Pero Jesús nos dice:

«Entrad por la puerta estrecha; porque ancha es la puerta, y espacioso el camino que lleva a la perdición, y muchos son los que entran por ella; porque estrecha es la puerta, y angosto el camino que lleva a la vida, y pocos son los que la hallan» (Mt. 7:13, 14).

Realmente, la presión de la mayoría es fuerte y atrayente. El escritor de los Salmos se dio cuenta de ello:

«Bienaventurado el varón que no anduvo en consejo de malos, ni estuvo en camino de pecadores, ni en silla de escarnecedores se ha sentado» (Sal. 1:1).

Es decir, primero andamos por curiosidad; luego estamos de pie, considerando y, finalmente, nos sentamos... Entonces, ¡ya somos parte del grupo!

Por otra parte, hay un antiguo dicho que reza así:

«Cuando se está solo con Dios, se está en mayoría».

En efecto, puede que andar con Dios signifique andar solo, pero, en última instancia, es sobrevivir en el arca de la vida, en vez de ahogarse en el diluvio de la multitud.

Sí, los pies hermosos que andan por senderos iluminados no sólo andan seguros, sino que también tienen la tranquilidad de que no pueden ser puestos en evidencia:

«Porque todo aquel que obra el mal, aborrece la luz y no viene a la luz, para que sus obras no sean redargüidas. Pero el que practica la verdad viene a la luz para que sean manifiestas sus obras, que han sido hechas según Dios» (Jn. 3:20 y 21).

Y es que no tienen nada que esconder... Andan con garbo, seguros. Así, cuando la luz final de Dios irrumpa por el este y alcance el oeste, no tendrán necesidad de *ir buscando montañas que los cubran* (Lc. 23:30).

•••••••

De este modo, cuando llegue un cruce en nuestro camino en el que tengamos que tomar una decisión trascendental, estaremos emocional y espiritualmente preparados para escoger la dirección correcta. Esto es prevenir antes de que llegue el momento crucial. Esto es llenar nuestras lámparas de aceite antes de que se nos demande alumbrar la llegada del esposo.

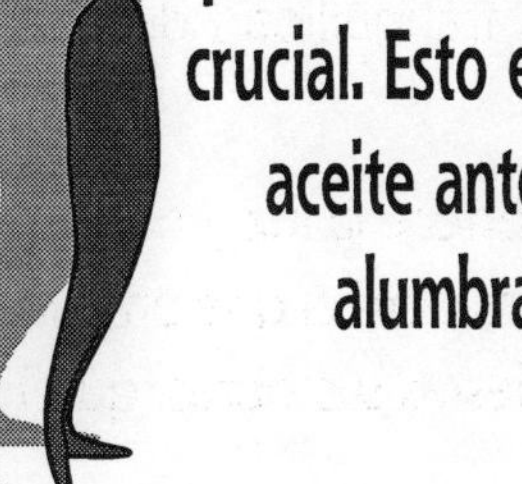

•••••••

5.ª SESIÓN

Para que caminen en Armonía

Pablo, al resumir los males que afligen a las gentes de la época presente, dice:

«Sus pies son veloces para derramar sangre; quebranto y desventura hay en sus caminos, y no conocieron camino de paz» (Ro. 2:15-17).

En contraste, el salmista exclama:

«Mirad cuán bueno y cuán delicioso es habitar los hermanos juntos en armonía» (Sal. 133:1).

Y recordando los buenos tiempos pasados, expresa lo siguiente:

«Que juntos nos comunicábamos dulcemente los secretos, y andábamos en amistad en la casa de Dios» (Sal. 55:14).

Y es que andar en armonía es una de las marcas distintivas del pueblo de Dios. Así, los pies hermosos no dan puntapiés a otros, no les hacen la zancadilla, o les hacen tropezar, o les empujan fuera de la acera; sino que los pies hermosos andan en armonía con los demás.

En primer lugar, con los miembros de la propia casa; porque, de lo contrario, como dijo el sabio Salomón, ésta se puede convertir en un infierno:

«Mejor es la comida de legumbres donde hay amor, que de buey engordado donde hay odio» (Pr. 15:17).

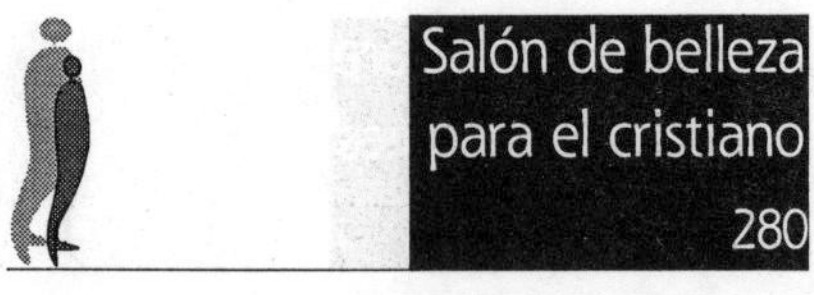

Unos pocos capítulos después, amplía la observación:

«Mejor es un bocado seco y en paz, que la casa de contiendas llena de provisiones» (Pr. 17:1).

Pero, ¿cuáles son las causas de la discordia en el hogar? Tal vez, pequeños detalles sin importancia que se van acumulando y acaban erosionando las relaciones: bromas pesadas, interrupciones constantes o quejas. Este espíritu de discordia pronto se extiende a los niños, quienes tienden a calcar los modelos que les proporcionan sus padres. Incluso, pueden llegar a la conclusión de que la atmósfera de tensión y nerviosismo que se respira en su familia es algo normal. De este modo, cuando ellos también sean padres, proporcionarán la misma pauta a sus hijos.

Es importante, pues, que cuidemos la convivencia diaria dentro del hogar; no nos acostumbremos a ciertos vicios de relación adquiridos por el hábito, ni trivialicemos las escenas discordantes. Todo lo contrario, intentemos buscar el origen de nuestra mala costumbre en el trato con nuestra familia; hablemos de ello y, juntos, busquemos soluciones a corto plazo y acuerdos mutuos para ir saneando la convivencia y mejorándola.

En segundo lugar, debemos andar en armonía dentro de la iglesia, lo cual es esencial para su propio bienestar. Las Escrituras enseñan que la discordia es un síntoma de pecado, más que un signo de fuerza espiritual. Por ello, el apóstol Pablo, en la epístola a los Efesios, llama a los cristianos a andar en armonía:

«Solícitos en guardar la unidad del Espíritu en el vínculo de la paz (...) Quítese de vosotros toda amargura, enojo, ira, griterío y maledicencia y toda malicia. Antes bien, sed benignos unos con otros, misericordiosos, perdonándoos unos a otros, como también Dios os perdonó a vosotros en Cristo» (Ef. 4:3, 31 y 32).

Además, como cristianos, somos parte del cuerpo de Cristo, y ningún cuerpo puede funcionar de modo efectivo si no está coordinado. Los varios miembros y órganos deben funcionar juntos, si han de conseguir que se haga el trabajo y se quiere evitar el ridículo ante el mundo.

Sin embargo, pareciera que muchas veces, en las juntas de iglesia nos preocupamos más por defender nuestras posturas personales que por encontrar maneras de alcanzar a los que aún no conocen el Evangelio. Considerando una de estas disputas en la iglesia de Roma, Pablo escribió lo siguiente:

«Así que, sigamos lo que contribuye a la paz y a la mutua edificación. No destruyas la obra de Dios por causa de la comida. Todas las cosas a la verdad son limpias; pero es malo que el hombre haga tropezar a otros con lo que come.» (Ro. 14:19-20).

•••••••

Como cristianos, somos parte del cuerpo de Cristo, y ningún cuerpo puede funcionar de modo efectivo si no está coordinado. Los varios miembros y órganos deben funcionar juntos, si han de conseguir que se haga el trabajo y se quiere evitar el ridículo ante el mundo.

•••••••

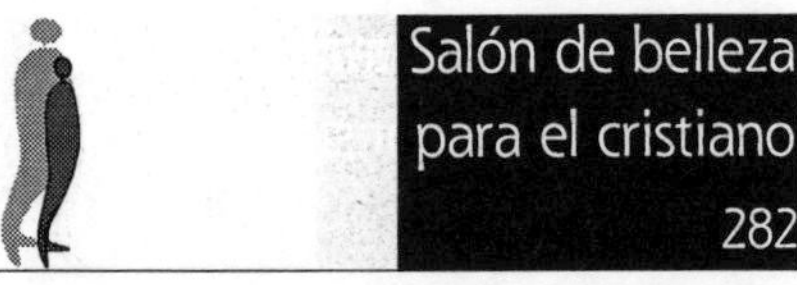

Dicho de otro modo, no destruyamos la obra de Dios por salvar el estilo y las formas de nuestros servicios religiosos. Recordemos que lo esencial es el amor hacia todos los hermanos.

No obstante, unos pies armoniosos no se limitan a la casa y a la iglesia. Esto es, nuestros pies deben estar en armonía en todo lugar donde nos encontremos:

«Vivid en armonía unos con otros. No paguéis a nadie mal por mal; procurad lo bueno delante de los hombres. Si es posible, en cuanto dependa de vosotros, estad en paz con todos los hombres (...) Seguid la paz con todos y la santidad, sin la cual nadie verá al Señor» (Ro. 12:16-18; He. 12:14).

No es bueno terminar esta sesión, sin embargo, dejando al lector que crea que andar en armonía siempre significa acuerdo completo con todos. Por supuesto que no; podemos tener opiniones personales y divergentes y disfrutar, sin embargo, de una buena y constructiva discusión. Andar en armonía significa que podemos regocijarnos hablando unos con otros, animándonos, escuchándonos, cooperando en equipo y aceptando nuestras faltas, sin comparaciones, ni recriminaciones.

Finalmente, el cristiano que mantenga buenas relaciones dentro y fuera de la iglesia y del hogar será un testigo eficaz de Cristo. Pues nadie habla de modo más elocuente de nuestro Señor que aquella persona amable y servicial que es capaz de trabajar y llevarse amigablemente con toda clase de gente. Entonces, sus pies no sólo serán hermosos para Dios, sino también para los que tengan el privilegio de caminar a su lado.

6.ª SESIÓN

Para que pisen Tierra Sagrada

Los enamorados sienten un afecto especial por el lugar en el que se conocieron y los casados recuerdan con cariño dónde pasaron su luna de miel, y lo visitan de nuevo cuando celebran un aniversario.

Quizás, tú también recuerdes cuándo y dónde Dios se te hizo presente de un modo especial o de una manera extraordinaria. Tal vez, fue en un campamento cristiano, o en una cruzada evangelística, o en la iglesia, o en un estudio con el pastor o en tu propio dormitorio... Da igual, lo importante es que, siempre que te encuentras otra vez en ese sitio, tienes un sentimiento de reverencia; porque para ti es tierra sagrada.

Del mismo modo, aquellos pocos metros cuadrados de terreno en el monte Horeb no se diferenciaban en nada del terreno circundante: no había ninguna indicación de que su tierra fuera más fértil, de que las rocas pertenecieran a una formación particular o de que las plantas procedieran de alguna variedad exótica.

Sin embargo, Dios quiso que allí Moisés se quitara las sandalias de los pies como símbolo de reverencia:

«No te acerques; quita tus sandalias de tus pies, porque el lugar en que tú estás tierra santa es» (Éx. 3:5).

Y en aquel sitio, precisamente, Moisés se encontró personalmente con Dios. Esto es, la presencia Divina transformó un trozo de tierra en un lugar sagrado, sobre el cual Moisés no había de poner los pies.

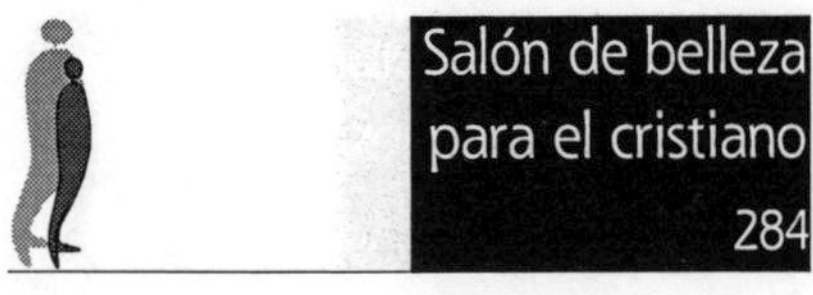

Varios siglos después, en el año en que el rey Uzías murió, Isaías tuvo una visión, en la cual vio al mismo Señor sentado en un trono. Y sobre Éste, serafines, con seis alas cada uno. Lo curioso es que dos de esas alas servían para cubrir los pies de los serafines. Aquí vemos, entonces, cómo también los ángeles manifiestan reverencia a Dios con sus pies. Y es que la reverencia es una actitud de respeto y veneración hacia el Todopoderoso, que incumbe a todos los seres creados.

Del mismo modo, en el transcurso de nuestras vidas, nosotros podemos ir libremente con zapatos de trabajo, de tenis, sandalias o alpargatas... Pero hay ocasiones en las cuales lo único apropiado, podríamos decir, es hacer un alto en el camino y quitarnos los zapatos como signo de reverencia y respeto; especialmente, cuando estamos de pie en la presencia de la Divinidad, delante de la Majestad y el Misterio inescrutable. En ese momento, debemos honrar a Dios con nuestro cuerpo, mente y alma; amándole y temiéndole, al mismo tiempo. Pues aquello que entendemos nos tiene vencidos, y lo que no entendemos nos tiene anonadados.

Esta es la razón por la que los primeros cuatro mandamientos del Decálogo se refieren a la persona de Dios y al honor que le debemos, reverenciando su Ser, su Nombre y su día de descanso.

También, el profeta Miqueas puntualizó que una de las tres cosas que el Señor requiere de nosotros es *que andemos humildemente ante Dios* (Mi. 6:8).

Igualmente, los Salmos están llenos de exhortaciones a reverenciar a Dios:

«Servid a Jehová con temor, y alegraos con temblor (...) Rendid a Jehová la gloria debida a su nombre (...) Tema delante de Él toda la tierra» (Sal. 2:11; 29:2; 96:9).

Asimismo, Juan el Bautista se sintió tan abrumado ante la presencia de Cristo, que llegó a decir que él no era digno de desatar la correa de las sandalias del Maestro (Lc. 3:16).

Sin embargo, hoy parece como si hubiéramos progresado mucho desde la época de Juan el Bautista y ya no necesitáramos mantener una actitud de reverencia delante de nuestro Dios.

•••••••

En el transcurso de nuestras vidas, nosotros podemos ir libremente con zapatos de trabajo, de tenis, sandalias o alpargatas... Pero hay ocasiones en las cuales lo único apropiado, podríamos decir, es hacer un alto en el camino y quitarnos los zapatos como signo de reverencia y respeto; especialmente, cuando estamos de pie en la presencia de la Divinidad, delante de la Majestad y el Misterio inescrutable. En ese momento, debemos honrar a Dios con nuestro cuerpo, mente y alma; amándole y temiéndole, al mismo tiempo. Pues aquello que entendemos nos tiene vencidos, y lo que no entendemos nos tiene anonadados.

•••••••

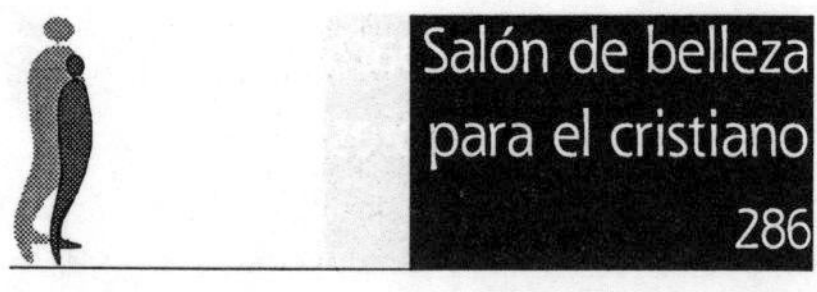

Sin ir más lejos, la reverencia debida en la iglesia se está perdiendo. En muchos casos, los sermones sólo pretenden entretener a los oyentes y los estudios bíblicos han sido sustituidos por juegos sociales. Así pues, ya no queda mucho que pueda llamarse *santo*... Hemos olvidado que Él está en medio de nosotros, presidiendo nuestras actividades religiosas.

Está bien que la iglesia sea activa y práctica para estos tiempos, pero debe tener tiempo para reconocer el mundo situado más allá del alcance del olfato, el gusto el oído y el tacto; en una palabra, debe incitar a los feligreses que acuden a ella a que estén en silencio, reverentes, delante de los grandes misterios de Dios.

¿Qué podemos hacer, entonces, para recuperar la reverencia que el Creador tanto anhela de parte de sus criaturas? En primer lugar, para honrar correctamente a Dios, necesitamos cultivar una amistad personal con Él. Lo cual cada vez está siendo más difícil en nuestro mundo estresante; el Señor es arrinconado a causa de los anuncios comerciales, los letreros luminosos, los bocinazos, el rugido de los coches y las voces de babel que nos envuelven y distraen.

Pero, todavía, de vez en cuando, su tenue voz nos llama para que salgamos de todo lo que abruma nuestros sentidos, a fin de que seamos conscientes de la presencia de lo santo. No es coincidencia, de hecho, que fuera en una montaña donde Moisés experimentase la presencia de lo divino y que, en una cueva, Elías oyera el silbido apacible y delicado de la voz de Dios.

No obstante, no es necesario marcharse a la montaña o esconderse en una gruta para tener un encuentro con nuestro Dios. Basta con apagar el televisor, pasear por un parque o meditar en una iglesia vacía.

Hablamos de reverencia para con Dios, pero también es necesaria la reverencia, si no el respeto, hacia los demás. Pues los que reveren-

cian a Dios son los que se sienten más inclinados a respetar a aquellas criaturas que fueron hechas a su Imagen. De ahí que los otros seis mandamientos del Decálogo se refieran a nuestra relación con las personas. Este respeto hacia las personas incumbe a gentes de otras razas o etnias:

«Así que ya no sois extranjeros ni advenedizos, sino conciudadanos de los santos y miembros de la familia de Dios» (Ef. 2:19).

También, a las autoridades que nos representan:

«Pagad a todos lo que debéis: al que tributo, tributo; al que impuesto, impuesto; al que respeto, respeto; al que honor, honor» (Ro. 13:7).

Y, por supuesto, a nuestros padres, hijos y esposos (Éx. 20:12; Ef. 6:4; 5:21).

Todo ello hace que sea imprescindible educarnos, ya desde la infancia, en el camino de la reverencia a Dios y del respeto a sus criaturas. Es más, está demostrado que los niños que son enseñados a reverenciar a Dios, al crecer, hallan natural respetar a la gente. Del mismo modo, un niño que aprende a honrar a su padre y madre está aprendiendo a honrar al Padre celestial. Así, el respeto y la reverencia se refuerzan entre sí, formando un vínculo sano de cortesía y amor. Mientras que la falta de respeto y de reverencia se influyen mutuamente y forman un círculo vicioso de desobediencia y rebelión, cuya escena, según Pablo, será protagonista en los tiempos finales; síntoma de que el Espíritu de Dios ya no mora en los corazones de las gentes:

«También debes saber esto: que en los postreros días vendrán tiempos peligrosos. Porque habrá hombres amadores de sí mismos, avaros, vanagloriosos, soberbios, blasfemos, desobedientes a los padres, ingratos, impíos, sin afecto natural, implacables, calumniadores,

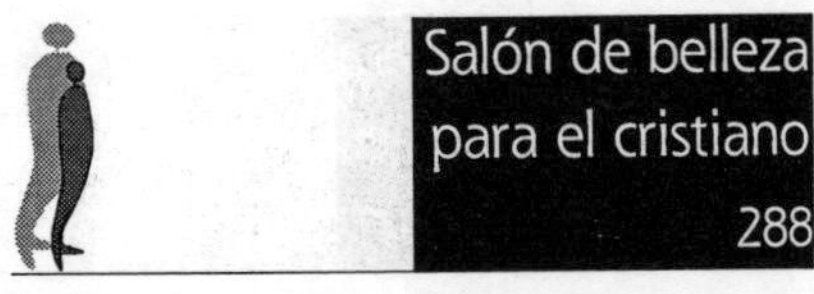

intemperantes, crueles, aborrecedores de lo bueno, traidores, impetuosos, infatuados, amadores de los deleites más que de Dios, que tendrán apariencia de piedad, pero negarán la eficacia de ella; a éstos evita» (2 Ti. 3:1-5).

¿Y no es acaso ésta una descripción exacta de nuestro mundo actual? Ello debiera, pues, hacernos reflexionar acerca de la proximidad del fin. Sin duda, mucho más cerca que cuando empezamos a dar nuestros primeros pasos en el camino de la fe.

Procuremos, entonces, tener unos pies reverentes y respetuosos, para que cuando el Señor vuelva, los halle aptos para pisar tierra sagrada; a saber, la Tierra Nueva. ¡Que así sea! Amén.

7.ª SESIÓN

Para que lleven Buenas Nuevas

Hay individuos que viajan centenares de miles de kilómetros al cabo del año para poder ofrecernos noticias que, en su mayoría, no son buenas: los llamamos periodistas. Pero no es culpa suya, naturalmente, si las noticias que nos dan no son halagüeñas. Es su trabajo decirnos tan claramente como puedan lo que está pasando; y lo que pasa es con frecuencia trágico y desagradable. Tampoco sería correcto decir que estas personas que trabajan de firme por nosotros tienen los pies feos.

Sin embargo, sí podemos decir que el único modo de poseer pies hermosos es anunciando *buenas nuevas*... Por supuesto, las buenas nuevas acerca de Jesucristo, nuestro Salvador. Tales noticias son tan estupendas, que no podemos guardárnoslas para nosotros mismos, ni confesárselas sólo a unos pocos privilegiados. Al contrario, todo el mundo, en todas partes, debe saber que Dios no hace acepción de personas. Que Él exige justicia, pero también es misericordioso; que Él ofrece paz y perdón.

A finales de los años sesenta, se empezaron a oír frases del tipo *¡Misionero, vuélvete a tu país!* Al parecer, con estos lemas se estaba censurando el carácter colonizador de algunos misioneros que, durante años, habían intentado inculcar la fe cristiana en pueblos «paganos». Sin duda, tales misioneros demostraban tener una mente muy estrecha y un espíritu nada tolerante e incomprensivo.

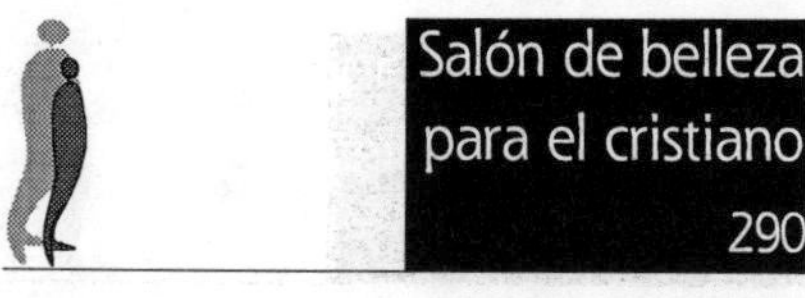

Su actitud era, además, arrogante, al creerse con el deber de «educar» a gentes «bárbaras».

Sí, realmente, la mentalidad de ciertos misioneros es criticable. Pero ello no quita que siga siendo necesario predicar el Evangelio a todos los confines de la Tierra. Jesús mismo nos dio esta orden:

«Y les dijo: *Id por todo el mundo y predicad el Evangelio a toda criatura. El que creyere y fuere bautizado, será salvo; mas el que no creyere, será condenado*» (Mr. 16:15, 16).

Es decir, prediquemos no para intentar convencer e imponer nuestro credo a los demás, sino para hablar y dar ejemplo a todas las criaturas acerca del amor que su Padre siente por ellos, hasta el punto de haber sacrificado a su propio Hijo, a fin de salvarlos. Este hecho debe conocerse por doquier, ya que concierne a todos los seres humanos. Es, por decirlo de algún modo, una noticia de índole y repercusiones universales.

Ésta es, pues, la misión de todo cristiano y misionero; a saber, no callarse lo que sabe, sino explicarlo a todos los que le rodean, con corazón humilde y lleno de amor a Dios y hacia su prójimo.

El relato que hace Lucas de la curación del endemoniado del país de los gadarenos nos proporciona una vista interesantísima acerca del asunto del ministerio cristiano. Leemos que el hombre del cual habían sido expulsados los demonios le pidió a Jesús que le dejara quedarse con Él. Así, se le estaba dando en bandeja a Jesús la oportunidad de entrenar a un misionero cristiano...

Pero, sorprendentemente, el Maestro le dijo:

«Vuélvete a tu casa y cuenta cuán grandes cosas ha hecho Dios contigo» (Lc. 8:39).

No sabemos exactamente por qué Jesús respondió negativamente a dicho sugerimiento. Pero es posible que considerara que ese hombre podría ser más efectivo como testigo en su país que en ninguna otra parte del mundo. Pues allí había gente que le había conocido antes de que ocurriera aquella tremenda transformación. Y el mero hecho de estar delante y verle curado era ya un testimonio del poder de Cristo. Finalmente, el pasaje nos señala que eso fue precisamente lo que aquel hombre agradecido terminó haciendo:

«Y él fue proclamando por toda la ciudad cuán grandes cosas había hecho Jesús con él» (Lc. 8:39).

•••••••

Prediquemos no para intentar convencer e imponer nuestro credo a los demás, sino para hablar y dar ejemplo a todas las criaturas acerca del amor que su Padre siente por ellos, hasta el punto de haber sacrificado a su propio Hijo, a fin de salvarlos. Este hecho debe conocerse por doquier, ya que concierne a todos los seres humanos. Es, por decirlo de algún modo, una noticia de índole y repercusiones universales.

•••••••

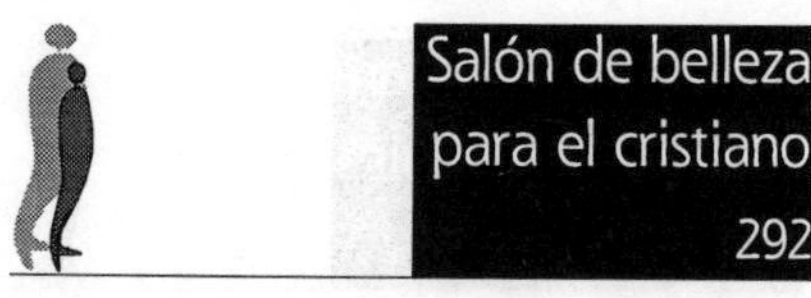

Y es que el servicio cristiano exclusivo, sea en el propio país o en el extranjero, no es vocación de todo el mundo. Es, de hecho, la vocación de sólo una pequeña minoría de creyentes. El resto tenemos la comisión de estar en nuestro puesto y anunciar a los que nos rodean lo que Jesús ha hecho por nosotros. Y si es un testimonio de palabra y de vida, tenemos la seguridad de que será tan convincente como el del gadareno sanado.

Esto es, necesitamos una vida transformada para apoyar nuestras palabras. Como Pablo dijo a los tesalonicenses:

«Bien sabéis qué clase de personas fuimos entre vosotros, por amor a vosotros» (1 Ts. 1:5).

Y entonces, dar expresión verbal a nuestra fe. Es decir, hemos de poder introducir una referencia positiva en favor de Cristo en nuestras conversaciones:

«Estad siempre preparados para presentar defensa con mansedumbre y reverencia ante todo el que os demande razón de la esperanza que hay en vosotros» (1 P. 3:15).

De esta manera, Dios podrá decir acerca de nuestros pies:

«¡Cuán hermosos son los pies de los que anuncian la paz, de los que anuncian buenas nuevas!» (Ro. 10:15).

8.ª SESIÓN

PARA QUE PASEEN POR LAS CALLES DEL CIELO

Hay un *espiritual negro*, cuya letra dice así:

«Yo tengo zapatos. Tú tienes zapatos; todos los hijos de Dios tienen zapatos. Cuando llegue al Cielo me voy a poner los zapatos; voy a dar vueltas por las calles del Cielo».

Dicha canción tiene un precedente bíblico, que está basado en el libro del Apocalipsis:

«Estas personas andarán conmigo, con vestiduras blancas, porque son dignas (...) Y las naciones andarán a la luz de la gloria de Dios» (Ap. 3:4; 21:24).

¡Qué bonita imagen! Vernos pasear por las calles del Cielo... Pero, ¿cómo será el Cielo?

Quizás el cuadro más conocido acerca del Cielo sea el de una ciudad. Éste se halla descrito en el capítulo veintiuno del mismo libro. Así, se nos habla de una ciudad, llamada la *Santa Ciudad* o *Nueva Jerusalén* (Ap. 21:2); en la cual hay un muro de jaspe que tiene doce puertas hechas de perlas. El muro tiene, además, doce fundamentos, que llevan los nombres de los doce apóstoles y cada uno, a su vez, está decorado con una piedra preciosa.

Las calles de esta ciudad son de oro puro, transparente como cristal, y los que andan por ellas nunca tienen dolor o pena. Tampoco tropiezan en la oscuridad, porque la gloria de Dios los ilumina constantemente.

Se nos dice también que nunca entrarán en esa ciudad cosas inmundas y que no será necesario cerrar las puertas para impedir el paso a los intrusos.

¿Qué significa todo esto? Lo menos que podemos decir es que el Cielo será un lugar de exquisita belleza, la cual excede la imaginación más fantástica.

Pero las descripciones del Cielo no terminan en este pasaje, sino que en Apocalipsis 22 se nos describe otra escena de la vida venidera. Ahora se nos dice que los pies andan por un *Paraíso*, junto a un río claro como el cristal y debajo del *Árbol de la Vida*, en el cual cada uno puede escoger entre doce diferentes clases de frutos y usar sus hojas como medio curativo.

Es éste acaso el mismo árbol mencionado en el tercer capítulo del Génesis. Entonces, estaba en el centro del *Paraíso;* el *Paraíso* de nuestros primeros padres, quienes tuvieron que abandonarlo y nunca más pudieron regresar...

¡Y no se vuelve a hablar de él en toda la Biblia hasta justo el final! Sin duda, Dios no lo había olvidado...

Así pues, esta descripción del Cielo como un *Paraíso* nos revela que podremos regresar a aquel estado de perfección para el cual Dios nos había creado al principio. Por su parte, el *Árbol de la Vida*, plantado en el centro del Huerto, representa la abundancia y la salud del cuerpo y del alma; en resumen, la vida eterna. Por ello, los que anden bajo su sombra no carecerán de nada y vivirán por toda la eternidad.

¡He aquí dos hermosas descripciones de lo que será el Cielo! Pero tenemos una descripción más, que nos presenta el escritor de los Salmos:

«Ciertamente, el bien y la misericordia me seguirán todos los días de mi vida. Y en la casa de Jehová moraré por largos días» (Salmo 23:6).

Esto es, David esperaba con anhelo vivir en la *Casa del Señor,* para siempre. También, Jesús, en uno de sus momentos más sublimes, prometió que el Cielo sería como vivir en la *Casa del Padre:*

«No se turbe vuestro corazón; creéis en Dios, creed también en mí. En la Casa de mi Padre hay muchas mansiones; si no, ya os lo hubiera dicho. Voy, pues, a preparar lugar para vosotros. Y si me voy y os preparo lugar, vendré otra vez, y os tomaré conmigo, para que donde yo estoy vosotros también estéis. Y sabéis adonde voy, y sabéis el camino» (Jn. 14:1-4).

Esta imagen es reforzada, además, por sus palabras pronunciadas en la última cena:

«No beberé más de este fruto de la vid hasta aquel día en que lo beba de nuevo con vosotros, en el Reino de mi Padre» (Mt. 26:29).

•••••••

La vida es una carrera hacia el Cielo. A veces, agotadora; otras, penosa. Pero sabemos que la meta está ya muy cerca. Y si hemos corrido bien, al acercarnos hasta ella, sentiremos el tipo de emoción que exhibió el apóstol Pablo.

•••••••

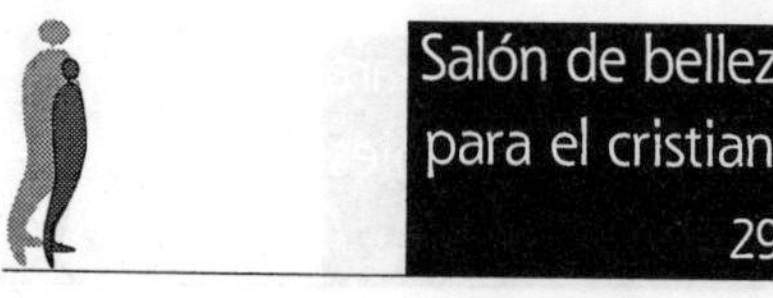

Hermanos, la vida es una carrera hacia el Cielo. A veces, agotadora; otras, penosa. Pero sabemos que la meta está ya muy cerca. Y si hemos corrido bien, al acercarnos hasta ella, sentiremos el tipo de emoción que exhibió el apóstol Pablo:

«Porque yo ya estoy como ofrenda para ser ofrecida y el tiempo de mi partida es inminente. He peleado la buena batalla, he acabado la carrera, he guardado la fe. Por lo demás, me está guardada la corona de justicia, la cual me dará el Señor, el juez justo, en aquel día; y no sólo a mí, sino también a todos los que aman su venida» (2 Ti. 4:6-8).

Corramos, pues, ligeros. Corramos con fe, guiados por el Espíritu Santo y siguiendo a Jesús. Sí, corramos por un camino iluminado, procurando no pisar tierra sagrada. Corramos, sin demora, para anunciar a otros las buenas nuevas de la Salvación...

Pero cuando, por fin, crucemos la meta, aflojemos el paso; porque, entonces, estaremos caminando por las hermosas calles de la *Santa Ciudad*, por las verdes praderas del *Paraíso* y bajo la sombra refrescante del *Árbol de la Vida*. Finalmente, descansaremos en los apacibles aposentos de la Casa *del Padre*.

¡Qué bendita esperanza la que nos espera! ¡Que así sea! Amén.

SEGUNDA PARTE

Terapia Espiritual

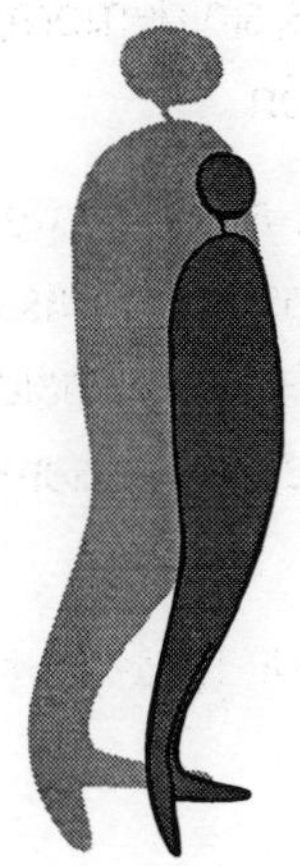

Capítulo 1: Cuarenta recetas memorizables

1.ª SEMANA

Para que tu Lengua sea Silenciosa

Enjuague Bucal

Lunes:

«Sabed esto, amados hermanos, que cada persona sea pronta para oír, tardía para hablar y tardía para airarse» (Santiago 1:19).

Martes:

«No toma placer el necio en la inteligencia, sino en expresar su propia opinión» (Proverbios 18:2).

Miércoles:

«Calle toda carne delante del Señor» (Zacarías 2:13).

Jueves:

«Hay un tiempo para hablar y un tiempo para estar callado» (Eclesiastés 3:7).

Viernes:

«En las muchas palabras no falta pecado, pero el que refrena sus labios es prudente» (Proverbios 10:19).

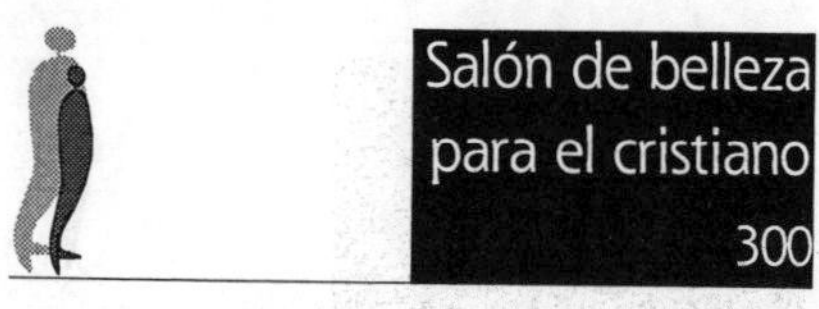

2.ª SEMANA

Para que tu Lengua sea Sencilla

Pastillas para el Aliento

Lunes:

«Sea vuestro hablar un *sí* o un *no*; porque lo que es más que esto de mal procede» (Mateo 5:37).

Martes:

«Comer mucha miel no es bueno, ni buscar la gloria es gloria» (Proverbios 25:27).

Miércoles:

«Y orando no seáis prolijos como los gentiles que piensan que por su grandilocuencia serán oídos» (Mateo 6:7).

Jueves:

«La lengua apacible es árbol de vida; mas la perversidad de ella es quebrantamiento de espíritu» (Proverbios 15:4).

Viernes:

«Sin leña se apaga el fuego, y donde no hay chismoso, cesa la contienda» (Proverbios 26:20).

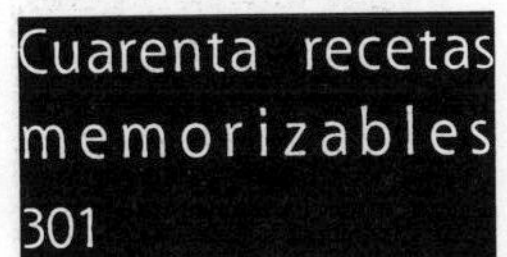

3.ª SEMANA

Para que tu Lengua sea Amable

Enjuague Bucal

Lunes:

«Si yo hablase lenguas humanas y angélicas, pero no tengo amor, soy como metal que resuena o címbalo que retiñe» (1 Corintios 13:1).

Martes:

«Sed benignos unos con otros, misericordiosos, perdonándoos unos a otros como también Dios os perdonó a vosotros en Cristo» (Efesios 4:32).

Miércoles:

«Abre su boca con sabiduría y la enseñanza de bondad está en su lengua» (Proverbios 31:26).

Jueves:

«De la misma boca salen bendición y maldición. Hermanos míos no conviene que esto sea así» (Santiago 3:10).

Viernes:

«La lengua es un miembro pequeño y se jacta de grandes cosas. Ved una pequeña chispa... ¡qué gran bosque enciende!» (Santiago 3:5).

4.ª SEMANA

Para que tu Lengua esté Limpia

Pastillas para el Aliento

Lunes:

«No tomarás el nombre del Señor tu Dios en vano, porque no dará el Señor por inocente a aquel que tome su nombre en vano» (Éxodo 20:7).

Martes:

«Yo soy el Señor, este es mi nombre; y no daré mi gloria a otros» (Isaías 42:8).

Miércoles:

«Lo que entra en la boca no es lo que contamina al hombre, sino lo que sale de su boca» (Mateo 15:11).

Jueves:

«Ninguna palabra torpe salga de vuestras bocas, sino aquella que sea buena para la edificación necesaria, a fin de dar gracia a los oyentes» (Efesios 4:29).

Viernes:

«Porque todos ofendemos muchas veces. Si alguno no ofende en palabra, ese es varón correcto; capaz también de refrenar todo el cuerpo» (Santiago 3:2).

5.ª SEMANA

Para que tu Lengua esté Contenta

Enjuague Bucal

Lunes:

«Pero de gran valor es la piedad acompañada de contentamiento» (1 Timoteo 6:6).

Martes:

«Sé vivir humildemente, y sé tener abundancia. En todo y por todo estoy enseñado, ya sea para estar saciado, como para tener hambre; para tener abundancia, como para padecer necesidad. Porque todo lo puedo en Cristo que me fortalece» (Filipenses 4:12 y 13).

Miércoles:

«No te impacientes a causa de los malignos, ni tengas envidia de los que hacen iniquidad» (Salmo 37:1).

Jueves:

«Es mejor vivir en un rincón de la terraza que en una casa amplia junto a una mujer rencillosa» (Proverbios 25:24).

Viernes:

«Entonces, el cojo saltará como un ciervo, y cantará la lengua del mudo; porque aguas serán cavadas en el desierto, y torrentes en la soledad» (Isaías 35:6).

6.ª SEMANA

PARA QUE TU LENGUA ESTÉ AGRADECIDA

PASTILLAS PARA EL ALIENTO

Lunes:

Alabad al Señor porque es bueno y porque para siempre es su misericordia» (Salmo 107:1).

Martes:

«Por nada estéis afanosos, sino sean conocidas vuestras peticiones delante de Dios en toda oración y ruego, con acción de gracias» (Filipenses 4:6).

Miércoles:

«Y todo lo que hagáis, sea de palabra o de hecho, hacedlo todo en el nombre del Señor Jesús, dando gracias a Dios Padre por Él» (Colosenses 3:17).

Jueves:

«Dad gracias en todo; pues esa es la voluntad de Dios para vosotros en Cristo Jesús» (1 Tesalonicenses 5:18).

Viernes:

«Ni palabras torpes, ni necedades, ni truhanerías que no convienen, sino antes bien, acciones de gracia» (Efesios 5:4).

7.ª SEMANA

Para que tu Lengua diga la Verdad

Enjuague Bucal

Lunes:

«No dirás contra tu prójimo falso testimonio» (Éxodo 20:16).

Martes:

«Los labios mentirosos son abominación al Señor, pero los fieles son su deleite» (Proverbios 12:22).

Miércoles:

«Jehová el Señor me dio lengua de sabios, para saber hablar palabras al cansado» (Isaías 50:4).

Jueves:

«Por lo cual, desechando la mentira, hablad verdad cada uno con su prójimo; porque somos miembros los unos de los otros» (Efesios 4:25).

Viernes:

«El que cubre la falta busca amistad; mas el que la divulga, aparta al amigo» (Proverbios 17:9).

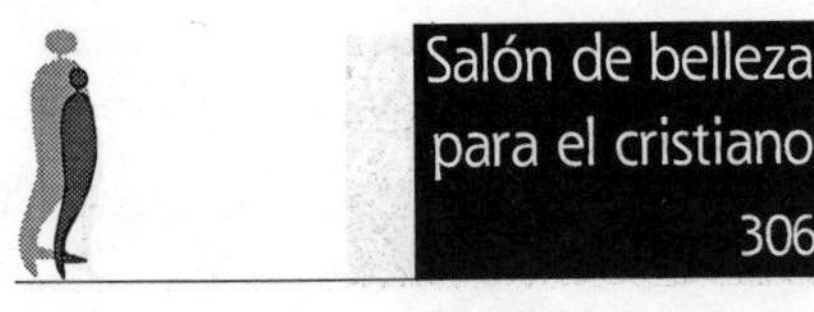

8.ª SEMANA

PARA QUE TU LENGUA TESTIFIQUE

PASTILLAS PARA EL ALIENTO

Lunes:

«Si confiesas con tu boca al Señor Jesús y crees en tu corazón que Dios le levantó de los muertos, serás salvo» (Romanos 10:9).

Martes:

«Estad siempre preparados para presentar defensa con mansedumbre y reverencia ante todo aquel que os demande razón de la esperanza que hay en vosotros» (1 Pedro 3:15).

Miércoles:

«Mas cuando os entreguen, no os preocupéis por cómo y qué hablaréis; porque en aquella hora os será dado lo que habéis de hablar» (Mateo 10:19).

Jueves:

«Porque no me avergüenzo del Evangelio, porque es potencia de Dios para dar Salvación a todo aquel que cree» (Romanos 1:16).

Viernes:

«Entonces Pedro y Juan respondieron y dijeron: *Juzgad si es justo delante de Dios obedecer antes a vosotros que a Dios. Porque no podemos dejar de decir lo que hemos visto y oído*» (Hechos 4:19 y 20).

9.ª SEMANA

Para que puedas oír la Belleza

Gotas para el Oído

Lunes:

«Se cubren de manadas los llanos y los valles se cubren de mieses» (Salmo 65:13).

Martes:

«Voz de Jehová sobre las aguas: truena el Dios de gloria; Jehová sobre las muchas aguas» (Salmo 29:3).

Miércoles:

«En lugares de delicados pastos me hará descansar; junto a aguas de reposo me pastoreará. Confortará mi alma. Me guiará por sendas de justicia, por amor de su nombre» (Salmo 23:2 y 3).

Jueves:

«Hazme oír gozo y alegría, y se recrearán mis huesos abatidos» (Salmo 51:8).

Viernes:

«Inclinad vuestro oído, y venid a mí; oíd, y vivirá vuestra alma» (Isaías 55:3).

10.ª SEMANA

Para que puedas oír la Verdad

Tapones para el Ruido

Lunes:

«Oye, Israel: Jehová nuestro Dios, Jehová uno es» (Deuteronomio 6:4).

Martes:

«Si vosotros permanecéis en mi palabra, seréis verdaderamente mis discípulos, y conoceréis la verdad y la verdad os hará libres» (Juan 8:31 y 32).

Miércoles:

«Yo soy el camino, la verdad y la vida» (Juan 14:6).

Jueves:

«El que tiene oídos para oír, oiga» (Mateo 11:15).

Viernes:

«Ciertamente, el oído distingue las palabras, y el paladar gusta las viandas» (Job. 12:11).

11.ª SEMANA

PARA QUE ESCUCHES AL PRÓJIMO

GOTAS PARA EL OÍDO

Lunes:

«El que cierra su oído al clamor del pobre también él clamará y no será oído» (Proverbios 21:13).

Martes:

«De cierto os digo que en cuanto lo hicisteis a uno de estos mis hermanos más pequeños, a mí me lo hicisteis» (Mateo 25:40).

Miércoles:

«El que tiene bienes de este mundo y ve a su hermano tener necesidad, y cierra contra él su corazón, ¿cómo mora el amor de Dios en él?» (1 Juan 3:17).

Jueves:

«Conoce el justo la causa de los pobres; mas el impío no entiende sabiduría» (Proverbios 29:7).

Viernes:

«El oído que oye y el ojo que ve; ambas cosas las ha hecho Jehová igualmente» (Proverbios 20:12).

12.ª SEMANA

Para que escuches a Dios

Tapones para el Ruido

Lunes:

«A todos los sedientos, venid a las aguas, y a los que no tienen dinero, venid, comprad y comed. Sí, venid, comprad sin dinero y sin precio vino y leche» (Isaías 55:1).

Martes:

«El Hijo del Hombre vino a buscar y salvar lo que se había perdido» (Lucas 19:10).

Miércoles:

«A todos los que le recibieron, a los que creyeron en su nombre, les dio potestad de ser hechos hijos de Dios» (Juan 1:12).

Jueves:

«Bienaventurados [...] vuestros oídos, porque oyen» (Mateo 13:16).

Viernes:

«Y habló Jehová con vosotros de en medio del fuego; oísteis la voz de sus palabras, mas a excepción de oír la voz, ninguna figura visteis» (Deuteronomio 4:12).

13.ª SEMANA

PARA QUE TUS OREJAS SEAN AFECTUOSAS

GOTAS PARA EL OÍDO

Lunes:

«Pues *(el extranjero)* oirá de tu nombre, de tu mano fuerte y de tu brazo extendido, y vendrá a orar a esta casa» (1 Reyes 8:42).

Martes:

«Si un miembro padece, todos los miembros se duelen con él y si un miembro recibe honra, todos los miembros se gozan con él» (1 Corintios 12:26).

Miércoles:

«Gozaos con los que se gozan y llorad con los que lloran» (Romanos 12:15).

Jueves:

«Para oír el gemido de los presos, para soltar a los sentenciados a muerte» (Salmo 102:20).

Viernes:

«Oye, hijo mío, la instrucción de tu padre, y no desprecies la dirección de tu madre» (Proverbios 1:8).

14.ª SEMANA

Para que tus orejas sean Voluntariosas

Tapones para el Ruido

Lunes:

«Ahora, pues, oh Israel, oíd los estatutos y decretos que yo os enseño, para que los ejecutéis, y viváis, y entréis y poseáis la tierra que Jehová el Dios de vuestros padres os da» (Deuteronomio 4:1).

Martes:

«He aquí, Yo pongo hoy delante de vosotros la bendición y la maldición: la bendición, si oyereis los mandamientos de Jehová vuestro Dios, que Yo os prescribo hoy» (Deuteronomio 11:26 y 27).

Miércoles:

«Profeta de en medio de ti, de tus hermanos, como yo, os levantará Jehová vuestro Dios; a él oiréis» (Deuteronomio 18:15).

Jueves:

«Y cuando toquen prolongadamente el cuerno del carnero, así que oigáis el sonido de la bocina, todo el pueblo gritará a gran voz, y el muro de la ciudad caerá; entonces, subirá el pueblo, cada uno derecho hacia adelante» (Josué 6:5).

Viernes:

«Oídme, los que seguís la justicia, los que buscáis a Jehová» (Isaías 51:1).

15.ª SEMANA

Para que percibas el Buen Consejo

Gotas para el Oído

Lunes:

«El camino del necio es derecho en su opinión; mas el que escucha los consejos es sabio» (Proverbios 12:15).

Martes:

«Como zarcillo de oro y joyel de oro fino es el que reprende al sabio que tiene oído dócil» (Proverbios 25:12).

Miércoles:

«Mas cualquiera que se ensalce a sí mismo será humillado, y cualquiera que se humille a sí mismo será ensalzado» (Mateo 23:11).

Jueves:

«Sometiéndoos unos a otros en el temor de Dios» (Efesios 5:21).

Viernes:

«[...] despertará mañana tras mañana, despertará mi oído, para que oiga como los sabios» (Isaías 50:4).

16.ª SEMANA

Para que percibas los Sonidos Celestiales

Tapones para el Ruido

Lunes:

«Sé de un hombre en Cristo que hace catorce años fue arrebatado hasta el tercer Cielo [...] y oyó palabras inefables que no le es permitido al hombre expresar» (2 Corintios 12:2-4).

Martes:

«Cosas que ojo no vio, ni oído oyó, ni han subido al corazón del hombre son las que Dios ha preparado para los que le aman» (1 Corintios 2:9).

Miércoles:

«Y ya no habrá muerte, ni habrá más llanto, ni clamor, ni dolor; porque las primeras cosas pasaron» (Apocalipsis 21:4).

Jueves:

«Aleluya, porque el Señor nuestro Dios Todopoderoso ha establecido su reinado» (Apocalipsis 19:5).

Viernes:

«De oídas te había conocido; mas ahora mis ojos te ven» (Job 42:5).

17.ª SEMANA

Para la Ceguera

Colirio para la Retina

Lunes:

«Bienaventurados vuestros ojos porque ven, y vuestros oídos, porque oyen» (Mateo 13:16).

Martes:

«Yo te aconsejo que de mí compres [...] colirio para que veas»

(Apocalipsis 3:18).

Miércoles:

«El hombre espiritual no percibe las cosas que son del Espíritu de Dios, porque para él son locura y no las puede entender, porque se han de discernir espiritualmente» (1 Corintios 2:14).

Jueves:

«Buscad y hallaréis» (Mateo 7:7).

Viernes:

«De manera que, nosotros, de aquí en adelante, a nadie conocemos según la carne; y aun si a Cristo conocimos según la carne, ya no lo conocemos así. De modo que si alguno está en Cristo, nueva criatura es; las cosas viejas pasaron, he aquí todas son hechas nuevas» (2 Corintios: 2:16 y 17).

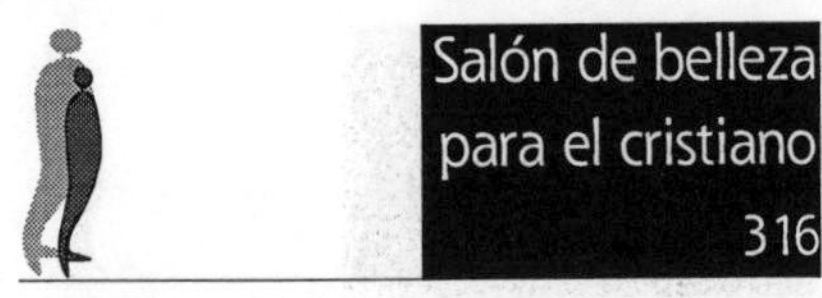

18.ª SEMANA

Para la Ceguera Parcial o Daltonismo

Colirio para la Retina

Lunes:

«Si tu ojo es maligno, todo tu cuerpo estará en tinieblas. Así que si la luz que hay en ti es tinieblas, ¿cuántas serán las mismas tinieblas? (Mateo 6:23).

Martes:

«Todas las cosas son puras para los puros, mas para los corrompidos e incrédulos, nada les es puro» (Tito 1:15).

Miércoles:

«Mas vale vista de ojos, que deseo que pasa» (Eclesiastés 6:9).

Jueves:

«Por lo demás, hermanos, todo lo que es verdadero, todo lo honesto, todo lo justo, todo lo puro, todo lo amable, todo lo que es de buen nombre; si hay virtud alguna, si algo digno de alabanza, en esto pensad» (Filipenses 4:8).

Viernes:

«El amor es sufrido, es benigno. El amor no tiene envidia; el amor no es jactancioso, no se envanece» (1 Corintios 13:4).

19.ª SEMANA

Para la Miopía

Lentes de Contacto

Lunes:

«Por tanto, id y haced discípulos a todas las naciones» (Mateo 28:19).

Martes:

«Esta leve tribulación momentánea produce cada vez más en nosotros un excelente y eterno peso de gloria; no mirando nosotros las cosas que se ven, sino las que no se ven. Pues las cosas que se ven son temporales, pero las que no se ven son eternas» (2 Corintios 4:17 y 18).

Miércoles:

«Donde esté vuestro tesoro, allí también estará vuestro corazón» (Mateo 6:21).

Jueves:

«Lo que hemos visto y oído, esto os anunciamos, para que también también tengáis comunión con nosotros, pues nuestra comunión es verdaderamente con el Padre y su Hijo Jesucristo» (1 Juan 1:3).

Viernes:

«Luego *(Jesús)* le puso otra vez las manos sobre los ojos e hizo que mirase; y fue restablecido, y vio de lejos y claramente a todos» (Marcos 8:25).

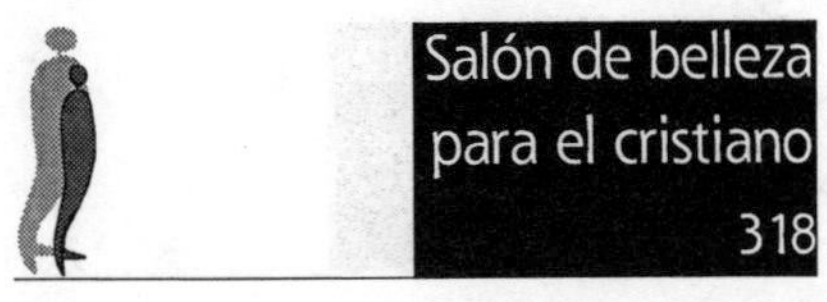

20.ª SEMANA

Para la Hipermetropía

Lentes de Contacto

Lunes:

«En la justicia del entendido aparece la sabiduría; mas los ojos del necio vagan hasta el extremo de la tierra» (Proverbios 17:24).

Martes:

«¿No decís vosotros aún faltan cuatro meses para que llegue la siega? He aquí os digo: Alzad vuestros ojos y mirad los campos, porque ya están blancos para la siega» (Juan 4:35).

Miércoles:

«En tiempo aceptable te he oído, y en día de Salvación te he socorrido» (2 Corintios 6:2).

Jueves:

«Hermanos míos, ¿de qué aprovechará si alguno dice que tiene fe y no tiene obras? ¿Podrá la fe salvarle?» (Santiago 2:14).

Viernes:

«Sed, pues, prudentes como serpientes, y sencillos como palomas; guardándoos de los hombres» (Mateo 10:16 y 17).

21.ª SEMANA

Para el problema de Objetos Extraños en los Ojos

Colirio para la Retina

Lunes:

«No juzguéis, para no ser juzgados» (Mateo 7:1).

Martes:

«¿Y por qué miras la paja que está en el ojo de tu hermano, y no echas de ver la viga que está en tu propio ojo?» (Mateo 7:3).

Miércoles:

«El amor no se alegra del pecado de otros, sino que se alegra de la verdad» (1 Corintios 13:6).

Jueves:

«Hermanos, si alguno fuera sorprendido en alguna falta, vosotros, que sois espirituales, restauradle con espíritu de mansedumbre; considerándoos a vosotros mismos, no sea que vosotros también seáis tentados» (Gálatas 6:1).

Viernes:

«Guarda silencio ante Jehová y espera en Él; no te alteres con motivo del que prospera en su camino» (Salmo 37:7).

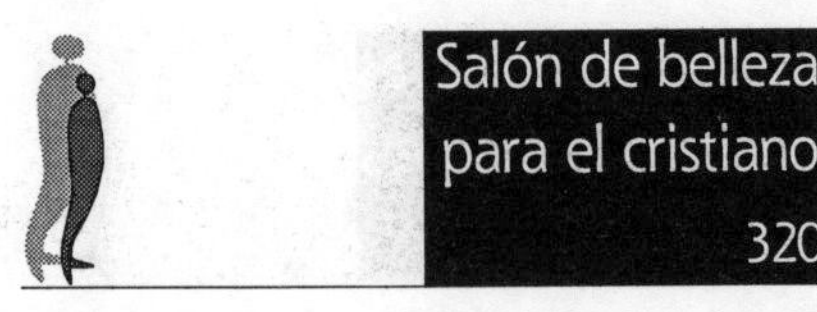

22.ª SEMANA

Para el problema de Adaptación a la Oscuridad

Colirio para la Retina

Lunes:

«Entonces la concupiscencia, después que ha concebido, da a luz el pecado; y el pecado, siendo consumado, da a luz la muerte» (Santiago 1:15).

Martes:

«Abraham acampó en la tierra de Canaán, en tanto que Lot habitó en las ciudades de la llanura y fue poniendo sus tiendas hasta Sodoma» (Génesis 13:12).

Miércoles:

«Yo soy la luz del mundo; el que me siga, no andará en tinieblas, sino que tendrá la luz de la vida» (Juan 8:12).

Jueves:

«Vosotros sois la luz del mundo» (Mateo 5:14).

Viernes:

«El sabio tiene sus ojos en la cabeza, mas el necio anda en tinieblas» (Eclesiastés 2:14).

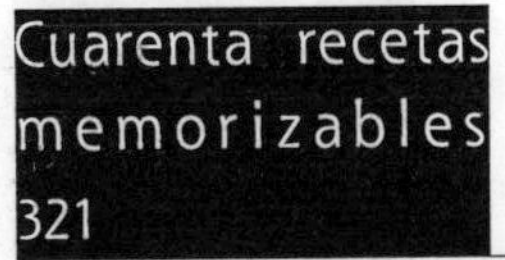

23.ª SEMANA

Para el problema de Visión en Túnel

Lentes de Contacto

Lunes:

«Porque el Reino de Dios no es comida ni bebida, sino justicia, paz y gozo en el Espíritu Santo» (Romanos 14:17).

Martes:

«Pero tú, ¿por qué juzgas a tu hermano? O tú también, ¿por qué menosprecias a tu hermano? Porque todos compareceremos ante el tribunal de Cristo» (Romanos 14:10).

Miércoles:

«Amarás al Señor tu Dios con todo tu corazón, con toda tu alma y con toda tu mente. Éste es el primero y gran mandamiento. Y el segundo es semejante: amarás a tu prójimo como a ti mismo» (Mateo 23:37-39).

Jueves:

«Así que, sigamos lo que contribuya a la paz y a la mutua edificación» (Romanos 14:19).

Viernes:

«La lámpara del cuerpo es el ojo. Si tu ojo es bueno, todo tu cuerpo estará lleno de luz; pero si tu ojo es maligno, todo tu cuerpo estará en tinieblas. Así que, si la luz que en ti hay es tinieblas, ¿cuántas no serán las mismas tinieblas?» (Salmo 119:18).

24.ª SEMANA

Para el problema de Visión Limitada

Lentes de Contacto

Lunes:

«Porque mis pensamientos no son vuestros pensamientos, ni vuestros caminos mis caminos –dijo Jehová–. Como son más altos los cielos que la tierra, así son mis caminos más altos que vuestros caminos, y mis pensamientos más que vuestros pensamientos» (Isaías 55:8 y 9).

Martes:

«¿No es sabiduría contender con el Omnipotente?» (Job 40:2).

Miércoles:

«A Dios nadie le vio jamás; el unigénito Hijo, que está en el seno del Padre, Él le ha dado a conocer» (Juan 1:18).

Jueves:

«Ahora vemos como por un espejo, oscuramente; mas entonces, veremos cara a cara» (1 Corintios 13:12).

Viernes:

«Abre mis ojos, y miraré las maravillas de tu ley» (Mateo 6:22 y 23).

25.ª SEMANA

Para que tus Manos Ofrezcan

Guantes de Lana

Lunes:

«Alarga su mano al pobre y extiende sus manos al menesteroso» (Proverbios 31:20).

Martes:

«Cada primer día de la semana cada uno de vosotros ponga aparte algo, según haya prosperado; guardándolo, para que no se recojan ofrendas cuando yo llegue» (1 Corintios 16:2).

Miércoles:

«Mas cuando tú des limosna, no sepa tu izquierda lo que hace tu derecha, para que tu limosna sea en secreto» (Mateo 6:3 y 4).

Jueves:

«Cada uno dé como propuso en su corazón; no con tristeza, ni por necesidad, porque Dios ama al dador alegre» (2 Corintios 9:7).

Viernes:

«Si tu mano o tu pie te es ocasión de caer, córtalo y échalo de ti; mejor es entrar en la vida cojo o manco que, teniendo dos manos o dos pies, ser echado en el fuego eterno» (Mateo 18:8).

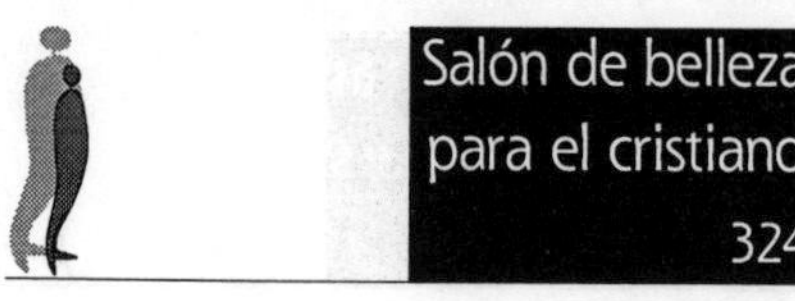

26.ª SEMANA

PARA QUE TUS MANOS RECIBAN

CREMA HIDRATANTE

Lunes:

«Porque todo lo que Dios creó es bueno y nada es desechable, si se toma con acción de gracias; porque por la Palabra de Dios y por la oración es santificado» (1 Timoteo 4:4 y 5).

Martes:

«Porque yo recibí del Señor lo que también os he enseñado» (1 Corintios 11:23).

Miércoles:

«Dios, sé propicio a mí, pecador» (Lucas 18:13).

Jueves:

«Las riquezas y la gloria proceden de ti, y Tú dominas sobre todo; en tu mano está la fuerza y el poder, y en tu mano el hacer grande y el dar poder a todos» (1 Crónicas 29:12).

Viernes:

«Y mirándolos a todos alrededor, dijo al hombre: *Extiende tu mano.* Y él lo hizo, y su mano fue restaurada» (Lucas 6:10).

27.ª SEMANA

Para que tus Manos Bendigan

Guantes de Lana

Lunes:

«Y tomándolos en los brazos, poniendo las manos sobre ellos, los bendecía» (Marcos 10:16).

Martes:

«No devolviendo mal por mal, ni maldición por maldición, sino por el contrario, bendiciendo» (1 Pedro 3:9).

Miércoles:

«La copa de bendición que bendecimos, ¿no es la comunión de la sangre de Cristo?» (1 Corintios 10:16).

Jueves:

«Bendecid a los que os maldicen, haced bien a los que os aborrecen» (Mateo 5:44).

Viernes:

«Tomarán en las manos serpientes, y si bebieren cosa mortífera, no les hará daño; sobre los enfermos pondrán sus manos, y sanarán» (Marcos 16:18).

28.ª SEMANA

Para que tus Manos Ayuden

Crema Hidratante

Lunes:

«Y alguno de vosotros les dice: Id en paz, calentaos y saciaos, pero no les dais las cosas que son necesarias para el cuerpo, ¿de qué aprovecha?» (Santiago 2:16).

Martes:

«¿Quién, pues, te parece de estos tres que fue prójimo del *(hombre)* que cayó en manos de los ladrones?» (Lucas 10:36).

Miércoles:

«El que quiera hacerse grande entre vosotros será vuestro siervo» (Mateo 20:26 y 27).

Jueves:

«Haya, pues, en vosotros este sentir que hubo también en Cristo Jesús» (Filipenses 2:5).

Viernes:

«Mi embrión vieron tus ojos, y en tu libro estaban escritas todas aquellas cosas que fueron luego formadas» (Salmo 139:16).

29.ª SEMANA

PARA QUE TUS MANOS TRABAJEN

GUANTES DE LANA

Lunes:

«Tomó, pues, Jehová Dios al hombre y lo puso en el huerto de Edén, para que lo labrara y lo guardase» (Génesis 2:15).

Martes:

«Que procuréis tener tranquilidad, y ocuparos en vuestros negocios, y trabajar con vuestras manos de la manera que os hemos mandado; a fin de que os conduzcáis honradamente para con los de afuera, y no tengáis necesidad de nada» (1 Tesalonicenses 4:11 y 12).

Miércoles:

«Si alguno no quiere trabajar, tampoco coma» (2 Tesalonicenses 3:10).

Jueves:

«Trabajad, no por la comida que perece, sino por la comida que a vida eterna permanece, la cual el Hijo del Hombre os dará» (Juan 6:27).

Viernes:

«Antes, vosotros sabéis que para lo que me ha sido necesario a mí y a los que están conmigo, estas manos me han servido» (Hechos 20:34).

30.ª SEMANA

Para que tus Manos Acaricien

Crema Hidratante

Lunes:

«Y estando detrás de él a sus pies, llorando, comenzó a regar con lágrimas sus pies; y los enjugaba con sus cabellos, y besaba sus pies y los ungía con el perfume» (Lucas 7:38).

Martes:

«Y entró Pablo a verle *(al padre de Publio)*, y después de haber orado, le impuso las manos y le sanó» (Hechos 28:8).

Miércoles:

«Su izquierda esté debajo de mi cabeza, y su derecha me abrace» (Cantar de los Cantares 2:6).

Jueves:

«¿Es recto tu corazón, como el mío es recto con el tuyo? Y Jonadab dijo: Lo es. Pues que lo es, dame la mano. Y él le dio la mano» (2 Reyes 10:15).

Viernes:

«La salutación es de mi propia mano, de Pablo, que es el signo en toda carta mía; así escribo» (2 Tesalonicenses 3:17).

31.ª SEMANA

Para que tus Manos Reflejen la Imagen del Padre

Guantes de Lana

Lunes:

«En el principio creó Dios los cielos y la tierra» (Génesis 1:1).

Martes:

«Entonces dijo Dios: Hagamos al hombre a nuestra Imagen» (Génesis 1:26).

Miércoles:

«¿No es éste el carpintero, hijo de María, hermano de Jacobo, de José, de Judas y de Simón?» (Marcos 6:3).

Jueves:

«Quiero, pues, que los hombres oren en todo lugar, levantando manos santas, sin ira ni contienda» (1 Timoteo 2:8).

Viernes:

«Lavaré en mi inocencia mis manos, y así andaré alrededor de tu altar, oh Jehová» (Salmo 26:6).

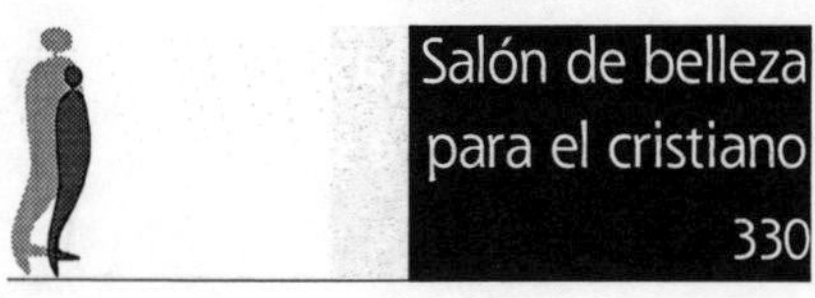

32.ª SEMANA

Para que tus Manos Toquen a Dios

Crema Hidratante

Lunes:

«Creo; ayuda a mi incredulidad» (Marcos 9:24).

Martes:

«Extendí mis manos a ti; mi alma a ti, como la tierra sedienta» (Salmo 143:6).

Miércoles:

«Al que a mí viene, no le echo fuera» (Juan 6:37).

Jueves:

«Hija, tu fe te ha salvado; ve en paz» (Lucas 8:48).

Viernes:

«Oye la voz de mis ruegos cuando clamo a ti, cuando alzo mis manos hacia tu santo templo» (Salmo 28:2).

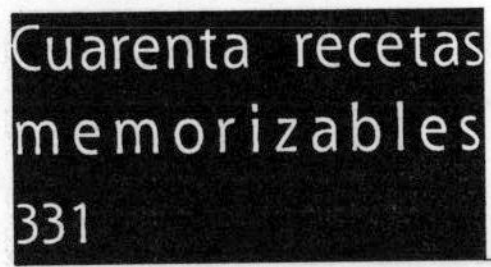

33.ª SEMANA

PARA QUE ANDES POR FE

POLVOS PARA EL SUDOR

Lunes:

«El justo por la fe vivirá» (Romanos 1:17).

Martes:

«Cualquiera que le diga a ese monte sé quitado de ahí y arrojado al mar, y no dude en su corazón, sino que crea que lo que está hablando sucederá; lo tendrá» (Marcos 11:23).

Miércoles:

«Porque por fe vivimos, no por vista» (2 Corintios 5:7).

Jueves:

«Aunque pase por valle de sombra de muerte, no temeré mal alguno, porque tú estarás conmigo; tu vara y tu cayado me infundirán aliento» (Salmo 23:4).

Viernes:

«Dios ha colocado cada uno de los miembros del cuerpo como Él quiso» (1 Corintios 12:18).

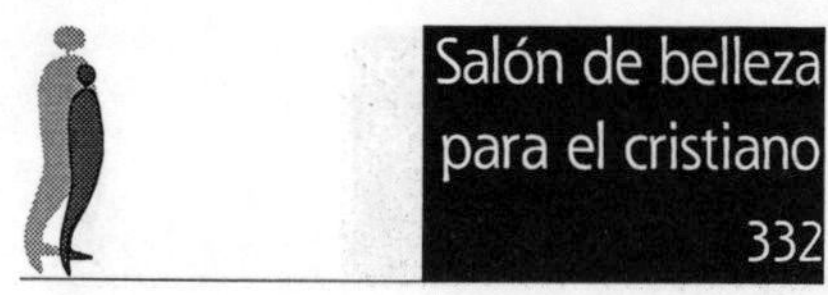

34.ª SEMANA

Para que seas guiado por el Espíritu Santo

Plantillas para el Calzado

Lunes:

«Y no os embriaguéis con vino, en el cual hay libertinaje; sino sed llenos del Espíritu Santo» (Efesios 5:18).

Martes:

«Mas el fruto del Espíritu es amor, gozo, paz, paciencia, benignidad, bondad, fidelidad, mansedumbre, dominio propio» (Gálatas 5:22 y 23).

Miércoles:

«Pero a cada uno le es dada la manifestación del Espíritu para provecho común» (1 Corintios 12:7).

Jueves:

«Y no contristéis al Espíritu Santo de Dios, con el cual fuisteis sellados para el día de la redención» (Efesios 4:30).

Viernes:

«El cuerpo no es un solo miembro, sino muchos. Si dijere el pie: Porque no soy mano, no soy del cuerpo, ¿por eso no sería del cuerpo?» (1 Corintios 12:14 y 15).

35.ª SEMANA

PARA QUE SIGAS LAS PISADAS DE JESÚS

POLVOS PARA EL SUDOR

Lunes:

«Cristo padeció por vosotros, dejándoos ejemplo, para que sigáis sus pisadas» (1 Pedro 2:21).

Martes:

«Si alguien quiere venir en pos de mí, niéguese a sí mismo, tome su cruz y sígame» (Mateo 16:24).

Miércoles:

«Estad, pues, firmes, ceñidos vuestros lomos con la verdad, y vestidos con la coraza de justicia, y calzados los pies con el apresto del Evangelio de la paz» (Efesios 6:14 y 15).

Jueves:

«Si alguno me sirve, sígame; y donde yo esté, allí también estará mi servidor» (Juan 12:26).

Viernes:

«El ojo no puede decir a la mano no te necesito; ni tampoco la cabeza a los pies, no tengo necesidad de vosotros» (1 Corintios 12:21).

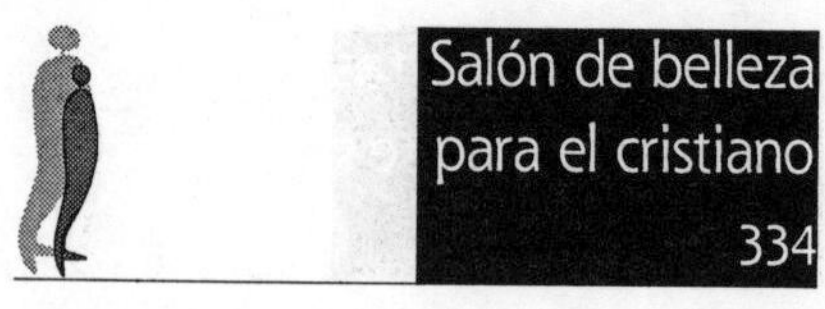

36.ª SEMANA

Para que transites por Senderos Iluminados

Plantillas para el Calzado

Lunes:

«Examina la senda de tus pies, y todos tus caminos serán rectos» (Proverbios 4:26).

Martes:

«Hay camino que al hombre le parece derecho, pero que al final es un camino de muerte» (Proverbios 14:12).

Miércoles:

«Muéstrame, oh Jehová, tus caminos y enséñame tus sendas. Encamíname en tu verdad y enséñame» (Salmo 25:4 y 5).

Jueves:

«Lámpara es a mis pies tu palabra y lumbrera a mi camino» (Salmo 119:105).

Viernes:

«Más te conviene que se pierda uno de tus miembros, y no que todo tu cuerpo sea echado al infierno» (Mateo 5:30).

37.ª SEMANA

Para que caminen en Armonía

Polvos para el Sudor

Lunes:

«¡Mirad cuán bueno y cuán delicioso es habitar los hermanos juntos en armonía!» (Salmo 133:1).

Martes:

«Mejor es un bocado seco y en paz, que la casa de contiendas llena de provisiones» (Proverbios 17:1).

Miércoles:

«Solícitos en guardar la unidad del Espíritu en el vínculo de la paz» (Efesios 4:3).

Jueves:

«Si es posible, en cuanto dependa de vosotros, estad en paz con todos los hombres» (Romanos 12:18).

Viernes:

«En las manos te llevará, para que tu pie no tropiece en piedra» (Salmo 91:12).

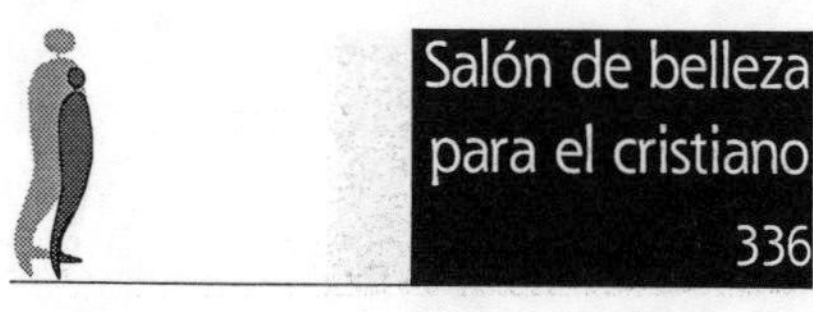

38.ª SEMANA

PARA QUE PISES TIERRA SAGRADA

PLANTILLAS PARA EL CALZADO

Lunes:

«No te acerques; quita las sandalias de tus pies, porque el lugar en que tú estás es tierra santa» (Éxodo 3:5).

Martes:

«Adorad a Dios en la hermosura de la santidad; tema delante de Él toda la tierra» (Salmo 96:9).

Miércoles:

Pagad a todos lo que debéis: al que tributo, tributo; al que impuesto, impuesto; al que respeto, respeto; al que honor, honor» (Romanos 13:7).

Jueves:

«Lavaré en mi inocencia mis manos, y así andaré alrededor de tu altar, oh Jehová» (Salmo 26:6).

Viernes:

«Consideré mis caminos, y volví mis pies a tus testimonios» (Salmo 119:59).

39.ª SEMANA

PARA QUE LLEVES BUENAS NUEVAS

POLVOS PARA EL SUDOR

Lunes:

«¡Cuán hermosos son los pies de los que anuncian paz, de los que anuncian buenas nuevas!» (Romanos 10:15).

Martes:

«Vuelve a tu casa y cuenta cuán grandes cosas ha hecho Dios contigo» (Lucas 8:39).

Miércoles:

«Bien sabéis qué clase de personas fuimos entre vosotros por amor a vosotros» (1 Tesalonicenses 1:5).

Jueves:

«He aquí, sobre los montes los pies del que trae buenas nuevas, del que anuncia la paz» (Nahúm 1:15).

Viernes:

«¡Cuán hermosos sobre los montes son los pies del que trae alegres nuevas, del que anuncia la paz, del que trae nuevas del bien, del que publica Salvación, del que dice a Sion: Tu Dios reina!» (Isaías 52:7).

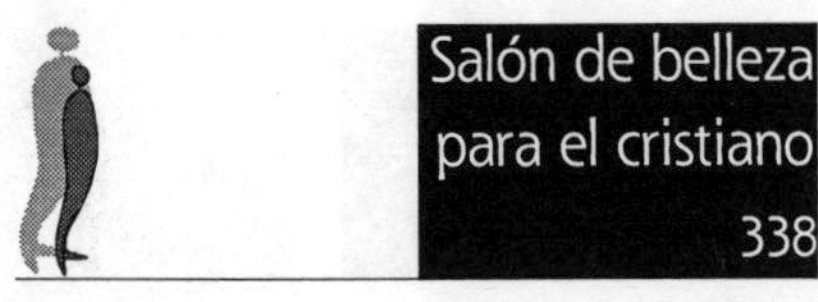

40.ª SEMANA

PARA QUE PASEES POR LAS CALLES DEL CIELO

PLANTILLAS PARA EL CALZADO

Lunes:

«Andarán conmigo en vestiduras blancas, porque son dignas» (Apocalipsis 3:4).

Martes:

«Y las doce puertas eran doce perlas; cada una de las puertas era una perla. Y la calle de la ciudad era de oro puro como cristal transparente» (Apocalipsis 21:21).

Miércoles:

«En la casa de mi Padre muchas mansiones hay; si no, ya os lo hubiera dicho. Voy, pues, a preparar lugar para vosotros» (Juan 14:2).

Jueves:

«Mi pie ha estado en rectitud; en las congregaciones bendeciré a Jehová» (Salmo 26:12).

Viernes:

«Vi a los muertos, grandes y pequeños, de pie ante Dios; y los libros fueron abiertos, y otro libro fue abierto, el cual es el libro de la vida» (Apocalipsis 20:12).

Capítulo 2: Ciento cincuenta ejercicios prácticos

PARA EMBELLECER LA LENGUA

1

Visita a una persona anciana y déjale que te explique sus historias favoritas; procura que se sienta escuchada.

2

Después de conversar con un amigo, intenta recordar lo que te ha dicho, con tanta exactitud como te sea posible. En otras palabras: comprueba hasta qué punto eres un buen oyente.

3

Abstente de expresar alguna murmuración tentadora, aunque te parezca que no hará daño a nadie. Es una buena disciplina para la lengua callar cuando tienes la intención de decir algo que podría hacer daño a alguien.

4

Escucha atentamente una discusión de grupo; ya sea en una clase de Escuela Dominical, en una reunión de tu club... Luego, trata de responder a estas preguntas:

¿Qué personas del grupo participaron en la mayor parte de la conversación? ¿Por qué crees que esas personas participa-

ron más que las otras? ¿Tal vez porque eran las que más sabían acerca del tema? ¿O quizás porque son las que más acostumbran a hablar?

5

La próxima vez que ores dale a Dios el mismo tiempo que tú empleas: si oras cinco minutos, permanece en silencio otros cinco minutos; si oras diez minutos, permanece en silencio otros diez minutos. Poco a poco, irás descubriendo lo beneficioso que son estos silencios en tu relación personal con Dios.

6

Resiste la tentación de discutir sobre asuntos que no te incumben, aunque conozcas algunos detalles. Habla de alguna otra cosa que valga la pena o, mejor aún, deja que alguien hable acerca de algún tema constructivo.

7

Hay un antiguo proverbio que dice así:

«Puedes pasar por sabio no diciendo nada».

Sin duda, este proverbio se parece al de Salomón:

«Aun el necio, cuando calla, es tenido por sabio» (Pr. 17:28).

Ya sabes, cuando no sepas de qué se está hablando, oculta tu ignorancia, antes de fingir con una pregunta o una afirmación imprudente.

8

Te ofrecemos ahora algunas sugerencias para que llegues a ser una «cámara de silencio» efectiva para los demás:

a) Sé capaz de guardar un secreto. Nunca digas a otra persona lo que te ha sido dicho en confianza; ni siquiera aunque intentes hacer prometer a la otra persona que no divulgue lo que le has contado.

b) No te apresures a expresar tu acuerdo o desacuerdo sobre cada afirmación que oigas.

c) Abstente de banalizar los problemas de otros, contando los tuyos.

d) No te apresures en dar un consejo. Tu amigo, que te está hablando, probablemente habrá llegado ya a una decisión por sí mismo y ésta podría chocar con tu opinión. Deja, pues, que se exprese el tiempo que necesite.

e) En vez de aconsejar rápidamente, ayúdale a entender qué le pasa y a aclarar por sí mismo sus ideas. Tal vez, algunas preguntas tuyas le harían reflexionar y visualizar su problema desde otro punto de vista; por ejemplo:

¿Estás convencido realmente de lo que dices? ¿Podría existir alguna posibilidad de que cambiaras tu opinión?

9

Según el *Guinness Book of World Records* –concretamente, en la edición de 1974–, el sermón más largo que se ha registrado duró cuarenta y ocho horas y dieciocho minutos; fue dado en febrero de 1955, en Washington, por Clinton Locy, del Este de Richland. Recuerda esta anécdota la próxima vez que te sientas tentado a murmurar acerca de lo largo que te ha parecido el sermón de tu pastor.

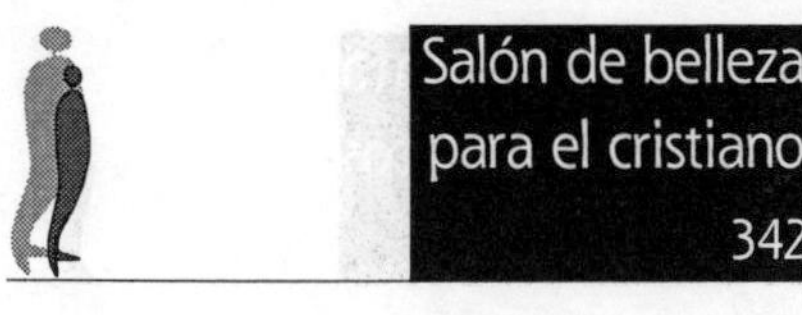

10

¿Por qué no pruebas a grabar la próxima oración que vayas a hacer? Intenta hacerla tal y como tienes por costumbre. Luego escúchala y cópiala para poder borrar las palabras que te parezcan inútiles o repetidas. Quédate con lo que consideres sustancioso y piensa en los huecos que has dejado libres; tal vez, podrías llenarlos con palabras de fundamento.

11

Dirige una reunión de oración, de estudio bíblico o de Escuela Dominical sin emplear un lenguaje convencional o altisonante. Intenta ser sincero y sencillo en tus expresiones, a fin de que seas correctamente entendido.

12

Relata alguna anécdota divertida que te haya ocurrido, y procura no exagerar tu discurso.

13

Expresa una palabra de aprecio a alguien de quien no esperes una respuesta similar.

14

Antes de creer un «chisme» sobre otra persona, pregúntale al propio interesado acerca de lo que has escuchado; él es la única persona a la que le es lícito y útil escuchar lo que se dice de él. Seguramente, no te verás con ánimos de hacer tal cosa. Entonces, lo mejor que puedes hacer es no repetir a nadie dicho «chisme».

15

Pon a prueba las historias que oigas de otras personas según Filipenses 4:8. Así pues, pregúntate:

Lo que he oído, ¿es verdadero? ¿Es honesto? ¿Es justo? ¿Es puro? ¿Es amable? ¿Es de buen nombre?

16

Piensa en algunas posibles «curas» contra la murmuración y discútelas con tu cónyuge y con tus hijos; no te importe confesarles que tienes este defecto. Quizás ellos lo han notado ya, y apreciarán tu sinceridad.

17

La próxima vez que estés desayunando o merendando con tus amigos, prueba a hacer un pacto con ellos de mutuo acuerdo; a saber, prometeos hablar de todo, menos de otras personas. Estableced juntos las reglas de dicho pacto. Por ejemplo: la primera persona que incumpla lo pactado deberá pagar la cuenta de todos. Aunque te parezca una tontería, este pacto os servirá de gran ayuda.

18

Examina los efectos dañinos que acarrea la murmuración y escribe los que hayas pensado. Por ejemplo, *una lengua murmuradora...*

... da un testimonio negativo acerca de la fe en Cristo.
... perjudica la reputación de otros.
... da mal ejemplo a los niños.
... es una ofensa contra el amor.
... no puede ser replicada y, por tanto, puede ser muy injusta.

... es un claro quebrantamiento del penúltimo mandamiento.

... es hipocresía, ya que el que murmura no se atreve a decir en la cara lo que afirma por detrás.

19

Te proponemos el siguiente juego: haz una afirmación sobre algo que se supone, y termínala con la palabra «pero». Entonces, deja que otros participantes completen la última parte de la frase; por ejemplo:

–No quiero murmurar, pero...

–No me entiendas mal; yo no soy una «soplona», y la mayoría de ellas son mis mejores amigas, pero…

–No quiero decir que Mónica no haga bien su papel de presidenta, pero…

–No quiero criticar la manera en que manejas la situación, pero…

–Jim es un buen amigo en muchas cosas, pero…

Comprobarás cómo las mismas afirmaciones que usamos para excusar una murmuración indican precisamente que estamos murmurando. Así, cuando oigas decir a alguien frases de este tipo, precedidas por un «pero», convéncete de que lo que seguirá será una murmuración.

20

Escoge a una persona que no te guste y procura hablar con ella amablemente. No es necesario que exageres, sino simplemente sé positivo.

21

Intenta ser amable con las personas con las que mañana te encuentres; ya sea la cajera del supermercado, el cartero, el conductor del autobús, el portero, un vecino...

22

Sujeta tu lengua la próxima vez que seas provocado. Trata de entender por qué la otra persona actúa como lo hace. Así, apagarás el fuego de una incipiente disputa.

23

Prueba preguntar a algún adolescente qué es lo que más le impresiona y desilusiona de los cristianos adultos. Comprobarás lo importante que es para ellos (los adolescentes) la amabilidad y el amor.

24

Intenta mostrarte amistosa en la próxima reunión de iglesia y examina los resultados. Verás cómo no son malos...

25

Si tus hijos usan un lenguaje vulgar o profano, hazles saber tu desacuerdo. Procura, además, averiguar dónde aprendieron tales palabras. ¿Podría ser en vuestro propio hogar?

26

Si alguien emplea de forma irreverente el nombre de Jesús, atrévete a expresarle tu desacuerdo. Por ejemplo, podrías decirle algo así:

La persona que usted acaba de nombrar es un buen amigo mío, ¿quisiera oír algo más acerca de él?

Esta simple sugerencia podría dar magníficos resultados...

27

Trata de olvidar la historia «picante» que quizás oíste ayer.

28

Aun cuando no tengas la mala costumbre de blasfemar de un modo abierto, evita repetir las palabras torpes, o de significado doble, que algunas personas usan en su conversación; ya que el hecho de escuchar y repetir tales palabras es en sí una blasfemia indirecta.

29

¿Qué debes hacer cuando oyes historias, dichos y bromas de mal gusto? A veces no podemos dejar de oírlas; por ejemplo, cuando son contadas en grupo durante la hora del desayuno, en el trabajo. Pero sí podemos aplicar el consejo de Jesús:

«No lo que entra en el hombre contamina al hombre, sino lo que sale de su boca» (Mt. 15:11).

Así, no necesitas discutir, ni tampoco fingir que te ha hecho gracia el comentario; simplemente muéstrate indiferente y trata de olvidarlo.

30

¿Estás de acuerdo con la siguiente declaración? ¿Por qué?

«El uso de palabras torpes refleja más bien pobreza de vocabulario, que riqueza de inteligencia. La palabra torpe es un mal sustituto de la palabra exacta. Podéis calcular la medida moral e intelectual de una persona según las pala-

bras que utiliza para expresarse habitualmente. Si son palabras torpes o de doble significado, en vez de palabras limpias y concisas, ya sabes con qué clase de persona estás tratando.»

31

¿Incluye el tercer mandamiento todos los nombres que recibe Jesús? ¿Se refiere también a los diversos nombres que designan al Espíritu Santo? ¿Y a los que que se emplean para nombrar a Dios Padre?

32

¿Qué piensas acerca de la siguiente excusa?

«Blasfemar es tan sólo un hábito; por tanto, lo que se dice no tiene malicia.»

¿Acaso no somos responsables de nuestros propios hábitos? Reflexiona, pues, acerca de cómo se originan los hábitos. Por otro lado, respóndete a ti mismo si las acciones buenas que se repiten a menudo son menos dignas de alabanza, por el mero hecho de ser frecuentes.

33

El *Padre Nuestro* es una oración compacta y condensada en pocas palabras; sin embargo, toca todas las partes esenciales para ejercer una fe madura y sólida. Observemos que incluye la frase «santificado sea tu nombre» ¿No es esto una indicación acerca de lo importante que es el tercer mandamiento?

34

Piensa en todas las cosas que has criticado referente a tu iglesia, sus dirigentes y su pastor. Escríbelas en una hoja.

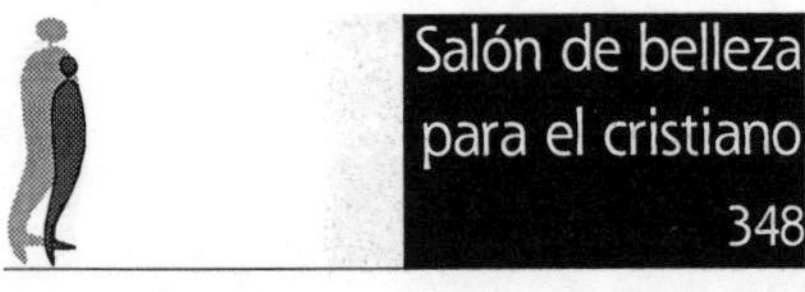

Luego escribe detrás de la misma lo que tú has hecho para ayudar a corregir estas faltas que te disgustan. Entonces, compara las dos caras de la hoja para ver cuál es la más prominente. Si resulta que has escrito más en la cara de las críticas, prométete a ti mismo que no criticarás más, hasta que hayas hecho todo lo que esté en tu mano para remediar la situación. En otras palabras: sé un constructor, y no un demoledor...

35

La próxima vez que estés a punto de quejarte por algo que no tienes, párate a meditar si lo que deseas adquirir es algo necesario, o bien un lujo. Sé sincero contigo mismo y descubre el verdadero motivo por el que deseas poseer algo.

36

Lee el salmo 37.

37

El próximo día que acudas a la iglesia, procura expresar tu aprecio al instructor de la Escuela Dominical, por su fidelidad; al organista, por el excelente preludio con el que recreó a la congregación, así como por el postludio, que casi nadie escucha... Agradécele también a tu pastor su dedicación plena por la iglesia. Comprobarás que estas expresiones de aprecio no sólo beneficiarán a tales personas, sino sobre todo a ti mismo; creará en ti una actitud positiva y menos crítica hacia los demás.

38

Cuando ores, acompaña cada petición con una frase de agradecimiento relacionada con aquello que has estado

pidiendo. Disciplínate a no pedir nada hasta que hayas dado gracias por algo.

39

Escribe en un diario todas las falsedades, medias verdades y opiniones diversas que te han hecho «tragar» como verdad durante este mes.

40

Antes de repetir la opinión de otra persona, asegúrate de que entendiste correctamente lo que dicha persona intentaba explicar. Si no estás seguro, pregúntaselo abiertamente.

41

Sé cuidadoso con tus afirmaciones; disciplínate a decir la verdad. No exageres, ni banalices, retuerzas o mezcles la verdad con alguna mentira.

42

Sé cuidadoso con tus acciones. Que tu cara exprese lo que estás pensando. Así, si algo no te interesa, no finjas estar muy interesado. Y sobre todo, no hagas nada de lo que luego pudieras arrepentirte.

43

En estos tiempos en los que surgen tantos movimientos de liberación, puede ser instructivo discutir las consecuencias de Juan 8:32:

«Conoceréis la verdad y la verdad os libertará».

¿Qué nos enseña esto acerca de la verdadera libertad? ¿Qué tiene que ver esta enseñanza de Jesús con la liberación racial, la libertad de la mujer, o la libertad política?

44

Sé un testigo constante, lo cual no quiere decir que debas hablar únicamente de Cristo. No, es algo mucho más sencillo. Se trata de que tu forma de ser refleje lo que contiene tu corazón; a saber, el amor de Dios. Tú mismo sabrás entonces cuándo es el momento propicio para testificar verbalmente acerca de Cristo.

45

Estudia cuidadosamente los capítulos 3 y 4 del libro de Santiago. Éste es el pasaje bíblico más sustancioso que trata el tema de la lengua. Así, escribe en una hoja todas las analogías que establece Santiago acerca de dicho órgano y busca en cada caso su significado.

46

Vuelve a examinar tu concepto de belleza. ¿Qué aspectos de tu belleza crees que valoran los que te conocen? ¿Tu belleza externa? ¿Tu belleza interna? ¿Por qué clase de belleza consideras que eres más respetado?

47

Incluye en tus oraciones unas pocas peticiones sinceras en favor de la lengua, a fin de que ésta se someta a la disciplina y el poder del Espíritu Santo.

48

Finalmente, haz un balance personal de tus progresos, siguiendo este formulario:

1. Tengo dificultad en controlar mi lengua:

(a) Siempre.

(b) Algunas veces.
(c) Raramente.
(d) Frecuentemente.

2. Después de una discusión, me siento ofendido por:

(a) Los hechos implicados.
(b) Las palabras dichas.

3. Respecto a la murmuración, creo que es algo que practico:

(a) Nunca.
(b) Algunas veces.
(c) Raramente.
(d) Con frecuencia.

4. Durante la semana pasada pude usar mi lengua de un modo constructivo en más de uno de los siguientes casos:

–Consolando a un niño.
–Expresando simpatía y preocupación por alguien.
–Manifestando amor a mi esposo/a.
–Avisando a un amigo.
–Testificando de Cristo.
–Otras formas dignas de mencionar...

5. Por lo general, tiendo a hablar:

(a) Demasiado.
(b) Demasiado poco.
(c) En el momento oportuno.

6. Los tres defectos del lenguaje que más me molestan en otras personas son:

–Que hablan demasiado.
–Que son desagradecidas.

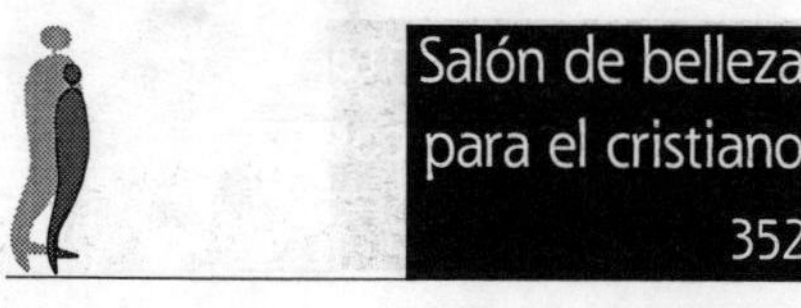

–Que testifican poco.
–Que tienen un lenguaje sucio.
–Que se quejan constantemente.
–Que son poco amables.
–Que son murmuradoras.
–Que exageran.

PARA EMBELLECER LAS OREJAS

49

Sal al patio esta noche y sensibilízate con la belleza que te rodea. No trates sólo de mirarla, sino también de escucharla; cierra los ojos, para que la vista no te distraiga, y el sonido te alcance.

50

Haz una lista de los sonidos que transmiten placer y ánimo. Luego, intenta usar estos sonidos como un ministerio especial para tus seres queridos, durante esta semana.

51

Asiste a un concierto.

52

Lee material informativo acerca del aparato auditivo, en enciclopedias y libros especializados. Te quedarás asombrado del genio creador de Dios al diseñar un instrumento de tal complejidad.

53

Antes de pasar algún «chisme», asegúrate de su veracidad. Así, podrías exigir que te dijeran quién fue la fuente de origen, para ponerte en contacto con esa persona que puso la historia en circulación. Seguramente, comprobarás que tal decisión pondrá en un aprieto a más de una persona. Por ello, lo mejor que puedes hacer es no escuchar los «chismes» que traten de explicarte.

54

Intenta recordar cuál ha sido el sermón que más te ha gustado en tus años de feligresía. Examina el tema que dicho sermón trataba y busca la razón por la que te gustó tanto. Tal vez, ese sermón tocó alguna zona sensible de tu carácter, o bien, adulaba tus oídos.

55

Intenta reflexionar acerca del tipo de lecturas, programas de radio y televisión que más te gustan. Tal vez, estos gustos sean un reflejo de tu propia personalidad; o quizás, estos *hobbyes* influyan en tu carácter...

56

Te proponemos un experimento llamado *síndrome de selectividad auditiva*. Éste consiste en seleccionar unos sonidos y bloquear otros, mientras te encuentras en medio de un barullo de gentes que hablan a la vez...

57

Leed Mateo 25:31-46 durante la meditación familiar, y discutid juntos lo que implica esta lectura para vosotros, como familia.

58

Intenta escuchar los «gritos» de ayuda de tus seres queridos. Estos no tiene por qué ser verbales, ya que muchas veces no

expresamos abiertamente lo que sentimos. Así, una buena forma de conseguir que tus seres queridos se abran y expresen que necesitan tu ayuda es demostrándoles que, digan lo que digan, no te pondrás a la defensiva, ni te escandalizarás.

59

Proponte como objetivo de este año ayudar de alguna manera a los más necesitados. Piensa en distintas maneras de hacerlo y escoge la que más se acerque a tus propias inclinaciones y a tu temperamento. De esta manera, te asegurarás de cumplir dicho objetivo, pues estarás haciendo algo que te gusta; por ejemplo, ser voluntario social en un asilo de ancianos, ser profesor de clases particulares para niños con problemas de adaptación escolar, aportar donaciones para las misiones...

60

Aumenta tu donación para las causas de beneficencia; sería bueno, no obstante, que seleccionaras de modo inteligente las que consideres más prioritarias.

61

En realidad, no es que escojamos creer o no; pues todo el mundo cree en algo, ya sea en la ciencia, en la solidaridad humana, en los astros, en la suerte... Reflexiona acerca de la gran variedad de creencias que nuestro mundo moderno contiene y analiza lo que cada una de ellas pretende prometer; por ejemplo, paz, seguridad, amor, esperanza...

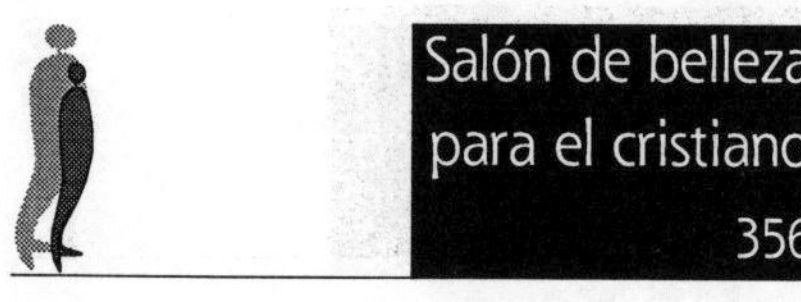

62

Examina tu propia historia religiosa e intenta recordar el momento específico en el que aceptaste la invitación del Señor. Tal vez, antes de aquel momento no creías en nada... Es posible que tu creencia en Dios ocurriera lentamente... Sea lo que sea, lo que está claro es que tu experiencia nunca será igual a la de otro hermano en la fe; cada historia es única. Por eso, sería interesante poder compartir esas historias con algunos hermanos. Juntos extraeríais beneficiosas enseñanzas.

63

Reflexiona acerca de las dudas de fe más comunes que puede padecer un cristiano. ¿Crees que esas dudas son en sí mismas perjudiciales? ¿Es posible que después de una crisis de dudas la fe se vea fortalecida? ¿Cuándo empieza a ser peligrosa una duda?

64

Haz la prueba de escuchar a una persona, por lo menos, cada día de la semana. Puedes escoger a un niño, un anciano, un vecino, un adolescente, un amigo, un compañero de trabajo, e incluso un extraño. Cuando lo hagas, procura no expresar tus opiniones impulsivamente; limítate a hacer preguntas interesantes que te ayuden a descubrir el verdadero sentido de las palabras que estás escuchando. Y sobre todo, nunca adoptes una actitud de crítica y censura. De esta manera, estarás ejercitando el arte de saber escuchar, y comprobarás sus beneficios.

65

Guarda el más estricto secreto de todo lo que se te ha dicho en confianza y, casi, casi, del resto también...

66

Examina algún aspecto de tu vida en el que no te sientas satisfecho contigo mismo; analiza las causas y anótalas. Es muy importante que seas totalmente sincero contigo mismo, aun cuando ciertas conclusiones sobre ti mismo te hagan sentir incómodo. No te quedes con el aspecto negativo que hayas podido descubrir de tu personalidad; más bien intenta sacar un provecho práctico para tu vida.

Así, estaría bien que, una vez descubierta la causa de tu insatisfacción personal, buscaras soluciones concretas y tangibles para cambiar tal situación o actitud que te desagrada. Busca aquellas soluciones que realmente podrías realizar y anótalas en tu agenda personal para recordar ponerlas en práctica diariamente.

Sigue haciendo periódicamente este ejercicio y, poco a poco, ve aumentando tus expectativas y soluciones prácticas que vayas encontrando. Ya verás cómo, con el tiempo, habrás conseguido hacer más cambios en tu vida de los que creías.

67

Pide a un amigo que te ayude a vencer algún hábito o característica personal que no te guste. Es muy probable que tu amigo se quede sorprendido por tu petición; pero seguro que él también llegará a sentir la necesidad de que tú le ayudes a corregir algún aspecto de su vida con el que no se sienta satisfecho. Si tal cosa sucede, habréis descubierto juntos lo que significa ser verdaderos amigos.

68

Después de escuchar el sermón del próximo domingo, intenta comentarlo en casa con tu familia. Preguntaros qué lección habéis aprendido de ese culto y cómo podríais poner en práctica lo aprendido; buscad soluciones prácticas entre todos y proponeros practicarlas dentro de vuestra familia.

69

Si eres un instructor o un maestro de Escuela Dominical, comprueba y repasa los planes que has hecho para la lección del próximo domingo. Así, estaría bien que hicieras las siguientes reflexiones:

La aplicación que he hecho de la lección, ¿servirá para que todos mis alumnos puedan participar en la discusión del tema de la lección? ¿Resultará mi exposición demasiado larga? ¿Podrán mis alumnos extraer alguna aplicación práctica para sus vidas?

Sé sincero en tus respuestas y si encuentras que tal vez el enfoque que le has dado a la aplicación de la lección no contribuye a que tus alumnos tengan la oportunidad de participar abiertamente, intenta cambiarlo; aún tienes tiempo...

70

Durante tres días, apunta todos los consejos, grandes o pequeños, que recibas de otros. Anota también tus respuestas a tales consejos. Tal vez, eres de los que tienden a ponerse a la defensiva ante un consejo no solicitado, o quizás no

prestes atención a los consejos que te dan inesperadamente. Por el contrario, a lo mejor eres de las personas a las que les gusta recibir consejos, y los aprecias. Considera todas estas alternativas y descubre cuál es la que más concuerda con tu personalidad. Cuando lo hayas descubierto, pregúntate el porqué de tu reacción.

71

Durante tres días, apunta todos los consejos, grandes o pequeños, que tú hayas dado a otros. Anota también las respuestas recibidas a tales consejos ofrecidos por ti. Selecciona las reacciones que más te agradaron de aquellos que recibieron tu consejo, y las que te pudieron disgustar. Finalmente, hazte la siguiente pregunta:

¿Qué me gusta más, recibir consejos, o darlos yo a los demás? ¿Por qué?

72

Durante esta semana hazte el propósito de solicitar un consejo a algún familiar o amigo, y observa tu propia reacción.

73

Escucha alguna reproducción de *El Mesías* de Haendel –conocido como el *coro Aleluya*–, cuya letra está inspirada en el libro del Apocalipsis.

74

Durante esta semana, procura leer un par de capítulos diarios del libro del Apocalipsis, hasta que logres haberlo

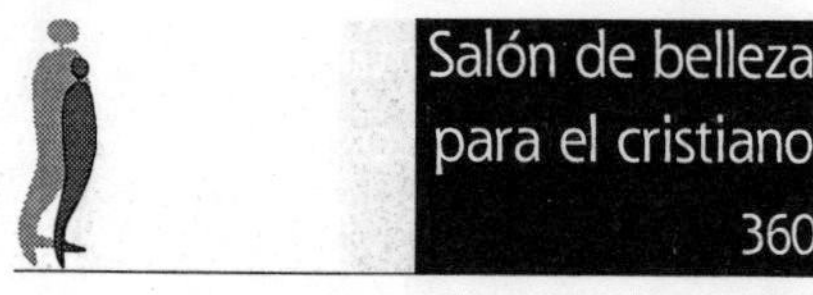

leído totalmente. No es necesario que complementes tu lectura con algún comentario bíblico. Simplemente se trata de que te familiarices con la lectura de este interesante libro de la Biblia y extraigas una visión de conjunto.

PARA CORREGIR LOS OJOS

75

Busca en alguna enciclopedia información acerca de la anatomía y el funcionamiento del ojo humano. Sin duda, te impresionarás de la compleja y amorosa majestad de Dios que ha sido desplegada en ese pequeño órgano.

76

Por un momento, intenta ponerte en la piel de una persona ciega. Procura analizar lo terrible de esta minusvalía. Entonces, ora a Dios para que te ayude a ser más sensible ante este tipo de problemas y busca la manera de ayudar a personas que son ciegas. Tal vez, de alguna manera, ellos puedan ver la belleza a través de ti...

77

Por un momento, intenta descubrir lo que significa c*eguera* e*spiritual*. Procura ponerte en la piel de una persona que sea espiritualmente ciega y reflexiona acerca de cuáles pueden ser sus sentimientos. Cuando hayas descubierto lo terrible de esta enfermedad espiritual, arrodíllate delante de Dios y pídele que te haga sensible a este tipo de personas, a fin de que encuentres la manera de ayudarles.

78

Intenta averiguar cómo te sentirías y qué es lo primero que pensarías si te encontraras fortuitamente con un hermano de tu iglesia y éste pasara de largo sin saludarte. ¿Pensarías acaso que dicho hermano no te vio? ¿O creerías que lo ha hecho a propósito? ¿Te mostrarías resentido la próxima vez que vieras a tu hermano en la iglesia?¿O fingirías que no ha ocurrido nada? ¿Tal vez, le comentarías lo sucedido, para aclarar malos entendidos?

79

Reflexiona acerca de alguna situación o persona que haya despertado en ti el sentimiento de la envidia. Luego, analiza el porqué de esta reacción tuya y pídele a Dios que te ayude a cambiar tal sentimiento.

80

Proponte felicitar esta semana a alguien que haya tenido éxito en algo en lo que tú no lo hayas tenido. Luego, analiza tus sentimientos. Tal vez, descubras que el acto que acabas de hacer no ha sido tan duro cómo pensabas...

81

Quisiéramos ponerte un poco a prueba para ver si tienes algún tipo de *ceguera rosa* en relación con tus hijos. Por favor, sé sincero cuando marques tu respuesta:

–*Situación 1.* El maestro de cuarto grado de tu hijo te llama para una entrevista. Entonces, te dice que tu hijo se niega a hacer sus tareas, anda distraído continuamente, molesta a los otros niños y contesta mal al maestro. Tu reacción inmediata es:

a) «Se nota que este profesor no tiene experiencia y que no sabe manejar bien los problemas».

b) «Mi hijo es incapaz de hacer esas cosas».

c) «Los niños de hoy en día son demasiado activos para disfrutar de la escuela; por eso se ponen nerviosos».

d) «Mi hijo es tan inteligente, que se aburre en clase».

e) «Por alguna razón desconocida, este profesor tiene algo contra mi hijo».

f) «Es muy probable que mi hijo esté haciendo las cosas que dice el profesor; últimamente está descentrado... Debo buscar el modo de ayudarle, antes de que llegue demasiado lejos».

g) «Cuando vuelva a casa, tendré una larga charla con mi pareja y entonces, ambos tendremos una larga charla con nuestro hijo».

h) «Ha sido un detalle que el profesor se haya preocupado en llamarme. Sin duda, muestra interés por mi hijo».

–*Situación 2.* Tu hija de octavo grado parece no tener verdaderas amigas. Va sola hacia la parada del autobús, mientras que las otras niñas van en grupo, y vuelve también sola a casa. Pocas veces la invitan a fiestas o a cualquier otra clase de actividad social. De hecho, sólo tiene una amiga, y ésta es de la iglesia. Dice que las demás niñas son cabezotas y desconsideradas. Tu reacción es:

a) «Probablemente, todas las demás chicas son desordenadas, y mi hija no quiere andar con ellas por razones morales».

b) «Mi hija es una niña con una percepción más allá de lo común... Es tan cuidadosa en la elección de sus amigas, que por eso sólo tiene una».

c) «Las compañeras de mi hija son cabezotas y desconsideradas».
d) «Los adolescentes deberían ser más tolerantes con los de su propia edad y aceptar a todos en sus círculos, incluyendo a mi hija».
e) «Es posible que mi hija tenga algún tipo de problema de personalidad, y debería descubrirlo».
f) «Tal vez, lo poco que une a mi hija con su única amiga es que las dos están solas y hambrientas de amistad».
g) «Algunos jóvenes seleccionan mucho sus amistades y, por alguna razón, no encuentran aceptable a mi hija».

Si en la situación 1, respondiste a), b), c), d) o e), y en la situación 2, tus respuestas han sido a), b) o c), probablemente estés sufriendo *ceguera rosa*. Así, no podrás ayudar correctamente a tus hijos, hasta que reconozcas el problema que tienes en tus ojos.

82

Intenta combatir la miopía espiritual dentro de tu grupo de Escuela Dominical, motivando a tus alumnos a ser más conscientes de las necesidades que padecen las misiones de la Iglesia. Procura fomentar en ellos el deseo de ayudar, de alguna manera, a las misiones. Para ello, tal vez podrías ofrecerles algún vídeo documentativo, o leerles algún artículo sobre el tema...

83

Busca ejemplos de personas cuyas vidas se adelantaron a su tiempo y alcanzaron metas impensables para su época. Ya sabes: inventores, literatos, descubridores, hombres y mujeres de Dios...

Intenta motivarte con tales historias y busca una meta en tu vida.

84

Reflexiona acerca del famoso discurso de Martin Luther King, titulado *He tenido un sueño.*

85

Hoy se ha hecho popular la filosofía de *tomar cada día según venga*. Piensa seriamente en tal actitud ante la vida y valora si es una posición conforme a la visión de un verdadero cristiano, o no.

86

Te proponemos el siguiente ejercicio: divide una hoja de papel en tres columnas. En la columna de la izquierda, haz una lista de cinco metas que quieras cumplir en los próximos diez años. Éstas pueden abarcar distintas áreas de tu vida; ya sea en tu educación, tus posesiones, tu vida familiar, tu trabajo, tu expectativa espiritual... En la columna del centro, frente a cada meta, haz una lista de lo que ya has hecho para cumplir dichas metas. Finalmente, en la columna de la derecha, anota lo que vas a hacer hoy –no el año o el mes que viene– para cumplir cada una de esas metas.

87

Durante los próximos cinco días, lee la epístola de Santiago; a saber, un capítulo por día... Mientras haces dicha lectura, ve anotando todos los consejos prácticos que aparezcan y que tengan relación con el propósito de transformar en acciones reales nuestros ideales.

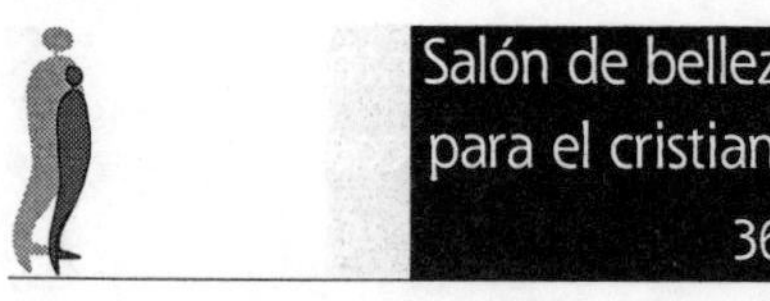

88

Intenta conseguir los estatutos de tu club, comisión, junta u organización de iglesia. Léelos cuidadosamente y fíjate en las metas apuntadas, para averiguar si habéis conseguido cumplir dichas metas. Si crees que las metas descritas en los estatutos no se han cumplido, entonces plantea el asunto ante el grupo de la iglesia, a fin de que juntos establezcáis algunos planes definidos que ayuden a ejecutar las metas y objetivos que os habéis trazado.

89

La próxima vez que tengas que ir a alguna parte, ve caminando y no en vehículo, si es posible. Abre los ojos para ver y gozar de todo lo que haya en el camino...

90

Escribe tus metas en un diario personal y pide consejo a Dios diariamente sobre cómo alcanzarlas.

91

Lee la siguiente declaración de Jesús:

«¿Por qué miras la paja en el ojo de tu hermano y no prestas atención a la viga que tienes en el tuyo propio?» (Mt. 7:3).

Ahora, haz una aplicación personal del texto y elabora una lista de las posibles «pajas» y «vigas» que tú observas en tu vida diaria.

92

Escribe el siguiente encabezamiento en una hoja:

Oraciones intercesoras por personas a las que tengo ganas de criticar

Intenta llenar dicha hoja con una oración intercesora cada vez que te sientas tentado a criticar a alguien.

93

Examina los motivos que te suelen impulsar a criticar. Sé sincero contigo mismo, y anótalos en una hoja. Luego, analízalos uno a uno e intenta descubrir por qué dichos motivos te provocan o desagradan hasta el punto de ser tan crítico con los demás.

94

Reflexiona acerca de Tito 1:15

¿Crees que dicho versículo es aplicable en todas las situaciones? ¿Qué decir, por ejemplo, de mirar cosas pornográficas? ¿Qué de las estatuas clásicas desnudas? ¿Qué de las películas de sangre y violencia?

95

Es un hecho que los criterios de la sociedad cambian gradualmente. Por supuesto, no todos los cambios son para mal... Reflexiona, pues, acerca de la generación de tus padres, la tuya y la de tus hijos. Intenta descubrir las diferencias y similitudes de cada generación, así como los aspectos positivos y negativos que vayas encontrando.

96

Examínate a ti mismo... ¿Han cambiado tus criterios personales en los últimos seis meses? ¿Y en los últimos dos años? ¿Tal vez, en los últimos diez?

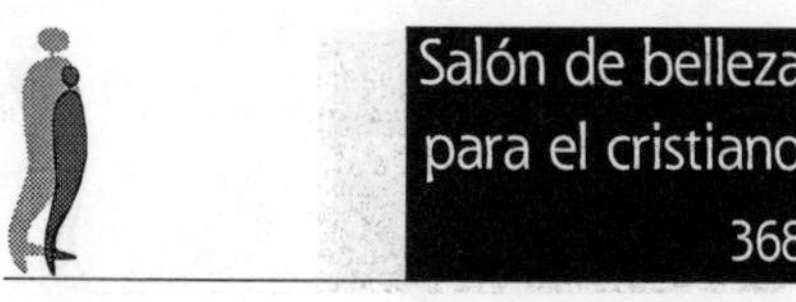

97

Mañana, cuando te levantes, proponte el objetivo de ser una *luz* en tu trabajo. No se trata de que intentes distinguirte entre los demás, sino de que tú mismo seas consciente de la influencia que, como cristiano, ejerces sobre los demás...

98

Intenta hacer el siguiente sondeo de opinión entre tus familiares y hermanos de iglesia:

–Cabello masculino largo / cabello masculino corto.

–Un baile popular / el Charlestón.

–Juan Sebastián Bach / Fanny Crosby.

–Amilenarismo / premilenarismo.

–Cabeza femenina cubierta / cabeza femenina descubierta.

–Observancia estricta del domingo / observancia no estricta del domingo.

–Cabello femenino corto / cabello femenino largo.

–Servicio de adoración formal / servicio de adoración espontáneo.

Una vez hecho el sondeo, recapacita en las respuestas que has encontrado y analiza tu propia opinión. Por ejemplo, estaría bien que te formularas las siguientes preguntas:

Las preguntas del sondeo, ¿son el núcleo o la periferia de la fe? ¿Da la Biblia alguna orientación definida acerca de dichos aspectos? ¿Soy coherente con mis propias convicciones? Mi actitud para con los que difieren de mí, ¿alienta o desalienta la fraternidad cristiana? ¿En qué medida mis opiniones podrían estar condicionadas por mi edad?

99

Trae a clase algunas figuras que ilustren cómo tanto los ojos como la mente pueden hacer trampas al individuo. Para ello, puedes usar ilusiones ópticas que frecuentemente se muestran para demostrar dichos fenómenos.

100

Reflexiona acerca de 2 Corintios 5:16 y 17:

¿En qué forma el hecho de ser cristiano cambia nuestro punto de vista sobre los otros? ¿Cómo es el punto de vista «mundano» y en qué difiere del punto de vista cristiano?

101

Disciplínate a leer un artículo sobre misiones en tu revista denominacional. Léelo de principio a fin, y concéntrate en lo que estás leyendo. Después, detente a orar por aquello que has leído y pregúntate si hay algo que tú pudieras hacer para ayudar en las misiones; algo que sea tangible...

102

En una hoja, escribe cinco cosas que te causen angustia o temor. Luego, analízalas. Es posible que tus temores se refieran a tu vida presente, o tal vez al futuro incierto. En todo caso, no estás poniendo en práctica Mateo 6:34. Así que léelo y vuelve a revisar tu lista de temores. Ya verás cómo, después de haber leído este consejo del Señor, más de un temor habrá sido tachado.

103

Intenta descubrir las imágenes mentales que tus hermanos de iglesia, familiares y amigos tienen acerca de Dios. Con-

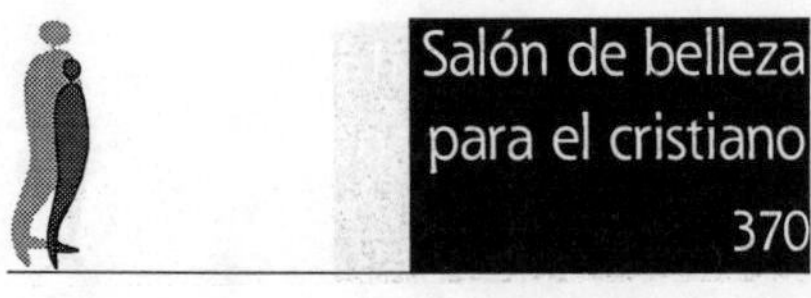

trástalas con la tuya, y descubrirás cómo todas son diferentes. Es curioso que todos tengáis distintas imágenes mentales de Dios y, sin embargo, todos adoréis al mismo Dios... Busca, pues, la esencia que mantiene esa unidad de adoración; es decir, qué es lo que verdaderamente os unifica a la hora de pensar en Dios.

104

Elabora una lista de ejemplos extraídos de la prensa, la radio y la televisión que muestren la angustia y la ansiedad que nuestro mundo padece a causa de la incertidumbre de su destino. Así, por ejemplo, puedes hacer uso de películas, horóscopos, anuncios televisivos de adivinos...

105

Medita en la lectura de 1 Corintios 13:12:

«Ahora vemos como por un espejo, oscuramente; pero entonces, veremos cara a cara».

PARA EMBELLECER LAS MANOS

106

Lee material informativo acerca de la anatomía y fisiología de las manos. Seguramente encontrarás buen material en libros de bibliotecas y en enciclopedias. Nota la maravilla y lo intrincado de nuestro cuerpo, y con qué maestría se idearon nuestras manos para ejecutar una gran variedad de tareas. ¿Por qué, por ejemplo, tenemos cinco dedos en cada mano? ¿Qué pasaría si las articulaciones pudieran doblarse en dos direcciones? O ¿Qué pasaría si los brazos sobresalieran de la cintura en lugar de los hombros? ¿Por qué no tener sólo dedos, sin la palma? ¿Por qué los dedos son alargados y tienen uñas?

107

El método de evangelismo personal *Coral Ridge* desarrollado por el doctor James Kennedy utiliza dos cuestiones claves para preguntar puerta a puerta:

–¿Ha llegado usted a un punto en su vida espiritual en el que tenga la certeza de que si muriese hoy, iría al Cielo?

–Suponga que esta noche muriera y se encontrara frente a Dios, y Él le dijera: *¿Por qué tengo que dejarte entrar en mi Cielo?* ¿Qué respondería?

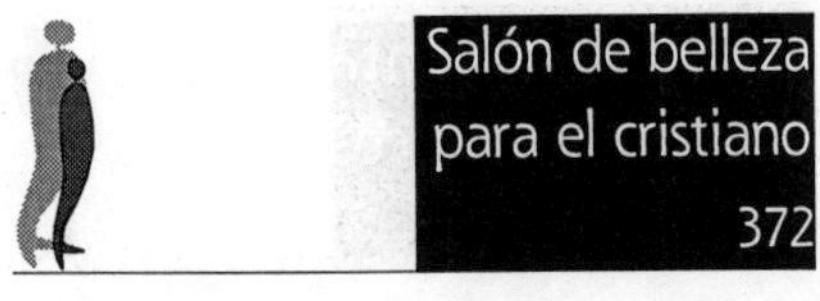

Intenta responder tú mismo a estas preguntas. Luego, examina tus respuestas, para comprobar si tu conocimiento del Evangelio te ha llevado a descubrir que verdaderamente la Salvación es sólo por gracia, y no por obras... Si, por el contrario, no llegaste a esta conclusión, entonces es hora de que revises tu fe en la gracia y justificación de Cristo.

108

Según tu opinión, ¿qué es más fácil? ¿Dar o recibir? Analiza tu respuesta y pregúntate por qué has respondido una cosa u otra.

109

Proponte esta semana aceptar algún don, favor o cumplido que te haya ofrecido otra persona. Hazlo con gracia y contento, sin dudar o sentirte incómodo.

110

Pide a alguien que te haga algún favor. En otras palabras, sitúate deliberadamente en una posición de recibir. Así, por ejemplo, puedes pedir ayuda sobre cómo resolver un problema de matemáticas, o consejo sobre qué restaurante escoger para comer, o a qué cine asistir, o cómo eliminar las malas hierbas...

A la mayoría de la gente le gusta sentirse experta en algo; y no hay nada que refuerce tanto esa sensación como que te pidan una opinión experta. Sin embargo, nos cuesta pedir ayuda; tal vez, porque queremos aparentar ser autosuficientes, o por miedo a tener que devolver el favor. En todo caso, lo que está claro es que se puede ser igualmente egoísta no recibiendo, que no dando.

111

Durante una semana, apunta todos los gestos de aprobación, amor, bendición, desdén, disgusto e ira que observes en el curso de tu vida diaria. Descubrirás lo eficaces que son las manos para transmitir sentimientos positivos y negativos hacia los otros, con o sin palabras.

112

Ponte al corriente de tus propios gestos de bendición y maldición. ¿Cómo utilizas tus manos?

113

Proponte extender tu mano para bendecir a unas cuantas personas esta semana. Ya sabes, puede ser una palmadita en la cabeza, un estrechón de manos, un palmoteo en la espalda, un apretón en el brazo, y hasta una imposición de manos en la cabeza u hombros. Sea lo que sea, trata de expresar de un modo tangible tu aprobación, bendición y tus mejores deseos para los demás.

114

Te proponemos que la próxima vez que ores en la mesa pidiendo la bendición de los alimentos, seas enteramente consciente de tus palabras. Procura tú mismo intentar que tal bendición sea un hecho, haciendo que la conversación en la mesa sea agradable y beneficiosa, al igual que la comida. De esta manera, tu oración no habrá sido un mero rezo repetitivo.

115

Medita acerca de Mateo 18:8:

«Si tu mano o tu pie te es ocasión de caer, córtalo y échalo de ti...».

116

Reflexiona acerca de cómo poder ayudar a tu iglesia en asuntos puntuales, sin haber recibido una petición directa de ayuda. Luego, el próximo domingo que asistas a la congregación, procura poner en práctica las ideas que se te ocurrieron.

117

Reflexiona acerca de cómo poder ayudar a ciertas personas que conoces, sin que ellas te hayan pedido tu ayuda. Luego, procura cumplir tales ideas.

118

Intenta recordar alguna ocasión en la que ofreciste verbalmente tu ayuda, pero que finalmente no la cumpliste. Seguramente, esperaste que la otra persona te indicara el momento en que debías ayudarla. Pero es posible que dicha persona no se atreviera a ser tan descarada. Tal vez, si esa persona se hubiera atrevido a solicitar la ayuda que le ofrecías, tú te habrías sentido incómodo por su descaro... Sea lo que sea, la próxima vez que ofrezcas verbalmente tu ayuda, asegúrate de que tus palabras no son un mero cumplimiento, formalismo o, simplemente, ganas de aparentar.

119

Medita acerca de Juan 13:1-16.

120

Comenta la siguiente pregunta:

¿Es correcto que una mano que ayuda en el campo misionero –bien sea con ayuda médica, asistencia en agricultura...– se extienda también con la finalidad de conseguir que las personas oigan el Evangelio? Esta clase de ayuda humanitaria, ¿debería hacerse de manera altruista, sin esperar «convertir» a las personas necesitadas?

121

Según tu opinión, ¿qué es mejor? ¿Ayudar a otros haciendo las cosas por ellos, o ayudarles para que aprendan a hacer las cosas por sí mismos?

122

Evalúa tu actitud hacia el toque físico:

¿Eres tú un tipo adulador y demasiado extrovertido con las personas que casi no conoces? ¿O eres posiblemente el otro extremo, es decir, una persona que cree que cualquier contacto físico es de algún modo pecaminoso, obsceno y repulsivo?

Tal vez, las experiencias pasadas de tu vida determinen tu actitud; en todo caso, lo importante es que busques un equilibrio en tus expresiones físicas de aprecio.

123

¿Crees que tus hijos están creciendo dentro de una atmósfera sana en cuanto al contacto físico? ¿Les permites expresarse libre y normalmente? ¿Son alentados a ser expresivos, afectuosos y compasivos? ¿Os mostráis tú y tu cónyuge libres en afecto el uno hacia el otro?

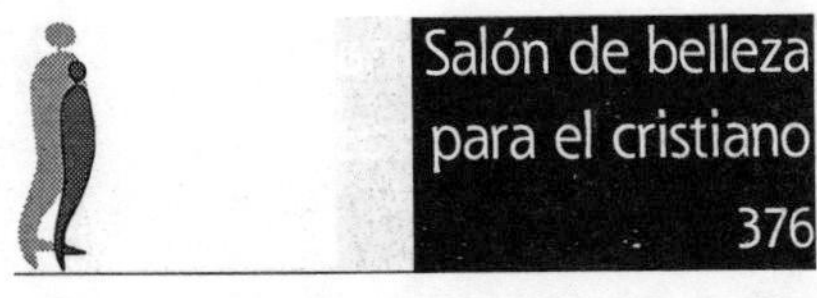

124

El próximo domingo, acércate a las visitas que asistan a tu iglesia y ofréceles un caluroso y expresivo apretón de manos. Habla con ellas y muéstrales un genuino interés por su bienestar.

125

Esta semana, cuando te sientas tentado a decir que estás demasiado ocupado, tómate tiempo para mantener una charla calurosa y comprensiva con alguien.

126

Visita a un amigo o a un conocido que esté enfermo, ya sea en casa o en el hospital. Y no olvides expresar tu amor y preocupación por medio de un caluroso apretón de manos.

127

Te proponemos que esta semana intentes hacer tus quehaceres diarios de una forma original. De lo que se trata es de que rompas con la rutina, y encuentres un nuevo aliciente y estímulo a las cosas que haces habitualmente. Prueba este ejercicio, y comprobarás sus resultados beneficiosos...

128

Intenta parafrasear las siguientes expresiones:

–«... tan aburrido como una ostra».
–«Tengo un hambre de lobo».
–«... sordo como una tapia».

Incluso estas expresiones tan repetitivas y usadas pueden ser expresadas de una manera más original.

129

Apúntate a algún taller creativo, ya sea de cerámica, pintura, manualidades, música, escritura... Intenta cultivar esta faceta creativa que todos tenemos.

Te proponemos también que fomentes esta actividad dentro de tu iglesia. Así, podrías pedir a algún miembro de iglesia, que sea un «manitas», que os forme algún taller creativo. Incluso, si te atreves, podrías dirigirlo tú mismo.

También puedes fomentar esa faceta creativa organizando concursos y certámenes para los miembros de la iglesia. Finalmente, podrías montar una exposición con las creaciones presentadas en el concurso.

130

Te proponemos el siguiente experimento: la próxima vez que estés sólo en oración, haz lo que el salmista a menudo hacía; a saber, eleva las manos a Dios... Permite que todo tu cuerpo participe en la oración; deja que tus manos y tus brazos sean símbolos de tu alma, y que tu postura refuerce tu fe. Sí, puede parecerte algo ridículo al principio, pero te sorprenderás de lo efectivo que será para ti encontrar la posibilidad de entregar a Dios tu atención completa, y crear así una actitud de adoración, alabanza y súplica.

131

Eleva una oración a Dios, aun cuando parezca que no lo necesitas. Demasiado a menudo oramos sólo cuando necesitamos algo desesperadamente.

132

Escribe todo lo que hoy hayan hecho tus manos, con todo el detalle posible, y compáralo con los títulos de cada una de las ocho sesiones del capítulo 4 de la primera parte del libro. Luego, clasifica tus acciones según las ocho directrices mencionadas en las mismas sesiones.

PARA EMBELLECER LOS PIES

133

¿Cuáles de las siguientes expresiones sueles utilizar con mayor frecuencia?

–Esto no dará resultado.
–Nunca se hizo antes.
–Estoy seguro que va a pasar algo gordo, o algo terrible.
–Vamos a probarlo.
–Este año tiene que pasar algo bueno, aunque sólo sea para variar.
–Es difícil, pero no creo que sea imposible.

Luego, evalúa tu actitud con respecto al futuro, según tu respuesta, y considera si eres una persona optimista o pesimista.

134

¿Albergas en tu corazón algún sueño o ilusión que aún no hayas cumplido por miedo al fracaso? Tal vez, se trate de empezar un negocio por tu cuenta, o bien de escribir un libro, ir a la universidad, aprender a tocar un instrumento musical... Sea lo que sea, te recomendamos que hagas tuyas la palabras de Hebreos 11 y 12, que hablan acerca de la fe, y que te lances a realizar tu sueño.

135

Lee algún libro que trate de personas cuya fe les haya permitido vencer grandes crisis en sus vidas.

136

Estudia Juan 15:1-17, el gran sermón sobre *la vid y las ramas*, y considera los siguientes aspectos:

a) La clase de fruto que Dios espera.
b) El mejor método para producir una buena cosecha.
c) El destino de las ramas que no siguen produciendo.

137

Procura recordar cuál fue la última vez que te sentiste realmente entusiasmado y lleno de fe por algo.

138

Determina cuáles son tus dones espirituales. Habla de este asunto con tus amigos y familiares... A veces, otros pueden ver nuestros dones más claramente que nosotros mismos, ya que con frecuencia nosotros nos sentimos reprimimos a la hora de admitir nuestras cualidades, pensando que otros juzgarán que somos unos jactanciosos. Sin embargo, a menos que no conozcamos claramente nuestros dones, no podremos ejercitarlos para el Señor.

139

Lee más información acerca de las maravillas del pie humano. Las enciclopedias y libros de medicina populares dan algunos datos interesantísimos sobre esta parte del cuerpo humano, a la que raramente prestamos atención, hasta que nos duele...

140

Sal fuera; da una vuelta y piensa.

141

Proponte emplear diariamente cierta cantidad de tiempo para leer la Biblia. Sólo así podrás hallar luz en tu camino.

142

Analiza tu actitud a la hora de tomar decisiones:

¿Eres cuidadoso? ¿Decidido? ¿Abierto al consejo? ¿Sensato? ¿Razonable? ¿Ético? ¿Ponderado? ¿Dado a la oración? ¿Compasivo?

143

Analiza tus relaciones familiares. Es probable que te lleves mejor con unos que con otros... Procura descubrir a qué se debe esa diferencia de relación entre los miembros de tu familia y procura mejorar las relaciones menos exitosas.

144

Analiza tus relaciones personales dentro de tu iglesia. Es probable que te lleves mejor con unos miembros que con otros... Procura descubrir a qué se debe esa diferencia de relación entre los miembros de tu iglesia y procura mejorar las relaciones menos exitosas.

145

Analiza tus relaciones personales dentro del trabajo. Es probable que te lleves mejor con unos compañeros que con otros... Procura descubrir a qué se debe esa diferencia de relación entre tus compañeros de trabajo y procura mejorar las relaciones menos exitosas.

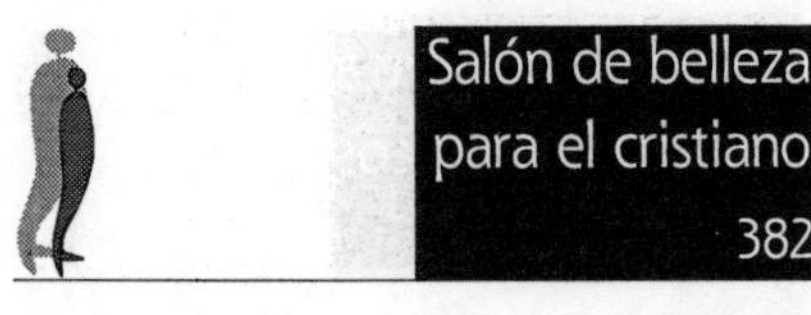

146

Analiza tus relaciones personales dentro de tu vecindario. Es probable que te lleves mejor con unos vecinos que con otros... Procura descubrir a qué se debe esa diferencia de relación entre tus vecinos y procura mejorar las relaciones menos exitosas.

147

Haz una lista de las maneras en que una persona puede evitar hacer ofensa a otra con ciertos desprecios o insinuaciones. Considera cuántas veces, de modo inconsciente, has marcado con expresiones estereotipadas a ciertas personas.

148

Haz un inventario cuidadoso de las actitudes de tus hijos hacia:

a) Ti mismo.
b) Tu cónyuge.
c) Sus maestros.
d) Sus vecinos.
e) Sus amigos y compañeros de juego.
f) Sus hermanos de iglesia.
g) Dios.

¿Qué es lo que observas en tus hijos? ¿Respeto o descaro?

149

Medita acerca de los capítulos 20, 21 y 22 del libro del Apocalipsis.

150

Te proponemos que esta semana busques un momento de intimidad familiar, para hablar acerca de vuestros sentimientos sobre alguno de los momentos, buenos o malos, que hayan repercutido en todos los miembros de la familia. Por ejemplo, aquellas vacaciones de verano, el cambio de vivienda, la muerte de la abuela...

Procura que todos abran su corazón. Sin duda, este ejercicio fortalecerá vuestros lazos familiares.

[illegible]

Te proponemos que esta semana busques un momento de intimidad familiar para hablar acerca de vuestros sentimientos sobre alguno de los momentos buenos o malos que hayan repercutido en todos los miembros de la familia. [illegible]

[illegible]

[illegible]

[illegible]

[illegible]

[illegible]

[illegible]

[illegible]

TERCERA PARTE

Unidades Didácticas

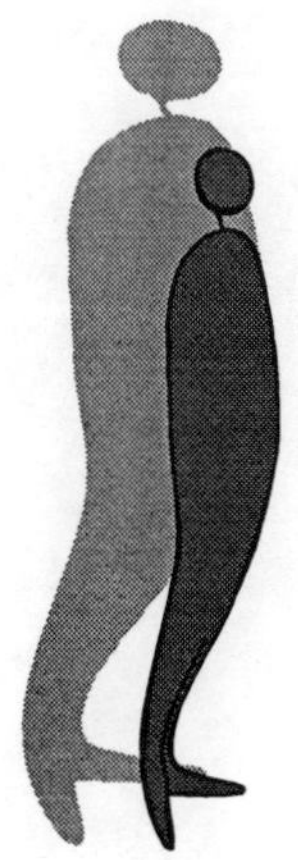

Capítulo 1: Cinco Unidades Didácticas

1.ª UNIDAD DIDÁCTICA

PARA EMBELLECER LA LENGUA

LO QUE DICEN OTROS ACERCA DE LA LENGUA*

Citas y Frases Célebres adecuadas al caso.

«La lengua es a la vez lo mejor y lo peor del hombre. Bien gobernada, no hay instrumento más útil en el cuerpo; pero si no es controlada, puede ser el más perjudicial» *(Anarchasis)*.

«He observado, en el curso de las cosas mundanas, que las fortunas de los hombres son hechas más fácilmente por sus lenguas que por sus virtudes. Y que más fortunas han sido malogradas por la lengua que por los vicios» *(Sir Walter Raleigh)*.

«¡Cuántas veces nos sentimos atraídos de un modo irresistible por una mujer que no tiene nada de hermosa, pero cuyo lenguaje y tono de voz nos atrae de un modo positivo! En los círculos sociales, ¡cuán agradable es oír hablar a una mujer que caracteriza siempre a la verdadera señora! En el santuario del hogar, ¡cómo suaviza esta voz al niño agitado y al marido cansado!» *(Carlos Lamb)*.

«La lengua de la mujer es espada que nunca se enmohece» *(Necker)*.

*Como esta es la primera unidad didáctica, hemos preferido simplemente que te sirva de orientación. Así, no tienes que hacer nada, excepto leerla y, eso sí, prepararte para trabajar las cuatro siguientes unidades.

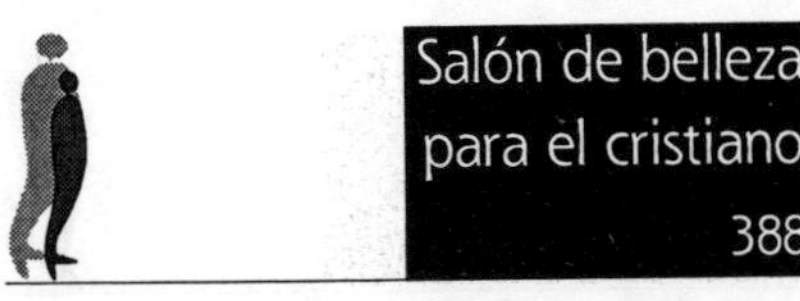

«No debe permitirse que la lengua gobierne la mente» *(Hilo).*

«El hablar es plata; el silencio es oro» *(Proverbio alemán).*

«Hablar es el arte de detener y hacer perezoso el pensamiento» *(Carlyle).*

«Raramente tendremos que arrepentirnos de hablar poco; pero muy a menudo nos arrepentimos de hablar demasiado» *(Bruyere).*

«La mitad de los pesares de las mujeres se evitarían si éstas pudieran abstenerse de decir lo que saben que es inútil, o lo que han resuelto no expresar» *(Jorge Helliot).*

«La murmuración es como arrojar cieno sobre una pared limpia: puede no permanecer, pero deja una marca» *(Anónimo).*

«La diferencia entre una murmuración y una noticia es si la oís, o si la decís» *(Anónimo).*

«Considerad la falsedad del proverbio *todo el mundo lo dice, y lo que toda la gente dice debe ser verdad*» *(James Fenimore Coover).*

«Las murmuraciones femeninas son debidas, generalmente, a la ignorancia de motivos» *(Rochefoucauld).*

«El contentamiento hace rico al pobre; el descontento hace pobre al rico» *(Benjamín Franklin).*

«Cuando te sientas por la noche cansado como un perro, será porque has estado ladrando todo el día» *(Anónimo).*

«Goza de tu propia vida sin compararla con la de otros» *(Condorcet).*

«El resultado más frecuente de quejarse es levantar encono contra ti, más que compasión» *(Samuel Johnson).*

«Los que más se quejan son los que más han sido mimados» *(Mathew Henry).*

«La queja constante es la peor paga de todos los beneficios de que gozamos» *(Benjamín Franklin)*.

«Agradecer lo que es noble es un beneficio que no puede sernos arrebatado» *(Goethe)*.

«Por la gratitud hacemos nuestras las excelencias de otros» *(Voltaire)*.

«Alabar las acciones nobles con sinceridad puede decirse que es tomar parte en ellas» *(Rochefoucauld)*.

«Somos en gran parte lo que otros piensan de nosotros. Las observaciones que otros hacen de nuestras cosas nos dan ánimo para seguir adelante y mejorarnos, o ahoga nuestros esfuerzos» *(Hazlitt)*.

«La verdad no necesita flores de retórica» *(Pope)*.

«¡Cuán dulces son las palabras de verdad salidas de labios de amor!» *(James Beattie)*.

«No procures ser consecuente, sino simplemente veraz» *(Holmes)*.

«Paz, si es posible; pero la verdad, a cualquier precio» *(Martín Lutero)*.

«Evita medias verdades, pues puede escogerse la mitad mala» *(Anónimo)*.

«El aguijón de la reprensión es la verdad que contiene» *(Benjamín Franklin)*.

«Cada vez que encuentres que la verdad se opone en tu camino, puedes estar seguro de que estás yendo en una dirección equivocada» *(Anónimo)*.

«Nada daña tanto la verdad como el tratar de imponerla» *(Anónimo)*.

«Hay tres lados en cada caso: tu lado, mi lado y el lado de la verdad» *(Anónimo).*

«Una persona contenta disfruta del paisaje durante todo el viaje de la vida» *(Anónimo).*

2.ª UNIDAD DIDÁCTICA

Para Embellecer las Orejas

Lo que dices Tú acerca de ti mismo

Test de Autoevaluación: ¿Sabes escuchar?

1. Has asistido a una conferencia, y ahora llega el momento de hacer las preguntas al orador: ¿eres de los que suelen preguntar?

a) Sí.
b) Sólo cuando no estoy de acuerdo con el orador.
c) No.

2. Cuando te arreglas por las mañanas, ¿tienes la costumbre de «canturrear»?

a) Sí, y siempre la misma canción.
b) Sí, pero suelo variar de melodía.
c) No.

3. Según tu opinión, ¿cuál es el objetivo de una conversación?

a) Conocer mejor a la otra persona.
b) Defender mi punto de vista.
c) Intercambiar opiniones.

4. Tus hijos, ¿suelen preguntarte preguntas ingenuas e infantiles como *¿por qué la nieve es blanca? ¿Los perritos van al Cielo?*...**?**

a) A menudo.
b) Nunca.
c) Alguna vez lo han hecho.

5. Imagínate que eres el jefe de una empresa y que tienes que llamar la atención a un subordinado tuyo, ¿qué harías?

a) Me mostraría cerrado e inflexible.
b) Me mostraría indiferente.
c) Intentaría conversar con él de manera igualitaria.

6. Si por un mismo precio tuvieras la oportunidad de escoger entre una de estas tres cosas, ¿cuál comprarías?

a) Un disco de música.
b) Un libro.
c) Una película de vídeo.

7. ¿Cuál suele ser tu actitud en una conversación?

a) Soy el que más habla.
b) Soy el que más escucha.
c) Intento repartir equitativamente el tiempo de hablar entre mi interlocutor y yo.

8. ¿Qué sientes cuando estás escuchando una exposición?

a) Creo haber comprendido a la primera lo que se está diciendo y comienzo a aburrirme cuando las ideas se repiten.
b) Creo haber comprendido a la primera lo que se está diciendo, pero sigo escuchando.
c) Permanezco atento durante toda la exposición, por si hubiera algún detalle que se me hubiera escapado.

9. ¿Cómo te sientes cuando tienes que aguantar el discurso de un orador que constantemente está utilizando «muletillas» del tipo *pues, vale, no, bueno*...?

a) Me pongo nervioso.
b) No puedo tomarme en serio lo que estoy escuchando.
c) Intento entender el contenido de lo que se está diciendo, sin hacer caso a las «muletillas».

10. Cuando has discutido con alguien acerca de un tema concreto, ¿eres capaz de volver a casa con una opinión diferente de la que tenías antes?

a) Sí, a menudo.
b) Alguna vez me ha pasado.
c) Nunca.

11. ¿Con cuál de estas opiniones estás más de acuerdo?

a) Un asunto específico sólo puede ser tratado correctamente por un profesional y erudito en el tema.
b) Todo el mundo tiene derecho a hablar de lo que le parezca, siempre y cuando sepa defender bien su punto de vista.
c) A veces ocurre que los más expertos en un tema no son los más indicados a la hora de exponer dicho tema.

12. ¿Qué haces cuando no entiendes una palabra pronunciada por un orador durante una conferencia?

a) Levanto la mano y pregunto inmediatamente el significado de dicha palabra.
b) Apunto la palabra en mi libreta de apuntes y espero a que termine la conferencia para preguntársela al orador.
c) No pregunto nada.

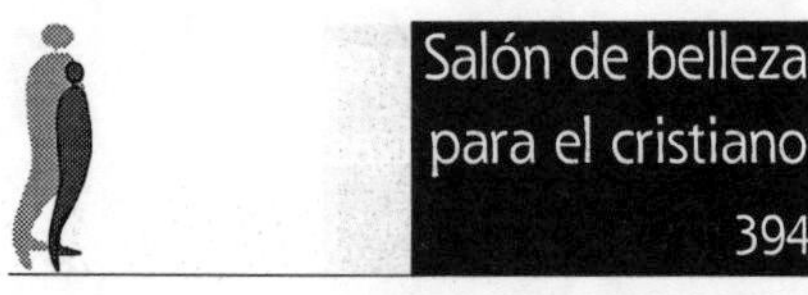

13. ¿Qué opinas de la siguiente frase? *Tu voz fue lo primero que llamó mi atención:*

a) Esto sólo se dice en las películas o en las novelas de color rosa.
b) Alguna vez he dicho algo parecido.
c) Puede que alguna vez haya pensado algo así, pero nunca lo he dicho verbalmente.

14. ¿Te gusta asistir a mítines electorales?

a) Sí, para escuchar ideas distintas a las mías y contrastarlas.
b) Sí, para contradecir al orador e incomodarlo.
c) No, me parece una pérdida de tiempo.

15. ¿Qué pensarías de alguien que, sin apenas conocerte, te contara sus problemas?

a) Desconfiaría de esa persona y no prestaría atención a lo que me está diciendo.
b) Intentaría ganar prestigio sobre esa persona para tenerla controlada.
c) Intentaría ayudarla de alguna manera.

16. ¿Qué opinas de los oradores que cometen errores gramaticales a la hora de expresarse?

a) Que su grado de cultura es poco fiable.
b) ¡Pobre! Tanta gente escuchándole, le pone nervioso...
c) Lo importante es lo que intenta decir.

17. En una comida social multitudinaria, ¿qué sueles hacer?

a) Tengo la sensación de que nadie me escucha y termino por callarme.
b) Hablo mucho.
c) Procuro no intervenir.

18. ¿Qué opinas de los anuncios publicitarios radiofónicos?

a) Me gustan más que los de la televisión.
b) Me gustan menos que los de la televisión.
c) Son igual de eficaces que los de la televisión.

19. ¿Eres capaz de recordar algún anuncio publicitario radiofónico que hayas escuchado hace poco?

a) Sí, sin problemas.
b) Sí, pero necesito un poco de tiempo para hacer memoria.
c) No.

20. ¿Eres capaz de saber cuándo la bañera está llena, sólo por el ruido?

a) Sí.
b) Es posible, pero prefiero estar presente para evitar algún descuido.
c) No.

21. Dentro de tu trabajo, ¿a cuál de estas tres personas crees que prestas más atención cuando te hablan?

a) Al jefe.
b) Al compañero.
c) A la señora de la limpieza.

22. Si una conferencia te interesa muchísimo:

a) Me pongo nervioso y molesto ante cualquier ruido externo de la sala.
b) Estoy atento a las reacciones del auditorio.
c) Me concentro exclusivamente en la ponencia y me olvido de cualquier factor externo de la sala.

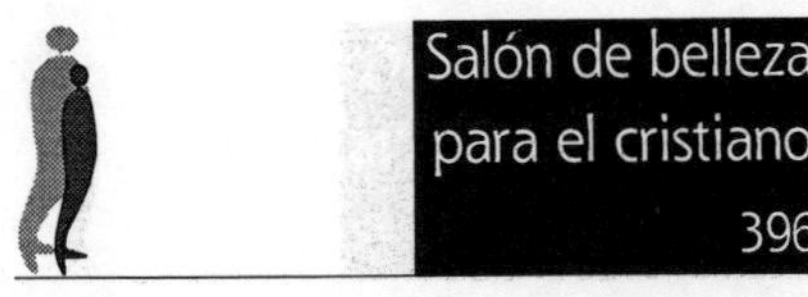

23. ¿Qué es lo que más aprecias de un orador, un actor, un profesor o un presentador?

a) Su voz.
b) Su aspecto físico.
c) Su manera de comportarse delante del público.

24. ¿Eres de las personas que suelen recibir confidencias de los demás?

a) Indudablemente, sí.
b) Alguna vez me ha ocurrido.
c) No; no me gusta involucrarme en problemas que no me conciernen.

25. ¿Cuál es tu medio de información favorito?

a) La televisión.
b) La radio.
c) La prensa.

26. El sonido ambiental, la música, el murmullo del viento..., ¿despiertan en ti sentimientos olvidados o recuerdos?

a) Sí, muchas veces.
b) Alguna vez...
c) No.

27. ¿Qué sueles hacer cuando escuchas música ambiental?

a) Interrumpir mi actividad para escucharla detenidamente.
b) Subir el volumen de la radio, si me gusta la canción, para envolverme con su melodía.
c) La música ambiental me molesta, porque no me deja concentrarme en lo que estoy haciendo.

28. ¿Qué opinas de las preguntas ingenuas e infantiles que hacen los niños?

a) Que son muy importantes.
b) Que son absurdas e impertinentes.
c) Los niños nunca me han interrogado con preguntas.

29. ¿Qué sientes cuando asistes a un concierto de música clásica?

a) Placer.
b) Aburrimiento.
c) Depende de si lo que estoy escuchando me gusta o no...

30. ¿Te gustaría conocer físicamente al periodista que escuchas por la radio?

a) Nunca me lo había planteado...
b) Sí, pues, como dicen, *una imagen vale más que mil palabras.*
c) Sólo si su personalidad llama mi atención.

PUNTUACIÓN

¿Ya sabes cómo puntuar este test? Es muy sencillo... Sólo has de seguir la numeración de las preguntas y comprobar si tu respuesta ha sido a), b) o c), para poner la puntuación que corresponda a la respuesta que elegiste en cada caso. Una vez hecha esta operación con las treinta preguntas, debes sumar la puntuación de todas las respuestas. Y así, obtendrás el resultado total de tu test.

PREGUNTAS	RESPUESTAS		
	a	b	c
1	2	3	1
2	2	3	1
3	2	1	3
4	3	1	2
5	2	1	3
6	3	1	2
7	1	2	3
8	1	2	3
9	2	1	3
10	2	3	1
11	1	2	3
12	3	3	1
13	1	3	2
14	3	2	1
15	1	2	3
16	1	2	3
17	2	3	1
18	3	1	2
19	3	2	1
20	3	2	1
21	2	3	2
22	2	2	3
23	3	1	2
24	3	2	1
25	3	3	1
26	3	2	1
27	2	1	3
28	3	2	1
29	3	1	2
30	3	2	2
TOTAL			

Resultado

Si obtuviste entre 30 y 45 puntos

Vuelve a revisar tus respuestas. ¿Estás seguro de que has sido totalmente sincero? Si es así, debo decirte que tienes un grave problema: no sabes escuchar a la gente. Es una pena todas las cosas que te llegas a perder por no saber cultivar el don de escuchar.

Sin embargo, aún no está todo perdido. Afortunadamente, todavía estás a tiempo de aprender a ser un buen oyente. Toma nota de todo lo que hayas aprendido en el capítulo II, dedicado a embellecer las orejas, y procura ponerlo en práctica cada día de tu vida. Pero, sobre todo, pide a Dios ayuda para que te guíe a ser una persona más abierta y comprensiva con los demás.

Si obtuviste entre 46 y 60 puntos

Eres de los que sólo escuchan lo que creen necesario. Posiblemente, porque piensas que son los demás los que tienen mucho que aprender de ti. Sin embargo, esta barrera psicológica que te has impuesto te está privando de aprender grandes detalles acerca de la comunicación humana, la cual no se compone únicamente de palabras, sino también de gestos, guiños y sentimientos...

Sé que si te lo propones, puedes ser un buen oidor. Pero te sugiero que repases el capítulo dedicado a embellecer las orejas.

Si tu puntuación ha alcanzado entre 61 y 70 puntos

¡Enhorabuena! Eres un buen oyente y tienes la capacidad de resultar muy agradable a los demás. Sin duda, es un don que Dios te ha dado para poder ayudar a las personas y hacer que se sientan a gusto en tu compañía. ¿Qué más puedo decirte? Pues que eres comprensivo y tolerante con los demás. Y te animo a que sigas en ese mismo camino, sin llegar a perder tu identidad.

A LOS QUE HAYAN SOBREPASADO LOS 71 PUNTOS

No sé si darte la *enhorabuena* o decirte que tengas cuidado con tu excesiva virtud de saber escuchar. No es que sea malo que tengas tanta capacidad de comprensión y de entendimiento; pero tal vez, tu excesiva intención de caer bien a todo el mundo te esté impidiendo ser tú mismo en muchos casos. Por ejemplo, ¿cuando fue la última vez que confesaste alguna experiencia personal a algún amigo? ¿Has hablado últimamente de tus sentimientos? ¿De lo que te gusta o desagrada? Claro, olvidaste que tú también mereces ser escuchado por los demás.

Tu excesiva bondad ha hecho que descuides tu amor propio. Y no olvides que Dios nos pide que *amemos al prójimo como a nosotros mismos, no más que a nosotros mismos*... Pide a Dios que te ayude a equilibrar tu autoestima, sin perder tampoco esa gran virtud que posees de saber escuchar y amar.

3.ª UNIDAD DIDÁCTICA

Para Corregir los Ojos

Lo que dices Tú acerca de un Capítulo Bíblico

Adaptación de 1 Corintios 13

Trata de escribir tu propia versión de 1 Corintios 13. Puedes escoger la versión que más te guste. Así, podrías inventar una versión para el ama de casa, para el instructor bíblico, o también, *la versión del trabajador, del estudiante, del deportista...*

La revista *Eternity* publicó una paráfrasis de dicho capítulo, de la cual te ofrecemos una parte, a modo de ejemplo:

«Si yo ofrendo todo mi haber y entrego mi cuerpo para ser quemado, y no tengo amor, de nada me sirve.

Si doy a mis hijos todos los juguetes que piden, y dejo a mi hijo mayor usar el coche cada noche, pero no tengo amor, de nada me sirve.

Si doy a mi marido un hogar limpio y buenas comidas, pero no le amo, de nada me sirve.

Si doy todo lo que tengo a la sociedad de beneficencia, y entrego mi cuerpo sacrificándome en marchas de derechos civiles, y no tengo amor, de nada me sirve.

Si hago una generosa promesa de ofrendar a la iglesia, y doy todos mis vestidos viejos a la *Misión Benéfica de Rescate*, pero lo hago por el compromiso de no ser menos que otras, de nada me sirve.

Si envío generosos regalos de Navidad para mantenerme a tono con lo que otros me envían, y no tengo amor, de nada me sirve».

También te mostramos la letra de una versión musical de 1 Corintios 13, compuesta por el cantautor español José Luis Perales y titulada *Amor sin límites*:

«Ya podría yo tocar el sol
y vaciar el mar;
o buscar un lugar al sur
para la libertad.
Conocer el principio y fin
de cada estrella;
si me falta el amor,
ya ves, yo no soy nada.
El amor es la espera sin límites,
es la entrega sin límites
y es la disculpa sin límites,
sin límites...
No es egoísta, ni se irrita, no.
El amor cree todo sin límites,
aguanta todo sin límites
y es generoso sin límites,
sin límites...
No tiene envidia, ni sabe contar;
no pide nada.

Ya podría yo morir por ti
y luego despertar,
o pintar de color la luz,
o hacer dulce la sal.
Ser profeta del porvenir,
romper el aire;
si me falta el amor,
ya ves, yo no soy nada.
El amor es humilde sin límites,
es comprensivo sin límites
y es la justicia sin límites,
sin límites...
Es siempre tierno y dice la verdad.
El amor cree todo sin límites,
aguanta todo sin límites
y es generoso sin límites,
sin límites...
No tiene envidia, ni sabe contar;
no pide nada...».

Y otra posibilidad sería algo como esto:

«Amar es buscar lo mejor para el otro, al margen de lo que puedan ser nuestros sentimientos personales.

Amar es llorar con los que lloran y alegrarnos con los que se alegran. Y para ser honestos, ¿no es más fácil llorar con los que lloran, que alegrarnos con los que se alegran? Cuando todos esta-

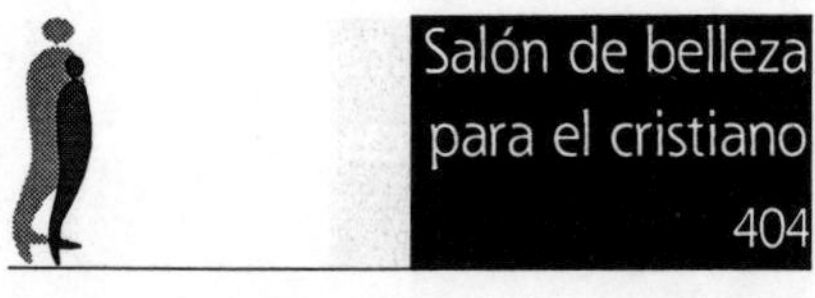

mos en la misma carrera, ¿no es más fácil simpatizar con el que llega el último, que empatizar con el ganador?

Amar realmente es hacer cosas; y cuando las hacemos, eliminamos nuestra envidia».

En fin, aquí tienes varios ejemplos; pero lo verdaderamente importante es lo que hagas tú mismo. Adelante, pues, y anímate a hacer tu propia versión del gran capítulo del amor...

4.ª UNIDAD DIDÁCTICA

PARA EMBELLECER LAS MANOS

LO QUE DICES TÚ ACERCA DE UNA PARÁBOLA BÍBLICA

Adaptación de la Parábola del Buen Samaritano*

Probablemente, se han escrito más páginas sobre la parábola del buen samaritano que sobre cualquier otra parábola bíblica. Incluso, hay quien se ha atrevido a crear adaptaciones de dicha parábola. Y esto es lo que te proponemos en esta unidad didáctica; a saber, que elabores tu propia adaptación de la parábola del buen samaritano. Para ello, te ofrecemos algunas sugerencias orientativas:

– Una chica soltera y embarazada, abandonada por el padre de la criatura...

–Un perro abandonado, que cruzaba la carretera, sin rumbo...

–Un chico negro, el primero en un vecindario de blancos, estaba de camino hacia la escuela...

Y para que lo tengas más claro todavía, aquí tienes un ejemplo ya hecho:

«Un hombre y su familia venían de las montañas de Kentucky para encontrar una nueva residencia en la ciudad, cuando el carburador de su coche se averió y les dejó desamparados por el camino...

---

*Como material auxiliar a esta unidad didáctica, te ofrecemos el siguiente título, editado por CLIE: CRUZ, Antonio, *Parábolas de Jesús en el mundo postmoderno*, Ed. CLIE, 1998.

Por casualidad, un ministro estaba bajando con su coche por la misma carretera, y cuando vio al hombre que alzaba su mano pidiendo ayuda, pasó por el otro carril.

De igual modo, un profesor de Escuela Dominical vio al hombre, pero tocó el claxon y siguió sin detenerse.

Sin embargo, una joven atea que pasaba por allí vio de lejos a la familia del coche averiado y tuvo compasión de ellos. Así que se acercó hasta el padre de familia y le preguntó qué pasaba. Luego, subió a todos en su coche y les llevó a la estación de servicio más próxima. Una vez allí, habló con el encargado de dicha estación y le dijo:

–Cambie el carburador del coche averiado que se encuentra a unos diez kilómetros de aquí; y lo que cueste, cárguelo a mi cuenta corriente.

¿Cuál de estas tres personas piensas que fue prójimo de la familia cuyo coche se averió?»

5.ª UNIDAD DIDÁCTICA

PARA EMBELLECER LOS PIES

LO QUE DICES TÚ ACERCA DE UN PERSONAJE BÍBLICO

Recreación de un Personaje Bíblico: El Evangelista Marcos*

Te proponemos aquí que leas detenidamente el evangelio de Marcos y te recrees en su lectura. Busca también información adicional acerca de dicho evangelio. Para ello, puedes hacer uso de diccionarios y comentarios bíblicos. Pronto, descubrirás que éste fue el primer evangelio que se escribió, y seguramente, el primer texto neotestamentario.

Intenta buscar diferencias y similitudes entre este evangelio y los otros tres. Por ejemplo, te sorprenderá que el evangelio de Marcos sea el más corto de los tres y, sin embargo, es el que más hechos de Jesús narra. Los otros evangelios se detienen más en lo que Jesús dijo, que en lo que hizo. Asimismo, su lenguaje es más sencillo y, a la vez, más directo que el de Mateo, Lucas o Juan; está lleno de verbos de acción y frases cortas... Hace énfasis también en el tipo de relación que Jesucristo mantuvo con distintos grupos de personas; a saber, por un lado, sus discípulos, y por el otro, su familia, los dirigentes del pueblo, sus enemigos...

---

*Como material auxiliar a esta unidad didáctica, te ofrecemos el siguiente título, editado por CLIE: ROBERTSON, A. T., *Estudios en el Nuevo Testamento*, Ed. CLIE, 1987.

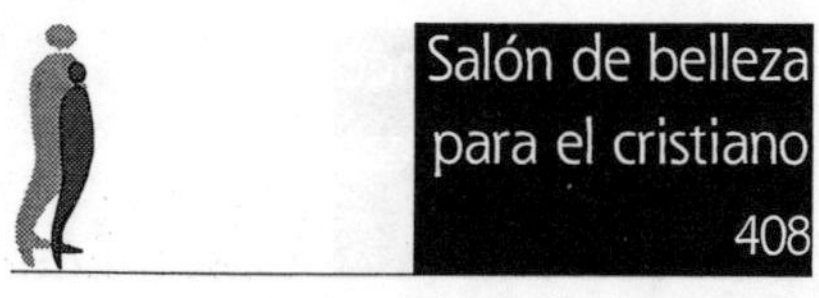

Pero, lo que más te debiera interesar es la estructura que sigue este evangelio, de la cual, sin duda, se han inspirado los otros tres; especialmente, Mateo y Lucas. Así, Marcos divide la actividad de Jesús en cuatro partes: su preparación, su actividad en Galilea, su viaje a Jerusalén y su pasión.

Hay muchos más datos interesantes que irás descubriendo en este evangelio.

Pero también te proponemos que investigues a su autor, Marcos. Por ejemplo, su relación con los primeros cristianos (Hch. 12:12), con Bernabé (Col. 4:10; Hch. 12:25; 13:5, 13), con Pablo (Hch. 15:39, 50-52; Col. 4:10; Flm. 24; 2 Ti. 4:11), y con Pedro (1 P. 5:13).

Es posible que todos estos encuentros de Marcos influyeran de alguna manera en la composición de su evangelio. De hecho, algunos estudiosos ven en este evangelio la impronta del temperamento de Pedro, así como la concepción evangélica y pascual de Pablo.

Pero hay aún otro dato más esclarecedor: según la tradición, es posible que Marcos fuera aquel muchacho que huyó desnudo cuando arrestaron a Jesús (Mr. 14:51 y 52).

Pues bien, con todos estos datos que ya tienes, y con los que irás encontrando, te proponemos que hagas un perfil psicológico de este evangelista. Su obra y lo que de él se dice en los escritos sagrados, en los comentarios bíblicos u otros libros de consulta, te ayudarán a poder hacerlo.

Pero lo más importante es lo que tú mismo extraigas de este estudio para tu propia edificación espiritual.

BIBLIOGRAFÍA

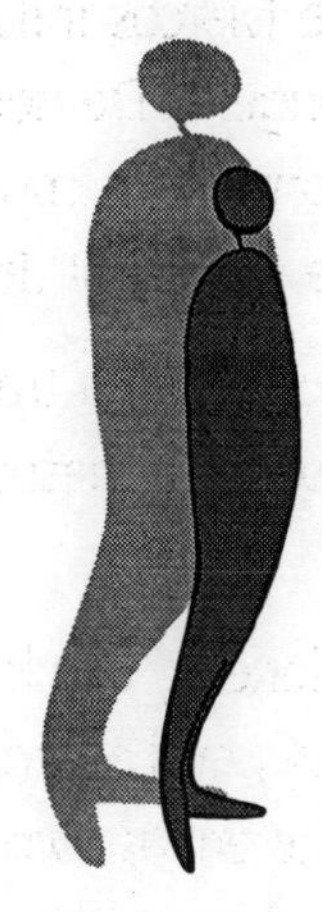

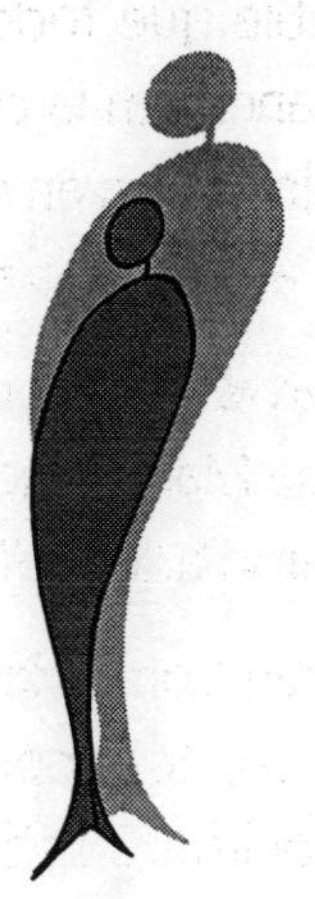

BIBLIOGRAFÍA

Diez Títulos de Bibliografía Complementaria

Para la Lengua

CEDAR, Paul A., *Siete claves para la comunicación efectiva*, Ed. CLIE, 1986.

GIL, Rubén, *Publicidad en la Biblia: Técnicas y medios de comunicación al servicio de la fe cristiana*, Ed. CLIE, 1998.

Para las Orejas

TOZER, A. W., *Dios habla al que escucha*, Ed. CLIE, 1994.

GIL, Rubén, *Publicidad en la Biblia: Técnicas y medios de comunicación al servicio de la fe cristiana*, Ed. CLIE, 1998.

Para los Ojos

MURRAY, Andrew, *Cómo ser libres del egoísmo*, Ed. CLIE, 1981.

MURRAY, Andrew, *Humildad: hermosura de la santidad*, Ed. CLIE, 1980.

Para las Manos

DÍAZ PINEDA, Manuel, *Manual de mayordomía bíblica*, Ed. CLIE, 1996.

GARCÍA, Juan Antonio y Carlos A., *Gimnasia para el alma*, Ed. CLIE, 1998.

PARA LOS PIES

SHELDON, Carlos M., *En sus pasos, ¿qué haría Jesús?*, Ed. CLIE, 1988.

TENNEY, Merrill C., *Caminos por los que debe andar el cristiano*, Ed. CLIE, 1983.